语言服务书系·媒介语言研究

广告语言
谱系研究

屈哨兵　等著

暨南大学出版社
JINAN UNIVERSITY PRESS

中国·广州

图书在版编目（CIP）数据

广告语言谱系研究/屈哨兵等著. —广州：暨南大学出版社，2014. 12
（语言服务书系·媒介语言研究）
ISBN 978 - 7 - 5668 - 0757 - 1

Ⅰ. ①广…　Ⅱ. ①屈…　Ⅲ. ①广告学—语言学—文集　Ⅳ. ①F713. 8 - 53

中国版本图书馆 CIP 数据核字（2013）第 213685 号

……………………………………………………………………………………

广告语言谱系研究
著　　者　屈哨兵等

出 版 人　徐义雄
策　　划　杜小陆　刘　晶
责任编辑　杜小陆　张　钊
责任校对　郭海珊
出版发行　暨南大学出版社（广州暨南大学　邮编：510630）
网　　址　http：//www. jnupress. com　http：//press. jnu. edu. cn
电　　话　总编室（8620）85221601
　　　　　营销部（8620）85225284　85228291　85228292（邮购）
排　　版　广州良弓广告有限公司
印　　刷　佛山市浩文彩色印刷有限公司
开　　本　787mm × 960mm　1/16
印　　张　16
字　　数　304 千
版　　次　2014 年 12 月第 1 版
印　　次　2014 年 12 月第 1 次
定　　价　39. 80 元

语言服务与语言消费（代序）

哨兵有一腔拳拳为学之情，有一颗恒恒向学之心。

1997年，他在科学普及出版社出版了《广告语言方略》；2009年，他与惠琼合著的《广告语言跟踪研究》在暨南大学出版社出版；而今他又带着团队著就了《广告语言谱系研究》。十数年间，持续研究广告语言，研究之钻锋节节深入，研究之水平阶阶提升。哨兵是“双肩挑”之行者，前些年任广州大学副校长，襄理学务；近又迁任广州教育局长，主持政务。然仍能积业余之时问学，挤业余之力治学，着实令人佩服。我和哨兵同受业于邢福义先生，又都有在大学和政府工作的经历，作为同门同路人，更能理解哨兵的为学之心、为学之艰，当然更有为学之趣。

记得是2005年9月，上海市召开“世博会语言环境建设”国际论坛，200多位贤达与会。哨兵与多位先生在会上力倡“语言服务”观念，响应者众，至今仍常被引述阐发。我对语言服务也“心有戚戚焉”，八年来时常思考，也略有所得。

何谓语言服务？语言服务就是利用语言（包括文字）、语言知识、语言艺术、语言技术、语言标准、语言数据、语言产品等所有语言的所有衍生品，来满足政府、社会及家庭、个人的需求。既是服务，就有服务的提供者和接受者，形成服务链条；链链勾连，织成服务网络。

谁是语言服务的提供者？首先是政府。政府，特别是政府的语言职能部门，通过语言政策、语言文字规范标准、语言资源、语言信息咨询、语言科研立项等向社会、家庭和个人提供语言服务。由管理转向服务，体现着政府的社会治理观念的进步，而且政府又是语言信息、语言资源的拥有大户，故而应成为语言服务的带头人和推动者。社会单位也是语言服务的基本提供者，语言服务的内容几乎无所不包，语言服务的对象几乎无所不在，比如语言培训、语言翻译、语言节目、文字艺术、语言信息技术与产品、语言资源、语言智库咨询、语言病理的诊疗与康复等。当然，一些语言能力强、拥有独特语言产品的“语言专家”，也可以以个人的身份向他人和社会提供语言服务，但在当前的社会生态中，个人提供的语言服务份额还相当有限。

谁是语言服务的接受者？语言服务的接受者异常广泛，几乎涉及社会的方方面面和家家人人，但首先还是政府。政府既是提供语言服务的大户，也是接受语言服务的大户。主动接纳智库建议和专家咨询，购买语言服务，是建立政府与学界之间的“旋转门”、提高政府决策能力和管理、服务水平的重要举措。社会各行各业，省域、县域等地域各层面，甚至是厂矿、车站、机场、医院、学校、村庄等社会终端单位，都有自己的语言生活，有特殊的语言需求和特殊的语言资源，也有需要专门解决的语言问题，故而都需要接受语言服务。

每个社会成员，都需要发展自己的语言能力、特别是多元文化时代的多语能力，需要跟随科技进步使用、更新现代语言信息技术，因此需要接受语言教育或培训。社会不同领域都有一些语言特岗，需要一些语言专才，如语文和外语教师、翻译、播音员、节目及婚庆等主持人、话剧和相声演员、辞书编纂者、校对、书法家、广告文案作者、新闻发言人、律师、导游、导购、话务员、反恐谈判专家、语言信息处理专家、字模设计师、语言病理治疗师、心理咨询专家等，都需要得到特别的语言服务。一些患有语言疾病或伴随有语言缺陷的特殊人群，如失聪者、失明者、语言发育迟缓的儿童、自闭症儿童、唇裂和假喉病患、口吃者等，都需要得到特殊的语言诊疗、康复等。

换一个角度看，语言服务的接受者就是“语言消费者”。语言消费者有了各种各样的语言需求，为了满足这些需求才会寻求语言服务。语言消费概念的提出，使语言服务具有了产品的性质。无偿的语言服务是免费产品，政府提供的免费语言服务，可谓“语言福利”；社会提供的免费语言服务，是语言事业。有偿的语言服务便是商品，服务者和消费者之间是贸易关系，语言贸易形成语言服务市场，形成各种语言产业，当然也就产生语言红利。据瑞士经济学家研究，语言对瑞士 GDP 的贡献度竟为 10%！

在我国，语言服务基本上是语言事业性质，近年来语言产业始受关注，并有较快发展。语言消费意识也在不断增强，不仅出资接受外语培训、购买电子阅读产品、把聋儿送到康复中心等，而且到政府办事、去商场购物、在机场候机、接受厂家的售后服务等，也更加重视政府、商家等的语言态度，语言态度已经成为重要的“伴随商品”。但总体而言，政府、社会和个人的语言消费意识还不自觉，语言服务的事业和产业还不发达，语言服务网络还待细密编制，语言市场还在发育之中，社会语言生活质量还不能与时代同步。深入研究语言消费，培育开拓语言市场，全方位开展语言服务，提高全社会的语言生活质量，是重要的学术课题，更是重要的社会实践。

哨兵早期的广告语言研究多在学术中，之后不断联系广告业实际，具有了向广告业提供语言服务的基础，且有一些提供服务的成功案例。下面也许还需有计划地启发广告业的语言消费意识，建立语言服务和语言消费的链条与网络，将语言服务理念由学术领域推进到社会实践领域。

昨夜看中央电视台新闻调查，话题是《雨人们的上学路》。自闭症儿童急需要学校接纳和社会帮助，融合教育是帮助他们的最佳途径。据报道，广州已经先行，哨兵在节目中有段讲话，那意思就是政府有义务向自闭症儿童提供教育服务和语言服务。“双肩挑”者自有许多苦乐，但从社会管理角度看，也许较易将学识转化为政见与社会行动。

不过，我们还需要缜思深究：谁需要语言服务？谁能提供语言服务？谁能把语言服务者与语言消费者连接起来？谁应当得到什么样的语言福利？语言产业如何通过服务获取最大的语言红利？

李宇明

序于北京惧闲聊斋

2014 年 1 月 27 日

目 录

第一章　总　论

第一节　广告语言的研究与建设①

一、目前广告语言研究的基本概况

20世纪八九十年代，我国的广告语言研究曾经有过一段比较活跃的时期，当时的语言文字应用研究所还专门就广告语言研究制订过研究课题，并且提出过相应的研究论纲，相关学者也发表或出版过一些相关广告语言研究的论著。但后来这种关于广告语言研究的势头没有保持下来。对此，于根元先生曾经作过回顾与评价，并且担心没有人能够在这方面继往开来，像曹志耘先生这些原先在该领域研究做得很好的学者，也因为学术兴趣及研究任务的转移而不愿在广告语言方面继续研究下去了（北京师范大学汉语文化学院编，2008：47—56）。从广告语言研究这个角度来看，这真是一种令人惋惜的状况。当然，由于学科建设与人才培养基数规模日趋庞大，进入新世纪以后在广告语言的研究方面也还是有人在做一些工作的。我们曾经以"广告语言"、"广告语"作为关键词在中国期刊网全文数据库进行过检索，结果显示我国学界从1990年至2007年2月间关于广告语言的研究论文近800篇。从2000年到2007年间，国内各高等院校相关专业硕士及博士研究生的学位论文中有近210篇是以广告语言作为研究对象的②。这种统计虽然不能覆盖全部广告语言研究，但据此对我国广告语言研究作出大致判断是有可能的。根据我们的初步观察，这些研究大体上可以划归到三个不同的板块中。第一个板块是借鉴近年来我国引进的一些西方语言学理论来进行广告语言的观察与研究，涉及语用学、系统功能语言学、认知语言学等门类，如从顺应理论、关联理论、人际意义、语篇功能、认知与隐喻等不同的角度进行广告语言的分析研究；第二个板块是利用社会语言学、文化语言学、模糊语言学等语言学学科门类的理论背景对广告语言进行观察与研究，这里面比较突出的有汉外广告语

---

① 本部分作者屈哨兵，载《中国语言规划》2010，北京：商务印书馆.

② 该搜索统计是在广州大学语言学及应用语言学专业2005级、2006级研究生的帮助下完成的，参与这项工作的有黄忠胜、郑方、冯玲玲、许明鑫、王琪、侯琳、朱丽娟等同学。

言的对比与翻译研究、广告语言与民族文化的关系研究、广告语言中各种模糊表现的研究等；第三个板块是立足于比较传统的语言本体诸要素对广告语言进行的观察与研究，关于这方面，人们最常选择的是从修辞学的各个角度进行广告语言的观察与分析，其次还会涉及广告语言的规范、广告语言的词汇语法表现以及广告语言的特色与风格等，再次是将广告语言与广告文案的策划与广告运动的设计等结合起来进行探讨与分析。

通观既往的广告语言研究，其学术覆盖面应该说是比较广的，但有两个方面的问题需要我们重视：一是重共时平面的描述分析，轻历时层次的跟踪解释；二是重学科阈限内的自言自语，轻与业界（广告业界）的互动检验。近年来，在国家语言文字应用研究规划及语言规划这个层面上，上述这两个问题都得到了一定程度的重视。关于第一个问题，我们已经根据国家语言文字工作委员会（以下简称“国家语委”）的《国家语委语言文字应用科研工作“十一五”规划》作出了相关个案的跟踪研究报告（参见屈哨兵，刘惠琼，2009），此不赘述。关于第二个问题，实际涉及的语言资源开发应用问题，这方面我们逐渐看到，随着国家层面上关于语言资源开发应用的一些战略设计逐渐成形与成熟，广告语言作为一种市场价值潜力巨大的语言资源，对它的研究及开发应用正面临着一种难得的机遇，也是一种必须面对的考验，至少有以下几个问题需要我们作出认真的回答：①基于语言资源视角的广告语言具有怎样的价值地位？②基于语言服务立场的广告语言研究应该具有什么样的研究思路？③着眼于与广告业界合作前景的广告语言资源建设应启动什么样的基础工程？

二、语言资源视角中广告语言的价值地位

语言资源是我国近年来进行语言规划战略性思考与讨论中出现的一个重要概念，也可称得上是相关思考的一个重要成果，对此李宇明、王铁琨等人都有过比较充分的论证。随着 2004 年国家语言资源监测与研究中心的首个平面媒体分中心在北京语言大学挂牌及随后的网络媒体语言、教育教材语言、有声媒体语言、海外华人社区语言等分中心的成立，语言资源概念逐渐被学界认同。2008 年中国语言资源开发应用中心的挂牌成立，标志着语言资源从概念确立到监测研究又走到一个新的阶段。开发应用是我们建立语言资源意识之后的一种必然结果。

从理论上说，语言作为一种可再生资源，其存在的任何形式都有其开发应用的价值，详细论来肯定是各有所由，这不是本书所能完成的任务。仅就语言使用领域划分出来的广告语言一端来看，其在语言资源视角中所拥有的特别价值及地位也有单独加以申说的必要。这种价值地位可以从三个角度来认识。

1. 国民消费经验中的广告语言

这是第一个角度。从常识来看，广告语言是一种可以“赚钱”的语言，这是对语言在市场经济背景下资源价值的一种肯定。国民在这方面最典型的经验心态就是一句好的广告词可以使一种产品畅销大江南北，例如“万家乐，乐万家”（万家乐电器：1986）、“当太阳升起的时候，我们的爱天长地久”（太阳神口服液：1987）、“中原之行哪里去，郑州亚细亚”（亚细亚商场：1991）等（参见国际广告杂志社，2004：66、74、111）。一个不可否认的事实就是，当年随着这些广告语言的传播，其所宣传的商品及相关企业获得了丰厚的市场回报，我们似乎可以从这里面看到语言作为一种资源所具有的市场价值与诱人魅力，的确，“广告语言也是语言的广告”（李宇明序，屈哨兵，刘惠琼，2009：1），语言文字应用研究所 1993 年确立广告语言研究课题时充分意识到了这一点（北京师范大学汉语文化学院编，2008：47）。但有一点需要说明，通过广告语言的传播，我们可以认识到语言的魅力与功用是一回事，能否落实广告语言与其所宣传的商品在市场价值回报上的关联性则是另外一回事。语言资源是广告市场的一种资源，但不是市场资源的全部，语言资源的价值在一个市场处于饥渴时期时，在某种程度上确实拥有救活一个品牌甚至成就一个企业的神力（这里面甚至包括我们现今看来近乎拙劣的一些广告语言），我国改革开放初期的成功企业与风靡一时的商品广告语言大都可以从这个角度去观察。但当市场已经走向成熟与细分的时候，再对广告语言作出一种“赚钱”的资源性质方面的经验性判断显然已不合时宜，我们对广告语言的资源意义应该有更加准确的价值定位，给出更加具有针对性的资源价值评价标准，创设更有操作可能的评价机制。

2. 商贸语言系统中的广告语言

这是第二个角度。如果把“市场—商品—语言”作为我们思考问题的框架，就可以理出商贸语言系统，并可以在这个系统框架内对广告语言的资源、价值、地位进行观察。商贸语言的基本含义是与商业贸易活动有关的语言。因为文体形式、载体类型、存在语境及言语行为等划分标准的不同，商贸语言成员之间会互有牵连，例如商标、商店名称与招牌、商业叫卖语言、商业合同契约、产品说明书、商务谈判与商务会话、各种服务行业用语、商业调查报告等，当然也包括广告语言。目前国内关于商贸语言的研究还没有形成规模，但也有一些可圈可点的成果，如曹炜、王军元主编（2005）的商务语言研究丛书，张黎（2007）关于商业汉语口语的研究，王彦（2007）关于商品买卖互动话语的谈判策略研究。尤其值得注意的是国家语委近年来发布的《中国语言生活状况报告》开始有意识地关注属于商贸汉语范围内的相关语言生活，例如“服务行业和公共设施等领域的语言状况”（2005）、“旅游服务语言状况”（2006）、“产品说明书语言文字使用状况”（2006）、“医疗文书及药品包装用语用字状况”（2006）、“北京涉外集贸市场语言使用状况——以秀水市场为例”（2007）、“广告语言问题”（2007）（参见李宇明主编，2006：56；2007：69、80、91；2008：191、251），则是以一种鲜明的姿态从语言资源的角度来观察相应的商贸语言的相关成员。现在的问题是，作为一种特定领域中的语言资源，广告语言资源与商贸语言范围内其他成员在资源价值体系中应该保持一种什么样的关系。从典型类型上我们现在似乎可以将各种商贸语言之间的界限划分得很清楚，但在实际表现中它们之间的界限可能并不那么清晰。即使是同一个语言形式，随着它们在商贸语言中所扮演的角色不同，对它们的资源价值意义方面的解读就有可能不一样。例如商标名称，是基于广告任务对它进行宣扬，还是基于产品说明对其进行刻画，两者所附带的资源价值是有区别的。再比如对一种商品功能的描述，是在现场推销的广告语境中存在，还是在商业合同或者商业调查报告中存在，两者的资源价值的评价标准也是不一样的。基于这种商贸语言框架中各相关成员之间的相关性与区别性的纠缠，我们要特别注重对语言文字在广告语境下的语言资源价值潜能的搜索、描述、聚集与开发。

3. 广告系统中的广告语言

这是第三个角度。这实际上还要分成向外与向内两个层面，向外层面要关注语言符号系统与图像符号系统在广告价值建设过程当中所承担的任务应该如何辨别与评价，向内层面要关注广告语言内部构成之间的不均衡性，以及区分它们各自在资源赋值上的差别。先看向外层面。图像和语言是广告的两大符号系统，当代社会所谓的“读图时代”特征使图像在广告中占有特别重要的位置。海德格尔将读图时代表述为“世界被把握为图像”（转引自孙周兴编，1996：899）。广告运动的图像符号特征在广告运动的实践中已经得到极大的彰显，广告研究中相当分量的分析也是指向符号系列的，图像成为视觉营销中非常重要的成员。与此相对应的是广告运动中的语言符号系统的研究，虽然诸如各类广告语言赏析、广告文案设计及广告语言写作技巧的论著不少，但我们总觉得其在广告运动中始终处于相对弱势的地位，通过观察广告业界一些比较著名的杂志如《中国广告》、《国际广告》上发表的相关文章就能明白大概。这也难怪，连维特根斯坦也说：“图像俘虏了我们，而我们无法逃脱它，因为它置于我们的语言之中，而且语言似乎不停地向我们重复它”（转引自 W. J. T. 米歇尔撰，范静晔译，2002：15）。也正因为这样，我们要继续追问的一个问题是，既然图像可以置身于语言之中，语言可以不停地重复它，那么，语言本身作为一种信息资源，它在广告系统中的地位就应该得到充分肯定。虽然从维特根斯坦的角度来看这是值得忧虑的事情，但是在广告系统中，语言作为一种资源，其传达的信息中所包含的图像信息资源价值应该得到重视。现在的问题是，广告语言的这种资源价值未获得广告业界的充分认同，至少从研究层面上讲我们可以得出这样的结论。很多广告语言的研究虽然也可以自成体系、自圆其说，但其对业界运作的借鉴作用，却只是隔靴搔痒，语言服务落不到实处。再看内向层面，由于广告语言内部构成之间的不均衡性，我们对它们的资源价值的判断与操作要有不同的参数指标，目前我们在这方面还无法提出一个理想的解决办法。近年来广告语言研究有一个比较好的现象是借鉴一些新的语言学理论来进行广告语言的分析研究，例如黄国文（2001）进行的广告语篇研究，这样的分析较之以往随意摘取语例的赏析式分析显然是一种长足的进步。近年来，一些研究生的学位论文也表现出这样一种学术取向，这自然也是一种科学的选择。但如果从语言资源开发应用这个角度对其进行评判，仍然有不小的差距。比如说，我们如何能知道在一个没有限定大标题、小标题和广告正文的语境中比较准确地判断出哪些语词或哪些语词组合是符合广告任务核心的广告语言呢？换句话说，何以知道所谓的某个目标语言单位或单位序列在其相应的资源系统中具有优先选择的资格呢？那些所谓成为广告金句与广告流行语的广告语言，其市场赋值获得增长的过程到底是怎样发生和完成的呢？其内部动因与外部诱因应该如何分析和解释呢？当然，基于某种具体学科理论的研究，我们可以对这些问题忽略不计，但如果从语言资源开发应用的角度看，此类问题则是不得不回答的。

三、语言服务立场上的广告语言研究思路

语言服务是近年来在我国语言规划和应用语言学研究中提出来并日益受到重视的一个概念，以《中国语言生活状况报告》（以下简称“报告”）所附术语索引为例，2005 年“报告”中“语言服务”的索引记录是 3 条，而 2007 年“报告”中“语言服务”的索引记录则是 29 条，后者还不包括“语言服务产品”、“语言服务能力”、“语言服务市场”等衍生概念，两者相差近十倍（李宇明主编，2006：475；李宇明主编，2008：441），这可以充分说明“语言服务”在我国语言生活中的地位得到了快速提升。基于这个立场，我们来思考广告语言应该具有一些什么样的研究取向也就非常有必要了。一个基本前提是，广告语言是语言服务中非常重要的一个门类，而我们目前在这方面所能提供的比较直接地为广告语言的设计与开发服务的研究成果还不够多，检讨一下，这可能和我们既往研究思路上的某些缺陷有关。我们认为，基于语言服务立场的广告语言研究思路至

少应当具有以下三个取向。

1. 广告语言研究应该具有前瞻性

这是第一个取向。前瞻性的意思是广告语言的研究不能老是像马后炮，在成功的广告语言出来之后才来进行赏析评价，而应该具有预测与前瞻建议功能。当我们谈到研究广告语言的目的时，虽然在形式上通常会提到我们所做的研究要为广告语言的设计与建设提供借鉴，从实际效果来看当然也不能说没有作用，但总的看来，这种借鉴意义上的效果难以完成语言服务立场上广告语言研究所应担负起的任务。我们认为，要担负起这种任务至少要有三个评价鉴定标准。第一，在一条广告语言（或者一套广告语言）设计之时应该明了它在已经发生的广告语言格局中的地位，这种地位通过一定的观察程序是可以验证的；第二，当一条广告语言（或者一套广告语言）推出之时，广告主能够基本判断出他所营销的商品能够占据一种怎样的市场空间，并且这种市场空间可以通过广告语言服务检验机制予以证明，更进一步，广告主还可以判定这样的广告语言通过正确的赋值途径有望达到一种什么样的市场地位，而这种赋值方式也是广告语言服务机制可以提出建议并进行验证的。第三，广告语言研究的前瞻性还要求对广告语言，尤其是基于具体品类的广告语言设计类型及发展前景作出比较科学的判断与描写，并且这种判断与描写不是一种臆测，而是基于现实的广告语料分析来作出的。在既往研究中，我们当然也有对成功广告语言流播进行的比较全面的分析，这种分析还大有文章可作，但毕竟这种分析是一种回溯式的分析，光回溯还不行，还需要前瞻。

2. 广告语言研究应该强调个案性

这是第二个取向。个案研究当然不是现在才有的，前述黄国文的研究就带有个案研究的特征，虽然他的研究多倾向于学科验证，但也可以称得上难能可贵。从语言服务立场来看，提倡广告语言的个案研究具有特别重要的意义。此前我们在这方面做得还不够，依托某种学科本体寻找广告语言（语篇）的证明的研究指向必然使得广告语言研究难以具有充分的服务导引。我们所说的个案性研究强调的是一种具有单体特征的过程研究。广告语言研究界与广告从业界存在着相当程度的隔膜，广告语言研究者通常并不清楚一条（套）广告语言是如何筛选设计出来的，我们有充分的理由相信这个筛选设计过程是一个非常具有研究价值的过程，广告语言研究现在还难以担当起这方面的责任，相应的人才培养也有问题。

虽然也有当事人的一些总结或对当事人的一些访谈，但这都只是一些回溯，如张大旗（2006）主张的“玩语言”，於春（2003）主持的成功广告语访谈录等。广告语言研究者及学有专攻的人如能在广告语言筛选设计现场有所作为则是一种更为理想的参与，如能提出基于广告语言服务的理论框架并能有效指导广告语言的筛选与设计则更是一种成功。

个案研究另外一个需要注意的研究内容是对某个品牌的广告语言推出后的“成长”历程作出描述，并对其可能出现的“增值”原因作出解释。我们相信这样的描述与解释对广告语言的研究与服务会更有价值，这里面还包括对一些出现“减值”倾向的广告语言提出更新换代的建议与设计。观察那些具有较长市场发展历程的著名品牌，它们的广告语言的选择与更迭也可以给我们很好的启发。如果有基于语言服务的研究成果加入，广告语言的选择与更迭或许会更加合理，即在适当的时机推出适当的广告语言。

3. 广告语言研究应该注重谱系性

这是第三个取向。我们认为进行广告语言谱系研究是一个非常具有市场价值及学术价值的选择。提出广告语言谱系这个概念，打个不太恰当的比喻，有点像当年门捷列夫首先整理出来的元素周期表，这个表可以反映元素原子的内部结构和它们之间相互联系的规律，根据元素周期表中某未知元素周围元素和化合物的性质，可以推测预言该未知元素及其化合物的性质。所谓广告语言的谱系，就是指一种基于广告运动关涉项目的语义分类。从理论上说，这个谱系分类具有四个特征：

第一，品类特征。如果能够建立起一个针对所有广告语言的具有普适价值的谱系当然是十分理想的，但这是一件比较困难的事情，而且，从语言服务的立场出发，建立起一些基于商品品类的广告语言谱系更有价值。所以我们认为，应该为不同的商品品类建立不同的广告语言谱系，比如，空调类商品有空调类商品的谱系，酒类商品有酒类商品的谱系，发用洗涤品有发用洗涤品的谱系等。当然，商品品类本身的范围大小与层次高低也没有非常严格的界限，我们对商品品类的确定和我们的研究任务及语言服务的具体任务有关，但不管怎样讲，将品类作为建立广告语言谱系的基点与核心，对外具有封闭性，对内具有包容性，便于谱系成员的选择与辨认，是一种实事求是的选择。

第二，类别与层级特征。从谱系建设的角度看，类别可以看成是基于语法特征的不同而提出来的，层级则偏向于一种语义上的考量。我们曾提出“词种”这个概念（参见屈哨兵，1997），有名性词种、动性词种及形容性词种这样一些说法，名、动、形所考虑的是语法归属。而所谓词种，其判定的基础则是语义。广告语言谱系建设能否成功，关键就是这种基于语义的层级分析机制是否能够建立并且具有实际的可操作性。关于这个问题，刘惠琼、屈哨兵（2003）曾对名性词种中的称名词和表征词作过一些探讨，其中包含有关建立广告语言谱系的一些设想。至于哪些类型的广告语言能够进入广告语言谱系，这也存在着一个层级与门槛的问题，需要作专门的分析与讨论。

第三，可调整特征，或曰开放性特征。广告语言谱系内部的项目与谱系成员是可以调整的，原因在于制约谱系的各种力量涉及广告语言实践、自然语义体系、商品品类内涵的发展及消费者消费需求的变化等因素，因此谱系不可能长久固定，可调整性或开放性是它的显著特征。

第四，可预测特征。建立广告语言谱系的目的，是使我们在进行广告语言规划与设计的时候能够比较便利地寻找到可能存在的市场诉求空档，一个设计科学的谱系应该具有较高程度的信息敏感性，就像依托元素周期表可以预测到哪些元素还没有被发现一样，我们有充分的理由相信这样的谱系空档是存在的。通过以上几点，希望可以提高广告语言研究与广告语言服务的水平。

同时我们也意识到，建立一个十全十美的类似于周期表那样的广告语言谱系实为不易。语义世界包括特定广告语境中的语义世界，广告语言本身的纷纭复杂与变动不拘使得广告语言谱系的建设不可能一蹴而就，而具有一定的可调整性，这种调整既涉及词种和语义角色划分框架的变化，也涉及其层级上的延伸，是对既有广告语言谱系的一种完善与补充，需要我们在初始设计阶段为其预留空间。

四、广告语言数据库及相应分析系统的建设

在本书开篇我们提出的第三个需要回答的问题是：着眼于与广告业界合作前景的广告语言资源建设应启动什么样的基础工程。我们在这里尝试给出的解答方向是：要进行基于语义的广告语言数据分析系统的建设，应该是在语言资源视角中广告语言价值地位和语言服务立场上广告语言的研究思路导引下的一种必然结果。这里当然不能就基于语义的数据分析系统的建设工程细节作更多的说明，但我们愿意就这个建设工程的基本框架提出一些设想与建议。

1. 建设的基本目标

我们建设广告语言数据库及其相应的分析系统的目标有两个，一个是为广告主提供广告决策服务，另一个是为消费者选择商品服务。要完成这两个服务有一个共同前提，那就是要建立广告语言数据库。不同服务目的下的数据库规模及类型可能有所不同，但其数据信息应该具有共享性。广告主与消费者能够通过相应的广告语言数据库获取他们所需要的信息，信息敏感度的高低取决于数据库设计的精细程度，信息属性的新旧取决于数据库更新的速度。与广告语言数据相匹配

的还有数据分析软件，它能够帮助广告主或消费者从一个较大规模的数据库甚至是海量的商业信息中（我们可以将其定义为一种“广告语言生语料库”，其前提是要将广告信息从其他非广告信息中剥离出来）离析出他们所需要的关键信息或关键信息群。

2. 建设的基本特征

我们可以将广告语言数据库的基本特征定义成一种基于语义分析和语义抽取的广告信息服务系统，这个数据库系统支撑骨架是我们开发出来的广告语言谱系。不同品类、不同层次的广告语言谱系既是分析框架，也是分析手段，我们可以设定谱系框架中的各种项目，通过这些项目分析出相应广告语言中各种语义角色的谱系位置。这里要补充的一点是，除了从既有广告语料中抽取广告语言谱系，还可以从消费者的角度来进行谱系元素的抽取，这两种抽取方式所得来的谱系未必完全一致，但一定有彼此重合的部分，两者之间的异同当然极具研究价值，建立广告语言数据库当然要以既有广告语言为主来进行，基于消费者的广告语言谱系同样具有重要的参考价值，如何协调两者之间的关系，整合谱系资源就成为学术研究以及数据库建设中应该关注的问题。对此，国外的广告研究界曾给予相关方面的关注，例如，日本的阿久津聪、石田茂关于品牌建设的研究就可以给我们比较大的启发（阿久津聪、石田茂著，韩中和译，2005：120—125）。当然，和这个广告语言谱系框架配套的也应该有一个数据分析软件来帮助人们进行相关信息的抽取与分析。我们还可以从其他的角度来建立广告语言的谱系，这个在后面我们还会论及。

3. 建设的基本要求

建设广告语言数据库及相应的分析系统，具体要求当然有很多，但有两条特别重要。第一，要有专门的团队。广告语言数据库的建设实际上就是一个专题语料库的建设，大凡语料库的建设都要包括规划、设计、选材、建库和标注等几个不同的阶段。从目前国内语言服务研究的现状来看，有人开始重视商业信息抽取的课题研究并进入课题研究阶段，但类似广告语言专题语料库的建设几乎没有人做，因为这既需要广告语言研究的专门人才，也需要从事计算语言学研究的专门人才，还需要广告业界的专门人才，由这三方面的人才组成的专门团队通力合作才有可能完成我们所设定的目标任务。第二，要有专门的设计。和一般的通用语料库比较起来，广告语言专题语料库有一些专有属性需要增加并加以解释。这里我们当然先要弄清楚现代互联网搜索技术及搜索功能已经能够达到的水平，广告语言语料库所要做的应该是针对现代互联网搜索技术还不能解决的某些问题，通过我们建立的广告语言数据库，给广告主及受众提供新的知识。比如，该语料库的谱系网络，能够告诉访问者所搜索的某个品牌在既往广告语言的流播过程中最核心的诉求概念，这样的核心概念可能不是一个，而是一组，它们之间互有差异，但也彼此关联，语料库能够对它们与相关品牌之间的关联度包括对它们在同一品类谱系中的权重（语用的或者语义的）作出描述。目前我国通用语料库的建设及语言信息处理技术已取得了许多显著成绩并处在不断发展过程中，这可以为广告语言这类专题语料库的建设提供良好的知识基础与技术支持，比如文本分类与过滤、分词与词性标注、词义标注与句法分析等（参见俞士汶主编，2003：93）。当然，要做到广告语言专题语料库所要完成的特定的知识抽取目标还有相当多的困难，比如语义标注问题，当我们对广告语料中的某个目标词进行标注的时候，除了通过词义标注工具对它进行标注外，还要对它与特定品牌、特定品类、特定广语谱系中成员属性的联系进行分析，同时要考量其在广告语言系统中的权重地位及在广告语言传播过程中的凸显指数等。至于这类分析与考量能否进入可以进行自动标注的阶段，则是我们尤为关注的。这中间有些实际已经涉及语用层面了，能否妥善解决这类问题，是对广告语言研究能否更好地指向语言服务的重大考验。大数据时代的来临为我们进行广告语言数据库的建设提供了巨大的可能。

总之，不管是基于语言资源视角的广告语言的价值地位，还是基于语言服务立场的广告语言研究的路径指向，或是直接着眼于广告市场合作的数据库的建设，我们还有很多工作要做，广告语言研究得好，广告语言资源的开发与应用就大有可为。

第二节 广告语言谱系研究的基本思路及个案推演[①]

前面说过，广告语言的谱系就是指一种基于广告运动关涉项目的语义分类。本节将就广告语言谱系建设的思路及建设步骤进行进一步的思考，同时将进行较为具体的个案推演。

一、制约广告语言谱系的四种力量

我们认为广告语言谱系建设受四种力量的制约，这四种制约力量分别是商品本身功能与品质的导引、潜在消费者的选弃意识、既往广告语言的实践以及自然

---

① 本部分作者屈哨兵，这一部分曾在第四届海峡两岸现代汉语问题学术研讨会（台湾师范大学 2009 年 6 月）上宣读，原刊于《语言文字应用》2010 年第 2 期。

语义世界的调节。下面将分别讨论。

1. 商品本身功能与品质的导引

大到整个人类生存发展的驱使，小到具体某个物件的发明使用，人们总在利用各种资源来改善我们的生存质量与生存状态。在市场经济背景下，各种改善的努力更多时候会以商品的方式出现在我们的生活中，让我们能够选择它。从这个意义上讲，一类商品从它的设计之日起，就一定拥有某种功能或品质，它是该类商品得以存在的“源动力”。如果我们试图要为某类商品建立谱系，那么这些“源动力”就应该是相应广告语言谱系中的核心元素。例如空调的主要功能是调节空气，电灯的主要功能是利用电能发光，酒是用粮食、水果等含淀粉的物质经过发酵制成的含乙醇的饮料，茶是用茶叶制成的饮料，冰棍是把水、果汁、糖等混合搅拌冷冻而成的冷食。① 可以这样讲，如果我们要建立上述商品的广告语言谱系的话，像这些通过词典释义表现出来的功能与品质所涉应该居于系统的高端层级中。从统计意义上说，各类商品这种基于“源动力”的诉求宣告占有绝对的优势。对一个商品进入市场之后的广告发展过程进行观察，这个判断可能更加准确。例如，钟表是计时工具，精确计时是钟表的基本功能，在广告语言谱系中，这种功能就占有基础的位置。1979 年 3 月日本企业首先开始在《文汇报》上刊登 SEIKO“精工”牌石英表的广告，突出诉求的就是“精工牌石英电子手表，开创了手表具有特高精度的新时代”（王菲，倪宁等，2004），指向即为计时功能。如果我们能够在一定范围内整理出相关商品的广告语义系统，也就有可能在此基础上整理出一个商品广告语言的基础谱系。这个基础谱系虽然不完全等于广告语言的谱系实际，但我们有理由相信，这种满足人的基本需要与基于事物基本品质的语义框架对于广告语言谱系的建设具有十分重要的意义。

2. 潜在消费者的选弃意识

选弃即选择与放弃。一个商品是否能满足人们的需要，最终要由消费者来决定。从广告语言设计这个角度来说，一种商品在进入市场之前，消费者处于潜在状态。如果能够获知潜在消费者对他们即将选择的商品具有一些什么样的要求，并弄清楚这种要求的分布态势，这对于广告语言设计确立选项具有直接的影响。在一种商品投放市场之前，商家通常会进行针对消费者的市场调查，并将调查结果运用到相关的广告营销活动中去，但实际上，在诸多调查中，我们似乎较少看

① 词典释义主要依据中国社会科学院语言研究所词典编辑室编《现代汉语词典》，商务印书馆 2002 年增补本。

到某种成熟的调查框架能够将广告语言的设计与潜在消费者的选弃意识较好地对接起来。一个潜在消费者针对某种商品的选弃意识可能带有偶然性，可以忽略，但如果是一群潜在消费者对某类商品表现出的某种共同的选弃倾向则必须重视，将其作为我们进行广告语言谱系建设的重要参照。我们称之为选弃意识而非选弃理由，是想强调这种选弃在某种程度上应该是一种“下意识”的反应，是消费者关于某类商品的一种自由联想的集合。比如说到“酒”，我们可以收集并且记录下消费者关于“酒”能够产生哪些方面的联想。这类的选弃联想可以有多种可能：有的可能联想到与朋友一起痛饮的场景，有的可能联想到盛酒的杯子透明酒满的情状，有的可能联想到白酒入喉的感觉，有的可能联想到聚餐碰杯时的响声。如果对这些加以集中梳理，形成一定规模之后就可以进行相应的广告语言谱系建设工作。我们现在进行广告语言设计时，缺少的就是调查与整理这种选弃集合的一套规范有效的操作程序。这一方面，国外广告语言设计的操作规范及其技术路线就值得我们参考。例如日本有关专家（阿久津聪、石田茂著，韩中和译，2005）关于品牌文脉结构化的个案分析与分析手段及品牌形象的探究方式就能给我们较大的启发。

3. 既往广告语言的实践

虽然不断有新的商品出现，但新出现的商品总会和已经存在的商品有着千丝万缕的联系，其在进行广告语言设计的时候也应该考虑既往广告语言实践的影响。从广告语言谱系建设这个角度来看，对既往广告语言进行梳理是一件必不可少的工作，它是除商品本身功能与品质外的构成广告语言谱系的另一个重要基础。本书无意就一个品类的广告语言作全面的比较考察。我们可以对近十年大陆与台湾酒类广告语言的部分实践来作分析。分析语料来自《中国广告猛进史》（国际广告杂志社、北京广播学院广告学院、IAI 国际广告研究所著，2004）和《国际广告》中收集整理的大陆酒类广告流行语和由台湾动脑广告人俱乐部主办评选出来的台湾酒类广告金句。它们的谱系元素大致涉及四个序列的子谱系。

名性序列的谱系，包括四个方面的内容：一是规格过程品牌凸显，下设品牌裸现、品牌指认；二是场景范围挑选，下设空间场景、时间场景、数量场景、种群场景；三是（品质）原因凸显；四是（功能）结果凸显。动性序列谱系，包括九个方面的内容：一是口部动性凸显；二是手部动性凸显；三是口部手部动性复合凸显；四是消费行为导使凸显；五是消费原因导使凸显；六是消费结果导使凸显；七是功能行为导使凸显；八是心理过程导使凸显；九是品牌存在导使凸显。形容性序列谱系的详细情况，包括四个方面的内容：一是结果描述；二是消费者描述；三是品质描述；四是感觉描述。副词序列的谱系，涉及五个方面的语义语用指向：一是强调；二是程度；三是频度；四是唯一性；五是恒久性。上述下位谱系的分析提供给我们的工作空间还有很多。关于该品类的广告语言谱系的详细情况，我们将另作专门研究。

4. 自然语义世界的调节

这是一个更为复杂的问题，本书只强调一点，广告语言谱系建设要接受自然语义世界的制约，这里的自然语义世界不能与特定品类广告语言的语义系统完全画等号。自然语义世界是背景，哪些成员能够进入广告语言谱系还需要结合具体的品类才能说得清楚。也就是说，作为背景，它可以对广告语言谱系品类性、层级性和开放性特征在涵域的大小、成员的多少、语义密度的高低等方面进行必要的制约与调节。如何制约与调节，则需要结合个案进行专门探究与归纳。

二、研制广告语言谱系的基本流程

广告语言谱系的研制流程大致可以分成三个：谱系建设对象的确立、谱系成员的分拣整理以及谱系的评估与开发服务。

1. 谱系建设对象的确立

谱系建设与谱系开发具有层级性，在进行具体谱系建设之前，我们应该先根据广告语言建设的需要确立好谱系建设的基本对象，即通常所说的先做好考察对象的外延封闭工作。一般情况下，商品品类可以作为谱系建设的一个基本单位，不同品类的广告语言的生存状态是不一样的（屈哨兵，刘惠琼，2009）。所谓品类，按照一般的说法，就是指商品消费者认为相关且可相互替代的一组商品或服务。广告语言谱系建设的品类应视我们建设目标的需要而确定。一个比较务实的做法是，将消费者心目中的典型品类范畴进行梳理，然后确立一个比较适用的"品类群"，例如基于饮品系列的酒、茶和水，基于食品系列的牛奶、果冻和方便面，基于家电系列的空调、电扇和洗衣机，基于通信系列的各类手机、电话，基于发用系列的各类洗发护发品等，都可以作为谱系观察的基础。具体来说应该可以作两方面的考虑。

考虑一：基于具体广告任务的谱系设计。当我们决定对某种商品进行市场推广的时候，前期对其可能拥有的广告语言谱系进行勾画，然后在勾画的基础上根据广告语言设计原则确立需要进行重点管理的核心诉求概念与关键词。

考虑二：基于普适意义的广告语言服务框架下的谱系设计。这是一种具有战略意义的谱系规划，我们可以根据市场发展的需要选择一些具有经典意义的品类进行谱系勾画。这种勾画及其结果在操作层面上具有程式性，在拓展层面上具有可复制性，在服务层面上具有可检索性。

2. 谱系成员的分拣整理

广告语言谱系建设的基础是有一个广告语料库，尤其是分品类的专题语料库。目前我们还没有在这方面做好基础建设工作，当务之急是要设定专项组织团队进行谱系分拣建设方面的尝试。笔者所在学校相关专业的研究生在导师的指导下曾就发用商品的名词与形容词的相关谱系作过观察（许明鑫，2009，详见本书第五章），该观察是在 1 400 个发用商品广告语段共 17 万字的广告语料基础上进行的。通过排查分析，整理出的“发”族名词共有 43 个，这 43 个“发”族名词就可以充当发用商品谱系的一个重要组成部分。它们内部又可以分成不同的层级，每一个层级中都有相对优势的“发”族名词。例如“头发（第一层，2 008 频次）、秀发（第二层，1 651 频次）、发丝（第三层，531 频次）”等。这样的发现就比较有意思，高低层级之间、高低频次之间的“发”族名词彼此构成了一个具有竞争态势的谱系，可以为相应的广告语言设计提供比较直接的参考。另外，发用商品广告语言的形容词也可以整理出相应的谱系，里面也有类别、层级与频次高低之分，同样可以构成发用商品广告语言谱系的重要内容。这样分门别类的谱系分拣工作非常重要，只有在分拣的基础上才能构筑出比较完善的特定种类的广告语言谱系。

不同的品类可能有不同的谱系分拣内容，但也应该有大致相同的分拣框架。我们在上一节也论及过这方面的内容。基于语料库的广告语言谱系建设要考虑到对它与特定品牌、特定品类、特定广语谱系中成员属性的联系进行分析，还要考量其在广告语言系统中的权重地位及在广告语言传播过程中的凸显指数。完整意义上的广告语言谱系建设所依托的语料不仅仅是广告标题或者广告口号，还要包括除此之外的各类广告语段，包括次级标题、广告正文及销售指引信息。当然，在这里作这样的表述也只能算是一种技术构想，具体的框架还需要进行规划与实践验证。

上面谈的只是基于广告语言语料库的谱系分拣工作，基于商品本身功能性质的归纳、消费者选弃意识的调查、自然语言世界的相关语义系统都可以针对某个特定的品类构成谱系。它们的勾画分拣路线和操作步骤与基于语料库的广告语言谱系的建设有同也有异，需要我们在具体的工作中加以探索。

3. 谱系的评估与开发服务

一个特定品类的广告语言谱系建立起来之后，其实际效用如何应该作一个相应的检测与评估。这个评估与服务至少要考虑到三个方面的因素。

第一，谱系内部各个项目成员的地位问题。从形式上看，各个谱系项目与成员的地位是平等的，但实际上它们在广告推广过程中和消费者心目中的地位是不平等的，我们应该通过有效的方法使得谱系项目及其成员的重要性有一个级度上的区分与显示。从技术上讲，有三个指标值得考虑：一是项目与成员在既往广告语言实践中出现的频次；二是项目与成员在已经实现的广告活动中诉求重要值的累积程度；三是它们在消费者心目中重要性的统计与分布。这三个指标的获取需要进行专门的方案设计。

第二，谱系叠合共享问题。比较而言，“消费者的选弃意识”和“既往广告语言的实践”这两种力量对广告语言谱系建设所能产生的作用更加直接，来自消费者选弃意识的调查和来自既往广告语言实践的调查都可以在相对独立的情况之下进行谱系勾画。这两个谱系是不可能完全叠合的，但它们间一定有一个可以叠合的区域，这个叠合区域中的项目及其成员可以称为广告语言核心谱系或者广告语言共享谱系，是我们进行广告语言开发与广告语言服务的重要依托。当然，这种叠合构建也需要专门的技术支持才可以实现。

第三，谱系整合预测问题。毫无疑问，制约广告语言谱系建设的四种力量都有可能针对具体品类构建相应的谱系。一种理想的状态是我们对这四个分谱系进行整合，然后构建出一个“理想”的谱系。这个谱系可以追求完善，不考虑项目成员的平等均质。以此为基础，我们可以进行广告语言开发的项目预测或成员推荐。既往已经经过市场验证的广告语言实践固然值得肯定，那些项目凸显不足、地位相对偏低的谱系元素也未必就没有市场开发价值。当然，整合形成“理想”的谱系也要有一个度，绝对完善是难以实现的，但只要有一个相对完善的广告语言谱系，对于某些市场空档，就可以通过广告语言谱系进行监测与推荐，也就有可能对某些品类广告语言的设计与关键词的抽取作出比较准确的预测。打个比方，这个作用就有点类似于元素周期表能够推断出某些尚未发现的元素一样。

三、酒类广告语言谱系的建设框架个案推演

我们曾就近年发布的各种酒类广告语言（标题与口号）进行了一些收集，共得到300余种不同类别酒的广告语言。[①] 酒类广告语言谱系建设的思路大致如下：

1. 核心诉求概念的聚集

我们现在并不清楚有多少种特定品类范围内的广告核心诉求。弄清核心概念

---

① 该工作是在广州大学2007级研究生薛剑、赖静、温小勤等帮助下完成的。

的聚集情况是构成酒类广告语言谱系的首要条件。这个工作需要逐条去做。核心诉求概念的设定还不能太抽象，基本原则是消费者能够依托广告语言以及广告语境推导出主题概念。例如“健康”、“好品质”、“人伦亲情”、“礼敬交际”、“运气祝福”、“酒感（含口感）评价”、“风格个性”、“年代久远”等。酒类广告语言能够聚集多少核心诉求概念，取决于广告语料的数量及聚集分类的精细程度。实际上，在酒的品类框架内，还可以区分出界限相对清晰的次品类系列，例如白酒系列、红酒系列、洋酒系列、啤酒系列、保健酒系列等。在这个次品类框架内，还有必要针对某些特殊的品牌系列进行第三等级的划分，例如五粮液系列、茅台系列、长城红酒系列等，每个系列中都能产生或存在相应的核心诉求概念。因此有理由相信，每个次品类系列内部也可以形成相对稳定的核心诉求概念群。在哪个层级上进行核心诉求概念的集聚取决于商品市场实际开发的需要。

2. 谱系表征语词的分拣整理

围绕一个既定的核心诉求概念，一定会存在一批对它进行诠释的表征语词，将这些表征语词整理出来又能够形成一个系统，构成具体品类广告语言谱系的重要成员。例如，我们收集到的酒类广告语言涉及“年代久远”这个核心诉求概念的超过 15 种[①]，它的表征语词就有“陈年、老酒、百年、千古、万代、能听见/看见/品尝的历史、中国最早、千年、唐时、够年头、十八年、千载、三千年、古今”。年代久远只是一个概念，如何才可以算是年代久远却没有一定之规。说“天下三千年，五粮成玉液”（五粮液）固然是凸显年代久远；说“珍藏十八年，只为这一天”（女儿红酒）也是；没有标示时间数值，说“够交情就喝够年头的酒”（茅台酒）也未尝不可。这里关键要弄清楚两个问题，一是“年代久远”已有的表征语词有哪些，可能拥有的表征语词又有哪些。这些是构成该核心诉求概念下位谱系的重要内容。二是这“年代久远”具体语义赋值的手段与过程是怎样的，这是支持谱系构成的语义语境基础。后一个问题不直接用谱系勾画的方式表现出来，但对表征语词在特定广告语境中含义的丰富与确认有着不可或缺的作用，是广告语言跟踪研究的一个重要内容。

3. 谱系组配细分

我们在进行广告语言谱系建设的时候还会碰到这样一个现实：基于语言系统本身的复杂性和规约性，即使可以判定某例广告语言的核心诉求概念是什么，也

① 还有在酒的品牌名称上就带有“年代久远”标记的情况，如“泸州老窖：天地同酿，人间共生”、“天地人和，古井贡酒”，这也应该纳入考察的范围之内。

难以排除它还存在其他诉求的可能。它们虽未能以显著的方式传达出来，但也难保其可能成为某些消费者接受相关商品的一个关键理由。或者说，即使在A广告语言中它未被作为核心诉求提出来，但不排除它在B广告语言中可以摇身一变成为核心诉求概念。或者从A角度看它未进入与核心诉求相关的谱系位置，但从B角度看它未必就不能进入那种与核心诉求有关的谱系位置。基于这种考虑，有必要把品类范围内的广告语言所涉及的语词放进特定的广告语境中进行逐项辨认，并进行相应的谱系项目分析，将目标词纳入正在建设的谱系框架之中。前述“来自既往广告语言的实践”一节所列诸项就是在特定范围内作出的相对完整的谱系项目分析。例如，五粮液曾经使用的广告口号“天下三千年，五粮成玉液”，在暗示三千年久远的同时，也在宣示其作为粮食酒（而非勾兑酒）的“五粮”特质。这里可以立出的第一个谱系项目是“酿酒原料”，依托酿酒原料顺势牵出的“成”，单独作为一个动词，我们看不出它有什么样的独特之处，但在这样的广告语境中，其所代表的是酒的酿造，所以我们依据这个酿造或可以立出“酿造方式/过程”这样的第二个谱系项目。“玉液”是汉语关于好酒的喻指性说法，这样就可以立出第三个相应的谱系项目。我们可以作这样的估计，当我们对足够量的特定品类广告语料进行这种组配细分之后，一定会逐渐形成一个比较完善的针对这个品类的广告语言谱系。依托这个谱系，我们至少可以在此基础上对新出现的广告语料进行谱系比对与匹配。所谓组配细分的工作实际上就是一种针对特定品类的广告语言的语义标注工作。语义标注分析的复杂程度我们现在还难以充分预料。另外，还有一个不同谱系项目之间的关联组配问题，哪些可以形成优势关联，哪些则等而下之，这里面也蕴含着值得开发利用的许多语言资源，可以为广告语言的设计提供直接的服务。

4. 谱系的扩展整合

当该酒类广告语言谱系依据上述三个步骤初步建立起来之后，我们可能会发现谱系结构会出现一些项目空档，或者会在具体谱系项目之下存在成员空白。这种空档或空白是我们通过百科知识推导出来的，只是表明在某些时候这个谱系的构成还有一种逻辑上扩展的可能。比如我们可以通过“年代久远”反向推出“新近时尚”的主题，通过“珍藏十八年”推出“窖藏五十年”等，当然这些都是在广告语言实践中已经实现了的，这里只是拿来例说，具体情况要等谱系建设基本完成才能进行。语言本身有着严密的系统，当这个系统的某些成员在酒类广告语言谱系中担任了某些角色，那些成员在语言系统中的“左邻右舍”会在谱系中拥有什么位置呢？广告语言谱系该如何收纳它们？比如酒类广告语言中常常有关于数量方面的诉求，“陈年老酒，滴滴香浓”、“一杯青酒，交个朋友”、“牛栏山二锅头，每天二两”，此中的“滴滴、一杯、二两”等，各自的含义与作用都不相同。汉语中表达同类意思的说法还有很多种，它们在谱系中将会拥有什么样的位置与作用？这也是一个比较有价值的课题。

需要说明的是，以上的谱系建设框架主要是针对酒类广告标题（口号）来做的，如果将广告语料采集的范围扩大到整个广告语篇，虽然基本思路差不多，但操作与遴选的复杂程度可能要大大增加。至于系统功能语法中使用的语篇分析技术能否作为一种分析工具，则还需要进行论证，关键在于其是否能够为广告语言谱系的建构提供一种操作层面的支持，而不仅仅只是一种学理上的证明。

四、结语

广告语言谱系建设是广告语言作为一种语言资源应该提供的服务。整个谱系架构可以概括成“4＋1＋1”模式，其中的“4”，就是我们可以依据制约广告语言谱系的四种力量建立起的四个分谱系；第一个“1”是指建立一个来自广告语言实践和来自消费者选弃两者叠合之后的谱系；第二个“1”是指对各个分谱系的项目与成员进行整合之后形成的一个“理想”谱系。所有谱系的建设都是以商品品类为基础的，虽然商品品类里面也有高低大小之分，但谱系的建设一定是要在比较的基础上才能完成的。本书关于广告语言谱系建设也只是提出一个初步构想，真正要全面实施，还需要我们作出很多努力。

第二章　名性序列的谱系

第一节　广告语言名性谱系建设的概念抽取及子谱系建设的一些思考①

广告语言是一种非常重要的领域语言资源，近年来，关于语言资源的利用与开发已经逐渐成为学术界及实业界关心的内容。李宇明（2008）提出语言既是文化资源，也是经济资源。不管是不同民族的语言资源，还是不同领域的语言资源，都存在着巨大的开发应用空间，王铁琨（2008）曾从多语言知识库建设的角度全面分析语言资源的统一平台与资源整合问题，从一个大的方面论证了语言资源开发平台建设的重要性，本节尝试换一个较小的领域——广告语言的角度再来思考一下语言资源的建设个案问题。广告语言作为一种领域语言，其所能拥有的经济价值自不待言，但如何从语言资源的角度得到更加有效的开发与应用仍是一个有待探究的问题。本节想在前期研究的基础上探讨一下广告语言名性谱系的建设问题，主要的分析对象是酒类广告语言中的保健酒广告语言，并希望能就此为广告语言资源的建设与开发提供一个比较清晰的样本，从而为语言资源的开发与应用提供一个领域语言方面的个案。

一、思考背景及角度选择

1. 思考背景

广告语言的谱系是指一种基于广告运动关涉项目的语义分类，广告语言谱系建设的基本思路我们上一章已有过讨论。保健酒是近年来国内酒品消费中越来越受到人们关注的一个品类，由于其市场处于尚未发展成熟的阶段，对其进行广告语言谱系分析就具有比较大的现实意义。从学术研究的角度看，鉴于保健酒品类规模也可以作为一个比较理想的广告语言谱系分析的个案，我们想就此先分类别进行一些观察与思考，再就谱系关键词的管理谈一些初步的看法，希望对广告语言的研究能起到一定的推动作用。

---

① 本部分作者屈哨兵。

从完整意义上讲，保健酒广告语言谱系建设应该在“商品本身功能与品质的导引”等四种力量的推动下才能完成。基于技术上的考虑，本节只想选择两个角度进行观察：一个是基于既往广告语言实践的事实对保健酒广告语言谱系进行扫描，另一个是基于酒品本身的广告语言进行概念抽取谱系框架设计。为了方便问题的讨论，我们本次的讨论范围集中在由相关机构提出的2009年国产保健酒品牌前十名的广告语言实际①。这十个品牌分别是：中国劲酒、椰岛鹿龟酒、竹叶青酒、张裕三鞭酒、古岭神酒、鹿鞭酒、昂立养身酒、香山枸杞酒、龙虎酒、雪莲虫草补酒。必要时我们也会涉及其他酒品类的广告语言表现。

上述十个保健酒品牌的广告语言如下：

中国劲酒：劲酒虽好，可不要贪杯。
常饮劲酒，精神抖擞。
真情品位，尽在其中。

椰岛鹿龟酒：送礼送给至亲人。

竹叶青酒：一日三杯竹叶青，越活越年轻。
颐养身心竹叶青，祝君越活越年轻。

张裕三鞭酒：表现好身手，张裕三鞭酒。
苍劲有力，挥洒自如。

古岭神酒：喝了古岭神，强身健体抗疲劳；喝了古岭神，神清气爽精神好。
古岭神酒，情有独钟。
喝了古岭神，神清气爽气色好；喝了古岭神，强身健体气血畅。
一杯正好，古岭神酒。

鹿鞭酒：男人的朋友。

昂立养身酒：每天一杯养身酒，喝到九十九。

香山枸杞酒：每天喝一点，健康多一点。

龙虎酒：龙虎酒安神益气。

雪莲虫草补酒②：（缺）

酒类广告语言谱系的建设是一个相对庞大的工程，我们曾就近20年中国大

① 资料来源：佐思研究报告和竞争情报网：http：//www. okokok. com. cn/Htmls/PE _ Product/090810/53476. html，《2009年中国保健酒品牌前十名竞争力研究及2012年产业发展前景预测报告》类似的研究报告不止一家，例如还有中国投资咨询网：http：//www. ocn. com. cn/reports/2006106baojianjiu. html，也有一份《2009—2012年中国保健酒市场投资分析及前景预测报告》。后者提出的重点企业比前者提出的优势品牌企业要少，为便于分析，本节以前者所涉作为样板。

② 十个品牌保健酒广告语言的统计未必完全，但尽量做到都有所覆盖。其中雪莲虫草补酒的生产者是乌鲁木齐康源保健品有限公司，公司网页中没有相关的广告说明，故缺。

陆与台湾地区的酒类广告流行语与广告金句的谱系状况作过初步的分析，因为涉及不同的酒种，分类比较粗，分析更是不够深入。这里仅就保健酒的广告语言表现进行谱系观察，或许会相对清晰与深入一些。

2. 角度选择

对酒类广告语言谱系的全景式描述不是本节的任务。本节感兴趣的是，在一个具体的品类基础上，可以抽取出哪些核心概念，梳理出哪些谱系成员序列，建立起一些什么样的谱系组配框架[①]？根据上述保健酒广告语言的表现，其谱系表现大概可以分为名性语词谱系、动性语词谱系、形容性语词谱系等不同的序列类别，本节讨论的范围仅限于对名性语词谱系的概念抽取及相关的谱系框架的设计思考。

在观察范围内的广告语言属于名性词语的有如下一些：①劲酒、椰岛鹿龟酒、竹叶青酒、张裕三鞭酒、古岭神酒、鹿鞭酒、昂立养身酒、香山枸杞酒、龙虎酒、雪莲虫草补酒；②君、（至亲）人、男人、精神、身心、身手、（养）身、身—体[②]、疲劳、神—气、气色、气血、健康；③真情、品位、礼、朋友[③]；④一日、每天、三杯、一杯、一点、九十九[④]。

这个名性语词的谱系总体上可以分成四类。第一类指向酒品名称（品牌），第二类指向消费适应对象，第三类指向酒品项目，第四类指向消费的时间场景与消费数量。它们形成保健酒广告语言谱系概念抽取的上位层次，依托这类层次，它们各自都能形成谱系组配框架。

二、关于酒品名称谱系的建设

1. 基本情况

观察保健酒的名称组合，在其共同将商品归入“酒”这个上位范畴的基础上，各自都在使用一些区别性特征来表明自己的相关特质。这些区别性特征的

---

① 为了观察问题的方便，这里的组配框架观察在两个层面进行，一个是在小句之内，一个是在小句之间，有时候还可以是比小句集合更大一级的单位，涉及广告所存在的广告语境。因为是基于语义的谱系建设，所以在语法单位上的一致性要求就放在相对次要的位置上了。

② 这里是指在相对固定组合中的成员，“身—体”是指“强身健体”组合中的“身”和“体”，“神—气”等情况所指相同，同理，动性词语中的“强—健”也作这样的处理。

③ “朋友”列入酒品范围，是因为在广告语言中出现的位置是“男人的朋友”，是对酒与男人关系的一种比喻性评价，“朋友”本身不是一种消费角色指引。

④ 我们将各种数量结构统一放在名性谱系序列中进行观察，不再对“数”与“量”进行区分，是考虑到谱系建设的可操作性。当然，必要的时候也可以分开处理。

分布基本上可以自成系统，可以抽取出四个二级谱系概念，分别为产地提醒、功效提示、原料突举和意象标显，它们各自拥有自己的下位谱系成员。图示如下：

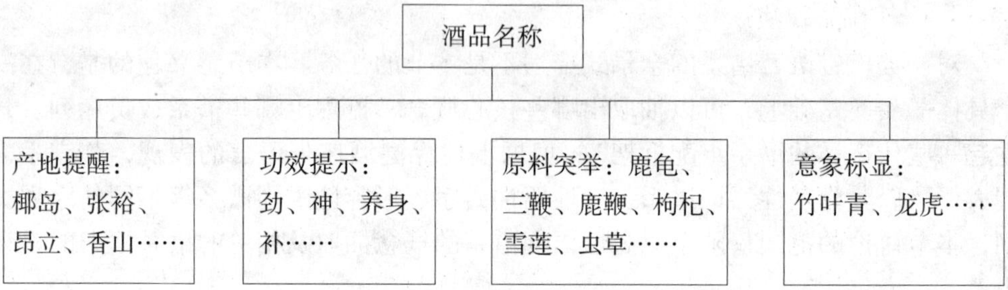

图2－1

2. 相关思考

观察上述图式，我们大致可以作出如下判断：广告主均将其所营销的商品归入“酒”的范畴，但又鉴于其与其他酒类的不同，广告主非常迫切地要在商品名称序列中对商品的功效、产地、原料等进行突显，尤其是功效与原料两个方面，这是在其他酒类品牌名称中通常未被突显的内容。这种突显可以说在保健酒类名称中自成系统，其中的主题与内容在相当程度上还可以与相关广告语言有所呼应，成为核心概念抽取应对的基础。关于这些问题，如果从谱系建设的角度出发，可以作出如下判断：功效提示和原料突举是保健酒基于自己初进市场而不得不作出的一种标示选择，这里面既体现着保健酒命名与市场划分的一些共性，也蕴含着它们之间可能形成市场区隔的一些个性。这些个性是进行谱系建设的基本元素，可以扩展排列，也可以凝练抽取。如果扩大保健酒的统计范围，就可以得出比较完备的关于功效与原料的谱系基础，其实这个工作在一种保健酒的内部也可以构建实施①，形成一个相对具体的原料谱系，更大范围里，还可以与非保健

① 这里主要是针对保健酒的原料谱系而言的，通常情况下，浮现在名称及广告口号或广告标题中的原料提示只是一种保健酒所涉原材料中很少的一部分，例如中国劲酒，其相关资料介绍的原材料包括“枸杞子、黄芪、当归、山药、人参、鹿茸”等，椰岛鹿龟酒的原材料包括“鹿茸、鹿骨胶、龟板胶、黄精、党参、何首乌、熟地、当归、枸杞、肉桂、栀子、川芎、白术、砂仁、甘草”等，理论上这些酿酒所需的各类原材料都是保健酒原料谱系中的成员，都有可能进入广告语言，但实际上它们是否浮现，如果浮现是在什么广告语境中浮现都有很大的谱系选择空间，此间难以一一尽述。但有一点可以明确，如果某种原材料被选择，那么它就成为一个关键词，广告主就应该对其进行赋值管理。

酒的酒类名称的排列做对比研究。

另外一个值得一提的是保健酒的名称属于意象标显的名称，比如竹叶青，从其来源上讲，最初的意思是指单纯加入竹叶浸泡，求其色青味美的酒[①]，后来逐渐演进成汾酒系列的著名品牌，“竹叶青”、“竹叶” 本来可以进入与原料有关的谱系，但其在品牌演进过程中已经固化成一种酒类意象，与原料再无实际联系。五粮液集团的“龙虎酒”之“龙虎”取名基本上也是走这条路子，与酒的品质功能联系不是十分直接。有关资料显示，五粮液集团解释“龙虎”的来源是和中国传统中医文化联系起来的，《重阳真人授丹阳二十四诀》有言：“神者是龙，气者是虎，是性命也”[②]。以发展的眼光看，意象谱系或许是保健酒命名发展的一个方向，但从现实市场的认可程度来看，整体要达到这个阶段恐怕还有较长的路要走。名称中嵌入产地信息是很多酒的共同特性，并非保健酒特有，不过这并不排除可以作详细产地出处方面的谱系建设，其中也包括品牌出处，如“昂立(养身酒)”这种情况。

三、关于保健酒消费适应对象的谱系建设

1. 基本情况

通常情况下，保健酒的适应对象是要和相关的动性语词组成一些针对商品的功效表述，这里我们先将动性语词排除在外，只考察名性语词范围内的适应对象。整体来看，保健酒消费适应对象可以分成两类：一类指向消费角色，如“君、（至亲）人、男人”，另一类则指向消费适应的症候项目，它们各自有自己的下位谱系成员。图示如下：

① 资料来源：酒品牌网，http：//www. jiupp. com/pp/show. php？itemid = 30。

② 资料来源：阿里巴巴—商人博客，http：//blog. china. alibaba. com/blog/yumanduo/article/b0 - i8264578. html。

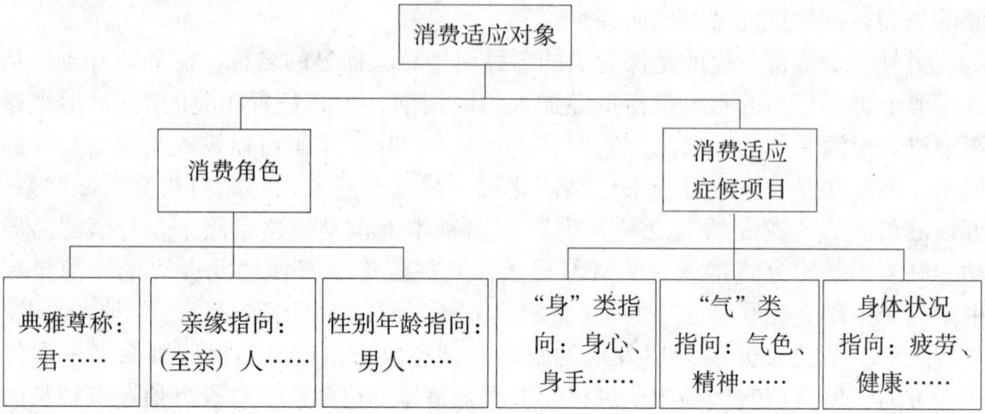

图2－2

2. 相关思考

关于消费角色指称。因为受考察样本的限制，“君、（至亲）人、男人”不能反映保健酒消费角色诉求的全部。实际上，一些保健酒的广告虽然在广告语言中没有出现特定的角色指称词，但从其相关的广告画面及广告语境中可以判断出来。从谱系建设的角度来看，我们应该可以建立起一个相对完备的角色指称谱系以供保健酒广告语言进行选择。业已浮现的三个角色指称，一个是带有典雅性质的尊称“君”，一个是带有亲缘含义的“（至亲）人”，一个是带有性别与年龄暗示的“男人”。通观保健酒的一般表现，成年及老年男性是保健酒消费的重要目标群体。到底关于这方面的角色称谓谱系还有哪些可能，我们现在并不清楚。除了成年及老年男性［“（至亲）人”在广告中实际特指具有老年特征的父亲］，是否还应有其他谱系成员作为后备，如果有，还有哪些①？有可能的话，我们还可以建立一个具有普适性的消费者角色谱系，作为各类广告语言进行消费者角色提取的元素库。就保健酒而言，如果只有男人才是消费的主要角色，那我们就要对各种与这个性别与年龄特征有关的症候语词进行排查与管理，目前对这方面的关注与研究还不多。比如，现在我们就难以准确回答属于保健酒“男人”这个关键词或“成年与老年男性”这个核心概念的相关表述形式或者症候语词到底有哪些。

关于消费适应症候项目的指称。本次观察所得的成员多一点，有10个（组）。从谱系建设角度看，这些语词可以引发如下一些思考：在一个具体的品

① 我们也注意到香山枸杞酒宁夏红的消费诉求以女性作为切入点的情况，这刚好印证了保健酒谱系扩展的可能性。

类序列中，其适应症候的谱系建设在一定意义上具有排他性，这一点与上面的角色指称谱系序列建设有所不同，还可以进行细分。以我们所涉保健酒广告语言的表现为例，所列的10个（组）成员大体上可以分成三种：一种是“身”类，包括“身心、身手、（养）身、身一体”等症候词；一种是“气”类，包括“精神、神一气、气色、气血”；一种是身体状况描述类，如“疲劳、健康”。“疲劳”是对身体适应原因症候的描述，“健康”是对身体适应结果症候的描述。三种症候语词中的每一个（组）都可以作为一个坐标进行谱系构建，里面的成员可以得到更多的扩充，使之成为保健酒广告语言设计建设的选择基础。这里尤其值得注意的是基于中国传统文化，尤其是传统医学的养身益气范畴的表征语词。我们注意到，有些保健酒的宣传资料提到的范围比浮现出来的语词要广泛得多，比如中国劲酒、龙虎酒、竹叶青等都是如此。[①] 在相当意义上，那些被提及的养身益气范畴的成员都是相关谱系的有效组成成分。以此为基础，我们才可以更加全面地去思考诸如哪些元素具有被抽取突现的价值或者具有更多的赋值可能等问题，提出更加准确的广告语言市场应对策略。当然，实际情况是，不管哪一个序列，在谱系中都可以根据相关的市场开发与广告语言的异动情况来进行具有针对性的谱系成员序列优势排序。我们也注意到在相关保健酒的宣传材料中也运用了一些非传统中医话语的概念，例如“用功能因子提取技术进行药材提取，运用中药指纹图谱技术进行质量控制，不断革新健康食品技术标准”（中国劲酒），“现代科学证明，鹿鞭还有提高免疫力、促进新陈代谢等作用”（鹿鞭酒），其中的名性语词“功能因子”、“中药指纹图谱技术”、“健康食品”、“免疫力”等未尝不能成为谱系建设的子坐标。

四、关于保健酒品项目的谱系建设

1. 基本情况

关于保健酒品项目的谱系。所谓酒品，是指酒的品位。名性酒品项目是指以

---

① 中国劲酒：“主要调节人体脏腑功能，虽然重在温补肾脏之阳气，但组方注重不温不燥。”“饮用劲酒后气血流畅，灌注全身，可使机体达到阴阳协调、温煦功能正常的状态。”“饮用劲酒可以益气健脾，从根本上调理机体免疫力；夏季暑湿，易耗气伤津，适量饮用劲酒可以补益阳气；秋冬季寒凉干燥，易伤阳气，故人们习惯秋冬进补，适量饮用劲酒可以抗疲劳和增强免疫力。”（http：//www. jingpai. com/products/index. aspx？ pid = 3&sid = 32）龙虎酒：养神——中国古代医学家主张“养生贵在养神”；《内经》中说：“精神内守，病安从来。”益气——中医认为气就是运行于人体内部各处、无孔不入、维持人体技能的一种物质。益气，又称补气，是中医特有的词。根据不同脏腑的气虚证临床表现，宜采用不同的补气法，如补肺气、补脾气、补心气、补肾气等。（http：//blog. china. alibaba. com/blog/yumanduo/article/b0 - i8264578. html）竹叶青：“养血、舒气、和胃、益脾、除烦、消食。”（http：//www. jiupp. com/pp/show. php？ itemid = 30）

名性语词的方式对酒的品位进行各种角度的定位与刻画的项目。我们可以将有限语料抽取出四类概念，即广告主态度、商品品质、物质序列角色和功能喻指。图示如下：

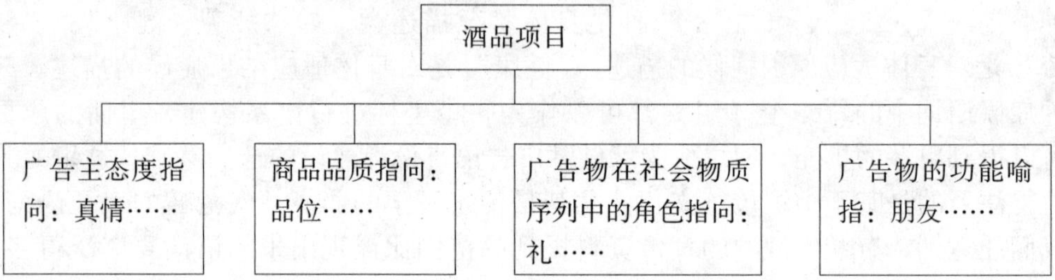

图 2－3

2. 相关思考

本次观察所涉及的保健酒广告语言的酒品项目不多，四个酒品项目词可以分别代表四种不同的情况："真情"的指向应该是广告主，即广告主主张在酒（劲酒）上附着一种针对消费者的情感关怀；"品位"的指向是商品品质本身，即酒（劲酒）的质量达到了一种值得肯定的水平；"礼"的指向是被广告物在社会物质序列中所能充当的角色，即可以作为表示尊敬与孝心的礼物；"朋友"的指向则是被广告物的功能，并且这个功能是通过喻指的方式实现的，即酒（椰岛鹿龟酒）对男人的健康有益，可成为男人的朋友。

从谱系建设的角度来看，保健酒酒品项目的基础分类应该包括品质与功能两类，但从实际情况来看，很多广告语言，包括本书的保健酒广告语言都不会很直白地将品质或功能作为诉求面，它通常会有所变形，有所延伸。如果我们要进行这方面的谱系建设，至少有两个问题值得思考，一是该谱系的框架设计到底涉及多少门类，可能有多少层级，多少成员。这里只是区区四例，我们就把它分成了四个不同的细类。那么，会不会每增加一个酒品项目，就会随之增加一个谱系小类呢，如果是这样，那么谱系建设的价值何在？谱系的边界在哪里？这类问题可以通过对同品类广告语料的进一步聚集分析来得出适当的判断。一个可能的结果是，酒品项目在一定范围内是可以列举的，并且是可以归纳分类的。另外一个问题是在我们建成的酒品项目谱系中，各种谱系成员与商品的品质功能关系的距离与角度。比如我们所涉语例中的"礼"与"朋友"，从宽泛意义上讲，大概都可以归到酒品功能项目之下，但从距离方面看，似乎"朋友"与功能的关系更大，是酒的保健功能的一种喻指，"礼"的功能则小一点，侧重的是社会功能。或者说，两者切入的角度不一样。同样的道理，“真情”与“品位”似乎都和酒的品质有些关联，但细究之下，“品位”可能与品质的关系大一些，而“真情”则可能与酒的品质小一些。它们之间的层次网络（角度）该如何处理，也是值得我们进一步深究的一个问题。

五、关于保健酒消费频次数量的谱系建设

1. 基本情况

有一个比较有趣的现象，在我们所观察的保健酒广告语言中，将数量作为诉求主题的几乎占了一半，这证明消费频次是保健酒广告设计的一个重要方面。这其中大部分是通过名性语词（数量）组合的方式表现出来的[①]。可以抽取出三类二级概念，即消费时间计量单位、饮用量和消费结果，它们拥有各自的谱系成员。图示如下：

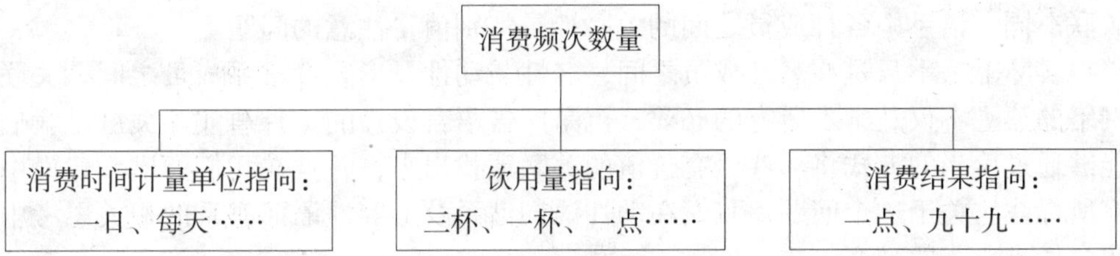

图 2－4

2. 相关思考

本次观察所得的组合有七个，可以分成三类。一类是指向消费保健酒的时间计量单位的：一日、每天；一类是指向消费保健酒的饮用量的：三杯、一杯、一点（每天喝一点）；一类是对消费保健酒所带来的消费结果的数量刻画的：一点（健康多一点）、九十九（活到九十九）。从谱系建设的角度来看，应该有三个问题需要思考：一是数量频次在保健酒广告语言谱系中的地位问题。很显然，与其他酒类相比，保健酒饮用时间的可复现性、饮用数量的可计划性和饮用结果的可预期性通常都会成为保健酒的一个诉求重点，这也是保健酒在进行市场开发时一种具有品类特征的定位努力。这里面除了其广告主想提升商品消费量的利益驱

① 数量上的暗示也可以通过非名性（数量）组合的方式来进行，比如劲酒广告“常饮劲酒，精神抖擞”是通过频度副词“常”来实现的，“劲酒虽好，可不要贪杯”中的“不要贪杯”则是一个动性组合中暗含有数量上的导引。

动，也确实有保健酒本身保健功能的特性使然，值得重视。二是数量频次的表现形式和表现程度问题。进行谱系建设，其成员一定要落实到一个个具体的语词形式上。那么，至少是上述三种不同指向数量频次可能实现的语词形式有哪一些，应该在谱系中有比较明确的储备与提示，比如饮用时间方面，“一日、每天”的同类说法还有哪些？是否还应拓展比“日、天”小的可量单位，或者拓展比“日、天”大的可量单位？哪些可能是优势组合，哪些可能只是在更为细分的市场环境下才能实现的内容？同时，保健酒毕竟是酒，饮酒并非服药，如何处理语言表现上的弹性也是需要考虑的，香山枸杞酒所言“每天喝一点，健康多一点”应该就是基于这一方面的考量。三是各种数量频次之间的关联呼应问题。稍加观察就可以发现，保健酒基于数量频次广告语言常常会在“时间量—饮酒量—年龄量—健康量”里面某些项目之间形成一种关联。如“一日三杯竹叶青，越活越年轻”（竹叶青酒）是在“时间量—饮酒量”之间形成关联。“每天一杯养身酒，喝到九十九”（昂立养身酒）则是在“时间量—饮酒量—健康量”之间形成关联，其中健康量（九十九）与时间量、饮酒量（每天一杯）之间还是一种因果关联。同一谱系中各种成员之间的关联性是特别值得注意的问题。

实际上，不只是在名性成员之间，名性与动性及形容性谱系成员之间，关联网络的建立不仅是学术研究的必要，也是广告语言设计的一种事实。关键是我们能够通过恰当的方式将那些最有价值的关联项找出来，并且在我们的谱系建设中有所标注。关于这个问题，我们在动性语词谱系及形容性语词谱系的相关思考中还会作进一步的推究。

六、小结

至此，如果仅就我们考察范围内的保健酒的名性语词谱系建立一个框架的话，大致可以勾勒出如下谱系路径指引：

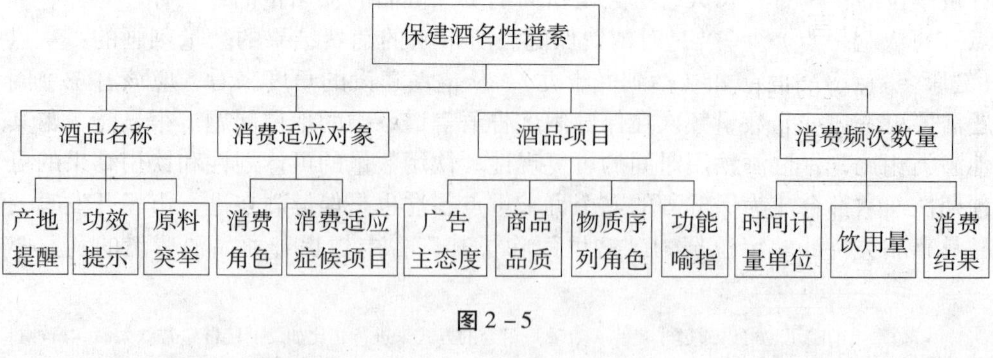

图 2-5

关于该保健酒广告语言名性谱系的路径指引实际只是一种概念抽取基础上的谱系指引，还没有细化到具体谱系成员的描述确认的层次上，关于这个谱系指引需要说明的有以下几点：第一，广告语言谱系的建设既有分类性，也有层次性。仅就我们观察范围内的保健酒的广告语言而言，其名性谱系的类别与层次特征也是十分鲜明的，其中有的层次我们在分图中有所接触，如消费适应对象这个子谱系，这里未列出。至于在各分图中尚未来得及涉及的下位层次的谱系，则更是一个庞大的系统，这需要在我们实际的谱系建设工作中进行延伸。第二，广告语言的谱系类别及成员既具稳定性，也具开放性。从大的类别来说，我们相信在适量的语料调查的基础上，具体品类的广告语言的谱系建设的类别及层次划分是可以确定的，并能保持相对稳定，但在谱系具体成员的容纳与扩展方面也具开放性。成员数目的多少，取决于我们调查取证的精细程度。本书的观点是，不管成员有多少，我们应该区分清楚哪些是核心成员，哪些是边缘成员。这样才有利于我们进行广告运动中核心概念的抽取及相应关键词的管理。第三，广告语言谱系类别及成员之间既具区别性，也具关联性。谱系成员身份的获得源自其在特定品类的广告运动系统中的角色与定位，难以被随意替换，因而具有区别性特征。同时，这个身份的获得也有赖于该谱系成员与谱系中其他成员之间的关联，这种关联有两层含义，一个是指同属一个谱系范畴的成员之间具有这样或那样的关联，另一个是指其与不同谱系序列中的成员之间存在着这样或那样的关联，比如某些名性谱系成员身份的获得，要依赖于相应广告语言的动性谱系或者形容性谱系成员的支持。

第二节　称名词与表征词[①]

一、引言

本书所说的词种是指根据相关词在具体广告语境中的语义类型、作用及地位的不同而对各类词进行的下位分类。（屈哨兵，1997：246）关于这个定义，我们有三点需要说明：第一，词种类型的分析是建立在词的语法分类的基础之上的；第二，词种实际上是一种语义划分，所得的类型是一种语义类型；第三，词种的识别和广告语境有着密切的联系，广告语境千差万别，如果要对词种进行彻底的

① 本部分作者刘惠琼、屈哨兵。本节是广东省教育厅“千百十”优秀人才工程基金资助项目“汉广告语言的词种配列及优势句选择的研究”的一部分。原刊于《华南农业大学学报》（哲学社会科学版）2003年第1期。

描述划分，在操作上相当困难，因此词种的具体类型在某种意义上具有开放性。

很显然，就本着研究任务而言，只对广告语言进行词类描述是没有多大价值的。而就词种进行研究，至少有两个方面的问题要特别注意：一是在广告运动中，各类词所扮演的语义角色具体有哪些类别？它们在传递相关的广告信息时所承担的各种任务如何认定？二是就具体的某一种商品的广告语言设计来说，可供选择传达的隐性语义类型会有很多种，为什么在广告运动中常常选择此而放弃彼呢？词种选配的原则、类型及认知依据有哪些？

我们讨论的词种类型，通常会从广告语言中的标题、口号、品牌名称等内容中抽取。本文讨论的是名性词种，包括广告语言里的名词和名词性的代词。

一种商品的存在形态至少可以分成三个阶段来描述：

阶段一：形成阶段。即生产者（广告主）生产某种商品并对其进行指名的阶段。

阶段二：流通阶段。即商品进入市场传达其品质、功能、价格及其他相关服务项目的阶段。

阶段三：消费阶段。即商品和消费者结合的阶段。

三个阶段都会涉及一些名性概念，用图来表示即：

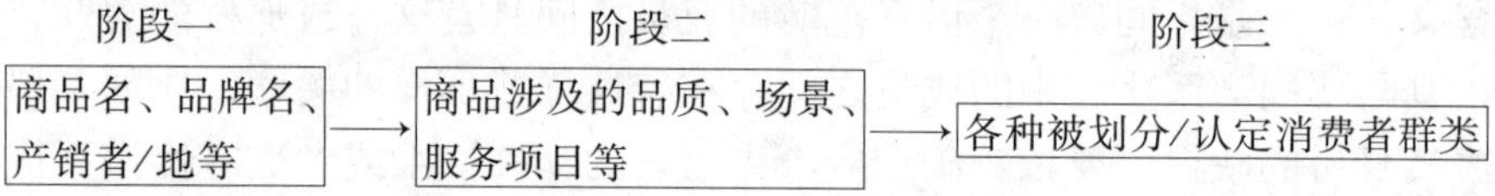

从广告运动实际的语词选择设计的完整结果来看，三个阶段的名性词种一般都会抽取一定的细目进行同现，但如果仅仅考虑广告标题或广告口号，则阶段一的某些内容（如产销地）常常不能被涵盖。根据各个阶段所涉及的名性概念在广告语境中担当语义角色的不同，我们首先可以划分出广告语言名性词种涉及的三个次位类型：称名、表征与指别，相应的可以称为称名词、表征词和指别词。本节讨论的是前两类。

二、称名词

称名词是指在广告语言中对商品的名称、品牌、生产者/销售者的名称或地点进行指称的词。在一套完整的广告语言中，称名词常常不能缺少。当然，它们具体的抽取细目会因广告任务及广告语境的不同而有不同的表现。

1. 商品名称词

一件商品的指称符号通常是由两个内容构成的，一个是商品的品牌名称，另一个是商品的物类名称及相关的区别性特称。比如，“摩托罗拉 V8088 手机”、“小天鹅全自动洗衣机”、“海尔小状元空调机”等，“摩托罗拉”、“小天鹅”、“海尔”是商品的品牌名称，容后讨论。“手机”、“洗衣机”和“空调机”则是商品的物类名称，我们称之为类名。“V8088”、“全自动”、“小状元”等，传达的是同类产品中各自的区别性特征，可以称之为区别名。需要说明的是，区别名就其自身的语法属性而言，可以是名词性的，也可以是非名词性的。这里讨论的重点是类名。

类名在广告运动中的作用是为商品进行物类定位，所要做的是引导消费者将广告中的商品与客观世界分类系统中的某类物质联系起来。它所涉及的情况有以下几种：

（1）同系分类。

这种情况指的是在客观物质世界的分类格局中，属于同一系列的商品会因其存在状态的不同而被冠以不同的类名。比如同是中成药品，其可以涉及的类名有：

丸：粒状圆形的药品。
　　六神丸、上清丸、人参再造丸。
片：平而薄的药品。
　　利胆片、护肝片、活血通脉片。
膏：糊状且稠的药品。
　　鹿胎膏、润肺膏、复方丹参膏。
冲剂：根据配方配置需冲服的药物。
　　排石冲剂、舒肝冲剂、止咳枇杷冲剂。
胶囊：以胶质材料做成袋状物内盛药物的药品。
　　天麻胶囊、蜂乳胶囊、冬虫夏草胶囊。

属于这个系列的还有“口服液”、“糖浆”、“精”、“栓”等形式的类名。在药品定名的过程中，即使是成分相同，也会因用药上的不同需要或避免重名而选择不同的药品形式，同时被冠以不同的药品类名，如“牛黄解毒丸”、“牛黄解毒片”之类。

（2）类名凝结。

一类商品从最初进入一个无差别市场到后来因市场细分而面对一个差别市场，其在类名的认定和表现上体现出一种追加凝结的情况。这种情况是指，类名的形成是有层次的，在旧的初级类名基础上通常都会添加一些新的区别性成分。

这些区别性成分最初可能是以区别名的构成因素存在的，但随着经常的和已有的类名连用而逐渐凝结成了一个关系比较紧密的结构体，被消费者当成一个概念单位来使用，新旧凝合，旧上追新，从而构成了新的类名。

实际上，从消费者的信息需求角度来讲，越早存在的类名，其所能提供的新信息可能越少。以上述中成药类名之一的“冲剂”为例，最初的“剂”何尝又不是以类名身份出现的呢。但随着药物的使用、研制和细分市场的存在，类似“X＋剂”模式的新类名逐渐产生，如：“冲剂”、“散剂”、“片剂”、“注射剂”等。它们作为一个词，自然有获取相应词种的资格。同理，“水”作为一种类名，能构成信息吸引的能量也十分有限，但通过“X＋水”的模式，就可以凝结出若干新的类名，以水饮料市场为例，便有了“纯净水”、“矿泉水”、“蒸馏水”等分别。

凝结是新类名产生的一种常用方法。这种通过追加形成凝结的过程一般能进行几次呢？就通常情形而言，以一次追加的情况居多。

（3）类名空位。

由于商品的初级类名传达的通常是消费者已知的信息，对广告效力的形成常常没有多大影响，所以在相当多的广告运动中，对商品名称的类名会采取省略的办法，只标注或突出商品的区别名，类名出现空位。下面以一则空调机的广告为例（中央电视台2001年6月13日晚）：

（1）海尔太空金元帅，108种环绕立体风。
走进“健康风”时代，享受健康立体风。
海尔空调，太空金元帅。

“海尔空调”如果要加上类名应该是“海尔空调机”，“机”是这则商品的一个类名，商品广告并不会因为它的“缺席”而影响信息的传递，为此就付之阙如了。

类名空位的结果是原本属于区别名的词有可能提升地位，成为一种新的类名。比如“空调”这个词，在日常语言生活中，人们提到它时，一般只说“空调”，而不会说“空调机”。笔者曾在商场随机做过一个调查，观察9人/次准备购买空调机的顾客，他们在与销售人员交谈或与同行者交谈提及该商品时，一般只说“空调”，而不说“空调机”。将“电视机”、“电话机”说成“电视”、“电话”也是同样的道理。当然，不是所有的“X＋机”都可以让“机”空位而提升“X”为新的类名的，比如“洗衣机”、“游戏机”就不宜用“洗衣”、“游戏”来代替，这和区别名的不同特质有关系，如果准备提升作类名的区别名在语言系统中已另有所指，未被“闲置”，就很难有机会得到提升。

（4）类名创生。

这种情况刚好和类名空位相反。确实，很多类名常常有不能提供新信息的毛病，但能不能在类名选择上出新呢？答案是肯定的，有的商品名称词的类名选择是具有广告冲击力的。比如房地产楼盘名称的设计，旧有的类名如“（大）楼”、“（大）厦”等已经没有什么吸引力了，广告主对楼盘名称的类名选择往往别出心裁。以2002年8月2日《广州日报》刊登的楼盘广告所涉及的楼盘名称为例，是日的楼盘广告共47个，楼盘名称涉及的类名大致可分成十类，按出现次数多少依次为：

1. X+花园（13例）：白云高尔夫花园、百顺台花园、春江花园、光大花园、嘉仕花园、富力顺意花园、富力半岛花园、保利花园、和平花园、万华花园、富力千禧花园、美林花园、金碧花园
2. X+苑（9例）：万寿雅苑、东方明珠花苑、怡雅苑、柏涛雅苑、西华苑、翠雅苑、富力环市西苑、富力盈泽苑、愉景南苑
3. X+园（8例）：叠彩园、旭景家园、金桂园、逸景翠园、雍雅园、芳草园、粤韵庭园、碧桂园
4. X+轩（3例）：东山锦轩、紫云轩、恒安大厦恒福轩
5. X+居（3例）：富力天朗明居、琴海居、海晴居
6. X+阁（2例）：恒康阁、帆影阁
7. X+大厦（2例）：嘉兴大厦、新裕大厦
8. X+新村（1例）：天一新村
9. X+新城（1例）：汇景新城
10. X+华庭（1例）：百利华庭

上述例子中，类名除2例“大厦”比较老派外（其中一处为商铺招租），其余的均各自反映出广告主在楼盘类名设计上的努力。“花园”、“苑”、“园”之类也不再是传统意义上的用法了。至于这些类名之间是否有什么区别，比如“新村”和“新城”在作为楼盘类名时有什么区别，恐怕也说不清了。另外还有四处楼盘名称是“珠江新城碧海湾”、“城启荔港南湾”、“文化世家”和“花城湾畔”，则很难说有类名缀后，这种情况另当别论。

严格意义上讲，品牌词也是一种区别名，有的也可以演化成一种类名。这方面最突出的例子就是我们截取“可口可乐”（Coca Cola）的后两个音节作一个词来指称那些“可乐”型饮料，出现了“百事可乐”、“非常可乐”、“天府可乐”等一类说法。

（5）区别名叠加。

在品牌名和类名之外常常会有区别名，有时还不止一个，也不全是名词性的，如“海尔无霜金王子 DEM 数字节能冰箱”，区别名涉及“无霜—金王子—DEM—数字节能”等。我们拟在词种配列部分对这种叠加现象进行讨论分析。

2. 商品品牌词

如果要对品牌进行全面的分析，那完全可以构成一门品牌战略学或品牌设计学，然此非本书所能为。我们选择品牌词词义的获取和品牌词在广告语言中的表现这两个角度来分析商品品牌词。

（1）品牌词词义的获取。

品牌词由商品品牌构成，故本身不存在对其进行识别的问题。选择一个品牌，自然要涉及对这个品牌词的意义进行索解。用语言中一个符号或一组符号来指代某种商品，其实现的基本路径有两条。

路径一：选词指品。选取语言系统中现成的某个词，用以指代相应的某类商品。按照索绪尔结构主义语言学的观点（高名凯译，1985），概念、事物及其意义的言语表现或文字表现叫做能指（Signifier），概念、事物及其意义本身则叫做所指（Signified）。一类商品可以选择语言系统中的一个现有的能指，并以此为出发点，借助其所指的内容来引导消费者对商品进行认知。用图表示即为：

能指 ⟶ 所指 ⟶ 商品

路径二：造词指品。新造一个词，使其成为一种能指而没有另立于商品之外的概念、事物及其意义的所指，或者说，让商品直接所指。用图表示即为：

能指 ⟶ 商品

两条路径孰优孰劣，很难一概而论。就路径一来讲，借用相关概念、事物及其意义的好处是能较快引导消费者切入，但其最终目的还是要在新发现和商品之间建立起一种直接联系。然而，由于所选词毕竟有一个另立于商品之外的所指，使品牌词对商品的占有不具有唯一性，这势必影响到消费者对相关品牌的识别率。同时，由于既有入选词所涉及的意义或意象在不同文化背景的市场中可能会引起不解甚至文化上的冲突，从而不利于营销。路径二企图在品牌词和商品之间建立一种直接的联系，实际上是利用语言的动态发展过程中“生产”新词新语的原理。一个商品品牌词的设计，要涉及对商品的品质性能、消费者的接受心理、同类市场相关品牌的竞争情况等作出分析和预判。品牌词的意义要达到消费者耳熟能详、约定俗成的程度，需要做相当大的广告努力。从某种程度上说，这种品牌词意义的形成和获取，更是和品牌形象的设计、培育、生长及成熟联系在一起的，有的需要几年、几十年甚至上百年的时间，需要几代人的共同努力。

一个成功品牌词的意义内涵由哪些部分构成呢？我们认为可以包含两部分内容：消费者看到该品牌能比较清楚地知道它提供的是哪一类商品；该种商品拥有在同类商品中的某些区别性特征。前一种意义是一种类别意义，后一种意义则更倾向于一种形象文化。前者很好理解：提及“美的”，我们就知道它和空调电扇一类的家用电器有关；提及“摩托罗拉”，我们就知道它和通信器材尤其是手机有关；提及“丰田”，我们自然会想到丰田汽车。至于一个品牌词在同类商品中形成其与众不同的形象文化，则更是和具体的广告运动联系在一起的。比较下面几则不同品牌手机的广告，可以体会一个品牌词由于长期和一个相对固定的广告诉求联系在一起而可能引起品牌词的相关含义各不相同：

诺基亚——科技以人为本
爱立信——一切尽在掌握
摩托罗拉——沟通无极限
飞利浦——让我们做得更好
科　键——专注做好每件事
波　导——手机中的战斗机
康　佳——让世界倾听中国的声音

品牌词的形象文化的形成当然不只是一句广告口号那么简单，我们也很难用简单的几句话就把每个品牌词的相关含义提取出来。和广告口号联系在一起的是一个个相对稳定、连续的广告运动。有的时候，它是和企业形象的建设捆绑在一起的；有的时候，企业形象的含义和品牌词的含义则有所区别，此当另文专述。

品牌词意义的获得及其延伸和纯粹的语言学意义上的一个词意义的获得及延伸有着平行类似性。一个词在其基本意义的基础上，可以通过各种途径派生出新的义项；一个品牌词在获得基本意义的基础上，也可以有意义的延伸。比如品牌词“海尔”，其形象核心意义是和“真诚到永远”联系在一起的，但海尔家族有很多延伸产品，它们各自的形象意义可以通过相应的广告口号体现出来（序号是笔者加的）：

海尔 1：海尔冰箱，为你着想。——冰箱

海尔 2：海尔空调，永创新高。——空调

海尔 3：海尔洗衣机，专为您设计。——洗衣机

与一般词的义项建设不同的是，这种意义的延伸稳定性比较差，且其语义变化速度比真正词的要快得多，随着所指对象的隐现而隐现。品牌词“义项”之间的顺序不像语言系统中一般词的义项之间的那种逻辑顺序，而是意义之间或上下之间有可能交叉或重合，如海尔 1 和海尔 3，甚至可以看成只是语言表述方式（包括节律）上的改变，其形象上的核心意义“尊重消费者，方便消费者”本质上没有太大的差别。当然，如果我们把语言形式包括节律本身也看成是一种形象的话，它们之间的区别还是存在的。

有从品牌延伸到品牌词义的延伸，都需要注意彼此之间的关联性，即被延伸者之间最好具有一种“家族相似性”，或注意引导消费者在彼此之间建立一种关联。一种情况是，在同一品牌之下会开发出一系列产品，从品牌形象来说，是统一的一个形象。但落实到具体的产品，却不是由单一的品牌词本身负载起相关意义，而是相关意义的建设依附在“品牌词 + 区别名”模式上。比如“诺基亚”（手机），其形象核心意义是“以人为本”，以此为基础推出了同一品牌的各款手机，对形象核心意义进行各个角度的诠释，诺基亚 6110 是“百变通”、诺基亚 3310 是“开心果”、诺基亚 5210 是“释放你活力”、诺基亚 3610 是“自有我观点”、诺基亚 8210 是“生活充满激情”、诺基亚 8850 是“非一般尊崇感受”等，都和对人的各种消费个性的挖掘有关，体现其对“以人为本”理念的追求。

一个品牌具有或被塑造出来的形象意义可能有很多种，其中要以哪些为凸显内容被广告主或广告人提炼抽取？被凸显的因素应该具有一种什么样的认知上的优先性？品牌形象意义的开发需要什么样的文化背景上的选择和市场前景方面的支持？汉语广告语言的品牌词在这方面进行建设的经验有哪些？一种品牌退出市场会留下一些什么意义的遗产？这些都是有价值的研究课题，需要有人做专门深入的研究。

（2）品牌词在广告语言中的表现。

毫无疑问，品牌词在广告语言中的出现频率是很高的。一条广告的语言要是不能让消费者将它和具体的品牌词联系起来，就不是一条成功的广告。当然，在各种不同的广告语境中，品牌词和广告语的联系方式多种多样。我们这里考察的是在广告标题中品牌词的表现情况。1997 年，我们统计过 100 例国产酒的广告标题，其中使用了品牌词指引的占全部广告标题的 62%。最近我们又随机抽查了 39 例矿泉水和蒸馏水的广告，在广告标题中进行品牌词指引的有 24 例，占广告标题总数的 61.5%。两次统计的情况基本相同。我们也统计过 100 例欧美市场的

酒广告，广告标题中出现品牌词的只占广告总数的23%，明显低于汉语同类品牌的相关表现，或许是因文化背景及市场发达程度的不同，后者的广告注重的更多是一种非文字的广告语境创设以及广告信息的传递。

就统计范围内品牌词的出现情况看，大部分都是只出现品牌词，也有品牌词和商品名称词同现的情况，但比较少见。看例子：

（2）农夫山泉有点甜。（农夫山泉矿泉水）

（3）怡宝，绿色的世界。（怡宝蒸馏水）

（4）爱健康，喝益力。（益力矿泉水）

（5）纯净，你我，乐百氏。（乐百氏纯净水）

（6）乐百氏纯净水，27层净化。（乐百氏纯净水）

（2）—（6）广告标题中只出现品牌词，其中，（2）、（3）位置居前，（4）、（5）位置居后。（6）中品牌词和商品名称词同时出现。

这里还有一个情况需要加以说明，一种商品的生产者名称和品牌词是两个相关的事物。现代企业进行CI设计时要包括品牌名称和企业名称的识别内容，很多企业名称的核心词和品牌词是统一的。前些年的名牌热水器“万家乐”的品牌形象建设就十分成功，每当看到“万家乐”这个品牌词，人们就会想到那句著名的广告词“万家乐，乐万家”传达出的形象理念，但曾有人批评该品牌词所树立起来的形象意义和生产企业之间的脱节，因为万家乐当时的生产企业——广东石油气用具发展有限公司的企业形象没有建立起来（袁乐清、吴国坤，1997），这种说法后来当然得到了纠正。对我国经济转型期中品牌词和生产者名称的分合现象作一详细的考察，或许可以提供市场经济发展过程中企业和品牌同步发展的微缩图。

企业名称，包括生产企业的名称和销售企业的名称，作为专用名词，严格意义上讲也属于称名词，比如“TCL移动通信有限公司”、“广州百货大厦”之类，从它们本身的结构来看，其内部又涉及各种词种的配列问题，可以做进一步的探究。

三、表征词

1. 表征词意义的获取与开发

表征词是指在广告语言中对有关商品的品质、性能、消费场景、适用症候、涵带价值与格调品位等内容进行指称标示的词种。

表征词是一种具有开放性的词种，随着广告主题的不同，表征词的类别数目及类别成员都会有所不同。从严格意义上来讲，每一类商品都可以拥有自己的一套表征词系统。广告人在进行广告策划时应该对这个系统的表征词有个全盘的考虑，形成谱系，根据广告任务的不同确定相关的价值尺度，对各类表征词进行过滤与开发。我们以图 2－6——酒类广告可能涉及的表征词系统来说明这个问题。

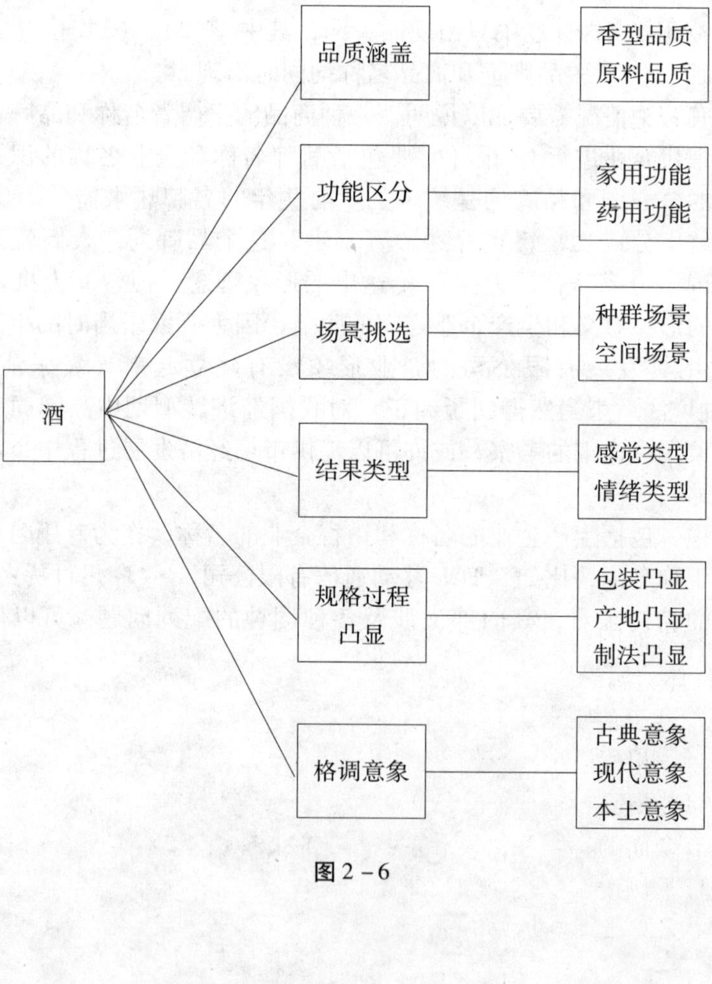

图 2－6

即使划分到上图所示的第三个层级，也还没有涉及具体的表征词。并且，就酒类表征词系统的第三层级所列项目而言，每一个集合是举例性质的。项目集合中的每一个子项目，都有若干表征词可以开发。观察下面几个例子：

（7）品质更新，口感更香醇。（2000 年泸州老窖新特曲）
（8）请您品尝，您应该相信自己的感觉。（泰山特曲）
（9）啤酒该是什么滋味，它就是什么滋味。（李普曼啤酒）
（10）它的味道和它的色泽一样诱人。（巴伐利亚酿酒公司）
（11）金色的莱茵闪烁着金色的光芒。（金色莱茵啤酒）
（12）空杯尚留满室香。（茅台酒）

（7）—（12）中作出标记的词都属于与酒有关的表征词，且属于酒类表征词系统中的结果类型板块中的“感觉类型”子项目。即使同是表感觉，上述几例广告中相关的几个词在表征系统中的地位还是有所区别的。感觉本身作为一个系统，完全可以进行下位切分，舌尝成味，目遇为色，鼻闻辨香，各有各精彩。上述几例中表征词的关系层级大体如图 2－7 所示：

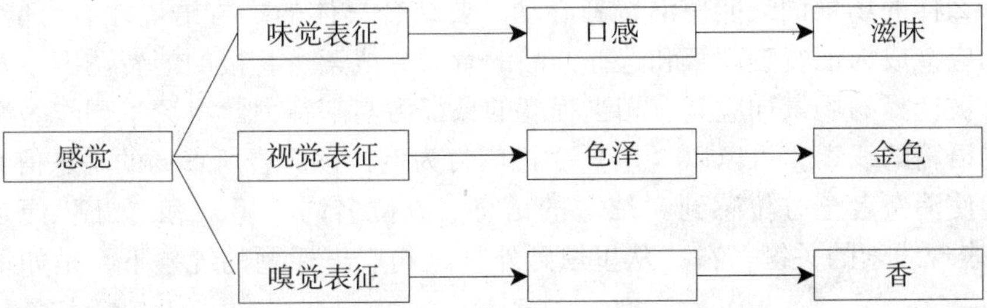

图 2－7

属于味觉表征的“滋味”比“口感”更具体，属于视觉表征的“金色”比“色泽”更具体，属于嗅觉表征的“香”也较具体，比其层级略高的表征词“气味”之类在上述语例中阙如。

广告运动中根据需要选择什么类型的表征词？选择多少表征词？选择哪一层级的表征词可能更具诉求力？表征词和其他词种如何配列？这些问题在既往的研究中尚未见有全面的调查和系统深入的研究。这里所论仅限定在对比较常见的几类表征词进行举例说明，不能代表表征词相关问题的全部。

2. 表征词的主要类型

（1）场景词。

场景词是指在广告语言中出现的能表现商品或服务得以存在及使用的情景的词。所谓场景，实际上涉及三个环节：生产某种商品或构建某种服务的场景；某种商品或服务存在的场景；某种商品或服务被消费时的场景。不同的商品或服务所涉及的相关场景各不相同，即使是同一种商品或服务，其可能涉及的场景也千差万别。具体到某一种商品或服务如何在广告运动中创设场景，相应的广告语言是否需要选择场景词，选择什么样的场景词，也是一件变数很多的事情。

事物的运动总是要在具体的时间、空间里才能展开的，广告语言的场景词至少可以先分成时间场景词和空间场景词两类。下面各举一例：

（13）昂立1号，健康相伴，恩爱一生。（昂立1号口服液）

（14）从里炫到外。（东信 EX200 手机）

（13）的“一生”涉及的是时间场景词，（14）的“里”与“外”涉及的是空间场景词。

什么样的场景词最能使消费者心动，要结合具体的广告语境才有可能回答。场景词应该成为消费者理解和选择商品的背景、线索、直接的消费诱因以及消费暗示。被选择的场景词应具有相当程度的象征力与解释力。将场景词作为组织整个广告语篇的线索，可以以（14）手机广告为例，该广告所宣扬的是东信 EX200 手机能使消费者全方位感到“炫”的信息。方位名词“里”和“外”便是安排“炫”表现线索的关键。在“从里炫到外”这句广告标题的统领下，是如下一组小标题：

·时尚科技，炫你的个性
·金属质感，炫你的轻巧飘逸
·来电闪灯，炫你的幻影迷离
·16 阶乐曲，炫你的潮流新奇
（东信 EX200 彩印广告）

不是任何广告都需在广告语言中进行时间场景词或空间场景词的提示，有的即使需要提示，也可以采取非文字的广告语境提示来完成，此当别论。

（2）质项词。

质项词指在广告语言中标示商品或服务的品质项目的词。品质项目随着商品与服务的不同而有所不同。如果针对不同类商品或服务进行品质项目的统计，将是一件很有意义的事情。当我们要将一个具体的商品或服务推到消费者的面前时，质项通常是必须考虑的诉求内容。商品与服务的类别不同，其质项开发的弹性可能就不同；同类商品的质项，其入选为诉求内容的几率也不一样。消费者最关心的是什么质项？如何将自己的质项与同类竞争品牌的质项区别开来，甚至与同一品牌不同型号的商品区别开来，是广告创意中经常要面对的问题。下面来看一组例子：

（15）新设计，新功能。（三星电冰箱）
（16）好“心”情带来好生活。（TCL 电冰箱）
（17）漂亮的形体，漂亮的选择。（荣事达全能冰箱）
（18）华凌动态空间冰箱，动态保鲜，想变就变。（华凌冰箱）

三种不同品牌的冰箱，其所选择的质项词各不相同。

（15）——商品的全体质项：设计、功能。
（16）——商品的压缩机质量：心。
（17）——商品的外观：形体。
（18）——商品的内部容积：空间。

同一品牌的商品之间对质项词的选择也同样体现出差异，以佳能打印机的几则广告为例：

（19）独立个性发挥更出“色”，不是我，是佳能。（佳能 S400SP 打印机）
（20）独立式墨水盒，飙疯了，亮丽清晰。（佳能 S520/S750 打印机）
（21）4 微微升墨滴，美呆了，超高速，超照片，超清晰。（佳能 S900 打印机）

从其基本质量项目来讲，上面几例的佳能打印机其实都带有独立式墨盒，都具有彩喷技术，但它们在进行质项凸显时，（19）选择了“色”，（20）选择了“（独立式）墨水盒”，（21）虽然也有独立式墨水盒和彩喷技术，但它选择了“（4 微微升）墨滴”作为卖点，各式打印机都在努力寻找或确立自己的特征。

商品或服务的质项词一般都不止一项。更多的情况是一级标题常常注重一种整体描述，不列出商品或服务具体的质项，很多广告将商品的各种质项词包含在二级标题甚至三级、四级标题提示的内容中，或在广告正文中进行说明。

（3）症象词。

症象词是指在广告语言中用以表现商品或服务所适用的症状、对象或相关范围的词。任何商品或服务都要具备与其品质相应的功能，这种功能总是要在一定的症状或范围内起作用的。比如一种药品总要对相应的病症起治疗作用，一种护肤化妆品总会涉及具体的护理部位。对具体症象的开发确认，是广告策划中经常发生的行为。如下面两例：

（22）赶走感冒，要选可立克。（可立克感冒药）
（23）射进窗户的光线中再也看不见飞扬的尘埃。（吸尘器）

（22）表示的是和药物治疗相关的症象词：感冒；（23）表示的是和吸尘器相关的症象词：尘埃。

品类不同，症象词的选择当然会有所不同。即使是功能基本相同的同类商品或服务，人们在进行广告语言设计时也会力图在症象词的选择上对其加以区分。以一组香皂广告为例：（杨建华，2002）

（24）浪奇木瓜白肤香皂，洗出雪白世界。（浪奇木瓜白肤香皂）
（25）帕莫里夫更关心你娇美的面容。（帕莫里夫香皂）
（26）力士使你的双手更迷人。（力士牌香皂）

同是香皂，（24）—（26）选取的症象词分别是“肤”、“面容”和“双手”。

商品与服务品类不同，症象弹性和症象词开发的数目多寡就可能会有所不同，具体的症象词更是千差万别。我们随机统计了100例药品广告和100例照相（摄像）机的广告标题（张秀贤、马军，2002），前者出现的症象词有53例，后者出现的症象词有46例，应该说，比例都是比较高的。具体情况是：

药品广告症象词包括：感冒、病痛、风湿、失眠、咳嗽、痘、伤口、胃、鼻、哮喘、心、气管、白发、牙、结核、脑、痰、病、肠、心脏病、疤痕、痒、肝、喷嚏、皮肤、癣、胆、更年期、症、苦楚、痔、喉咙。

照相（摄像）机症象词包括：距离、影像、画面、日期、永恒、瞬间、色彩、时光、节假日、结婚照、一刻、近景、远景、生活、美景、场面、黑暗、大自然、青春。

有一种情况是，广告语言中所涉及的似乎不是具体的症象，被称为症象词的是对相关症象的一种委婉说法。比较下面三例：

(27) 抹掉你所有的烦恼。(某香皂)
(28) 烦恼成为过去，快乐重回身旁。(利肝乐口服液)
(29) 只要青春不要痘——遮不住的烦恼。(兰丽绵羊霜)

以上三例分别是洗涤品、药品和护肤品的广告，都同时在各自的广告语中选用了同一个症象词“烦恼”，实际上，其所代表的症象在不同的品类中是各不相同的，(27) 中的烦恼，指的可能是人身上或衣物上的细菌和污垢；(28) 中的烦恼，大概指的是人在肝方面的疾病；(29) 的烦恼，则在广告语中同时有明确的提示，指的是青春痘。有一则旅行包的广告语是“拥有它，外出时省去许多麻烦”，“麻烦”所指，和上述几例中的“烦恼”一样。

(4) 结果词。

结果词是指在广告语言中标示出的由商品功能导致的相关结果的词。结果词通常带有一定的承诺性或指出承诺的方向，对消费者所能获得的利益进行提示。比如使用一件家电所带来的生活上的情趣，使用一种减肥品所能够带来的形体，使用一种洗发水所能获得的乌发，这情趣、形体和乌发之类，就是我们所说的结果词。

广告语言中表示结果承诺的方式很多，使用名性结果词只是其中的一种方法，动性词种和形容性词种也具有进行结果承诺的功能，拟另文专述。

从整体情况看，名性结果词在广告语言中表示承诺或指出承诺方向的运用也有一定的比例。我们就此作了一个调查。“健康”是药品或保健品广告中经常出现的一个词，它有时可以作定语、谓语或作为无主句的组成部分，形容词特征强一些；有时又作动词宾语、介词宾语、主语及名词性短语的中心语，名词性特征又突出一些，基本可以看成是名性结果词。我们以《广告语创作技巧与金句15 000条》(张秀贤，马军，2002) 中所录广告语为范围，在679例医药保健品广告语中，含有“健康”这个词的广告语例共有69例，基本情况是：

表 2－1　“健康”作为名性结果词

项目	主语	动词宾语	介词宾语	名性中心语	合计
统计	12	15	9	3	39

表 2－2　“健康”作为形容性承诺词

项目	定语	谓语	无主句	合计
统计	18	9	3	30

以上的统计说明名性结果词在广告语言中不少见。名性结果词的存在，表明了商品或服务在设计广告时对消费者利益的重视。例如，“健康是金，金施尔康”（金施尔康），“平衡才会有健康”（营养口服液）等中的“健康”都是名性结果词。

（5）格品词。

格品词是指对商品或服务某些方面进行说明、比喻或象征指称的词。这类词涉及的很多是商品或服务的格调与品位，所以称为格品词。有的商品或服务，就其本身项目的品质、功能或价格等而言，实际上彼此并没有太大的差别，但商品或服务要想开拓或占有自己的市场，必须寻找自己与同类商品或服务的不同，通过一定的方式对自己的格调、品位进行标榜与说明，便不失为一种可行的考虑。

如“乐器精华，尽在长江”（广州长江琴行）、“选用了‘灰姑娘’，就拥有了世界名品”（灰姑娘琥珀系列手袋）、“英雄金笔，笔中英雄”（上海英雄金笔）等，重在指明它们在同类商品中的等级位次。广州长江琴行属于服务业，它的广告便宣称自己所卖的乐器是乐器中的精华；灰姑娘和英雄分别是手袋和金笔中的两个品牌，广告主在广告中宣称的是它们所生产的商品在同类产品中是名品和英雄，其中后者是通过双关来实现的。

四、小结

本节从称名和表征两个角度讨论了广告语言中名性词种的诸种表现。考察称名词时，分析了商品名称词的类名表现的基本类型和品牌名意义获取的基本途径及在广告语言中的表现方法；考察表征词时，论述了表征词意义系统的获取与开发，列举分析了几类重要的表征词：场景词、质项词、症象词、结果词和格品词。广告语言词种包括名性词种，这是对广告语言相关词集的一种语义分类，这种分类就其内部成员或类别构成而言具有一种开放性，词种的识别和广告语境有着密切的联系。

对广告语言的词种进行研究有助于广告语言学理论的建设，也对广告语言设计实践具有比较重要的指导意义。同时需要说明的是，广告语言的名性词种除了上述的两类之外，还有其他的一些类别，这里就不一一涉及了。

第三节　广告语言概念群语词类别个案研究[①]

一、概念的提出及水概念群语词的存现类别

1. 概念的提出

在词汇研究中，有语义场、词族和词群这类概念，但我们认为这些概念不宜直接拿来进行广告语言分析。在特定的广告主体及广告主题规约下，会有一批与特定广告主体及广告主题相关的概念与语词存在。相对词汇学意义上的语义场、词群来说，它们的稳定性会差一点；但相对特定历时年段及特定共时层面广告语言而言，它们的聚集则具有一定的稳定性。我们将这些在特定广告运动中聚集起来的一组概念和语词称为概念群及概念群语词，并尝试进行相应的个案跟踪。为了研究方便起见，我们选择《广州日报》1995 年至 2004 年间共 9 个年段 4 月份最后一周各天的房地产广告语言作为我们跟踪、观察与统计研究的对象[②]，以期能从中得出一些比较有价值的结论。本次 9 个年段 4 月最后一周的楼盘名称累计 630 个。在这 600 多个楼盘及其相应的广告语言当中，与水有关的概念在我们跟踪调查的各个年段出现的频率较高，表现形式也比较丰富，形成了一个概念群，值得我们进行集中的观察与研究。这个概念群中出现的相关特征词包括“江、湖、河、水、滨、湾、港、岸、浦、潭、泉、涛、半岛、远洋、海”等，由于这些特征词表示的概念都和水有关，所以我们将其合称为水概念群，具有谱系特征。从大的范围讲，有的与水有关的表述不是单个的词，还有可能是短语，我们或者可以将其合称为水概念群语词。

2. 水概念群语词的存现类别

我们可以先观察一下水概念群语词的年段表现。这里的存现类指前现、后现、重现与互现。[③] 跟踪统计年段共有 210 条和水概念有关的楼盘广告，它们的

---

① 本部分作者屈哨兵。本节是国家语言文字应用“十五”科研规划项目“广告语言跟踪研究”的阶段性成果。课题编号为 YB105 - 64A。原为《广告语言跟踪研究》（屈哨兵、刘惠琼）第四章的第三节。

② 其中 2001 年的统计因为资料不全，未在本次统计中计入，是为一种遗憾。

③ 前现是指概念群中的语词在楼盘名称中出现，后现是指概念群语词在广告标题/口号中出现，重现是指同形的概念群语词同时在楼盘名称与广告标题/口号中出现，互现是指同义（但不同形）的概念群语词同时在楼盘名称与广告标题/口号中出现。

存现类别比重分布如下①：

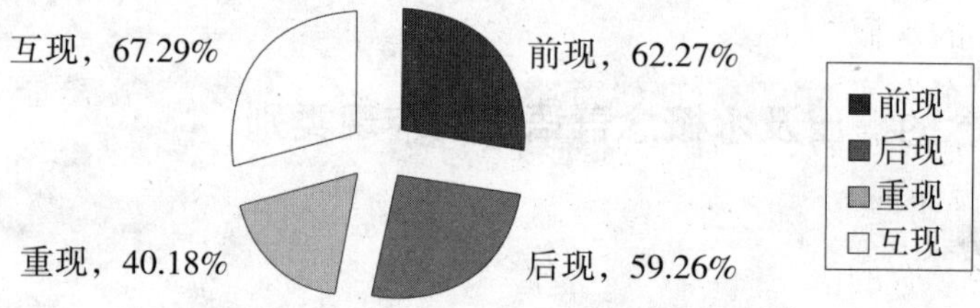

图 2-8 水概念群存现类别统计图

统计结果显示，水概念群前现、后现、重现、互现等存现类别之间的比重相差不大。下面各举一例：

前现：海珠半岛花园——至佳居住环境社区；经典豪宅，傲视全城。
后现：锦城花园——天天不一样的江景。
重现：美林湖畔花园——新天河人居地标，美林湖畔。
互现：海龙湾——水生活博览园；南国首创水生活博览园。

前现例属于水概念群的语词是“海珠半岛”，后现例属于水概念群的语词是“江景”，重现例属于水概念群的语词是“（美林）湖畔”，互现例中属于水概念群的语词是“海、湾、水生活”。水概念群语词存现类别比率最高的是互现这种现象。互现率高，就是同一概念下的关联度高。水概念群语词的这种高关联性的互现体现了广告主们对广州地区水概念市场的高度认同，尤其注重那种同中有异的广告语配值上的追求。水概念群的这种互现式配值值得我们作比较深入的分析。就广告语诉求关联性的效果而言，互现式配值是一种扩值与增值。比如上述互现例。“海龙湾”是一个具有水概念的楼盘名称，围绕这个概念，广告主提出“水生活博览园”与之配对，博览园的意思大家都懂，但什么是“水生活”则会引起受众作出种种联想，是与水相伴的生活，还是与水相连的生活？是水中有生活之景，还是生活中有水之景？总之，是提出一种关乎水概念的价值诉求，让广告受众通过这种广告语言配值在楼盘名称与楼盘所指之间建立起一种比较密切的关联。

① 统计所得的存现类别总量为 228 现，大于 210 条楼盘广告语量，原因在于有时在同一条广语中既可以有甲类存现形式，也可以有乙类存现形式。

二、楼盘名称中的水概念群专名特征词表现

专名部分的水概念群的特征词分析可以从两个角度入手，一是“系别”类型，二是“水分”多少。“系别”与“水分”都是两种比喻性的说法：前者是指围绕某一个水概念核心字构成了哪些专名，形成了多少类别；后者是指专名即使都与水有关，但有些给人的水印象要强一些，有的给人的水印象要弱一些，有的好像离水近些，有的似乎离水远些，故归纳为“水分”的多少。

1. 专名特征词的系别类型

专名的系别，大致有如下十五种类型：

①“海”系：海岸、海滨、海德、海富、海龙、海琴、海天、海外、海印、海怡、海悦、碧海、东海、金海、南浦海滨、南沙滨海、琴海、天海、星海、怡海、中海；②“湖”系：翠湖、东湖、观湖、荔湖、麓湖、洛湖、美林湖畔、南湖、泰湖、仙湖、雅湖；③“江”系：江滨、江豪、江南、江畔、江湾、丽江、滨江、春江、香江、倚江、珠江；④“岸”系：都市水岸、绿茵岛水岸、金海岸、美林海岸；⑤“岛”系：半岛、海珠半岛、南湖半岛、香堤半岛；⑥“水”系：丽水、麓水、御水、东山水恋；⑦“港”系：华港、荔港、晓港、怡港；⑧“涛”系：涛景、柏涛、听涛；⑨“河”系：星河；⑩“浪”系：浪琴；⑪“雨”系：雨景；⑫“泉”系：金泉；⑬“洋”系：远洋；⑭“潭”系：鹅潭；⑮其他：盈泽。

统计可知，用得最多的水概念系别是“海”系，有21现，其次是“湖”系和“江”系，各有11现，再次是“岸”系、“岛”系、“水”系和“港”系，都有4现，接着“涛”系有3现，其余的“河、浪、雨、泉、洋、潭”诸系，都只有1现。这种情况说明，至少在楼盘专名系统当中，并不是所有的水概念群语词都可以得到同等对待，尤其是“海、湖、江”等系何以高频存现，实在是值得玩味的。有的专名中包含的水概念实际上不止一个，比如“绿茵岛水岸”，就含有三个与水概念有关的词：“岛、水、岸”，应该说，将其归入“岛”系、“水”系或“岸”系都是可以的，只是我们为了统计方便，将其归入了“岸”系；“南浦海滨”同样也有三个地方透露出与“水”有关的信息：“浦、海、滨”，我们没有列出“滨”系，所以就将其归入了“海”系。

2. 专名特征词的“水分”

“水分”的意思是楼盘专名与水关联性的强弱及远近，受众很多时候要考虑自己所选择的居住地是否真正具有水环境，是否真的与某种实在的水体保持一种

可感的距离。以此为标准，我们可从以下几个角度作出一些观察与判断。

（1）大与小。

水体大的“水分”未必多，水体小的“水分”未必少。比如“海”系的专名，就“海”本身而言，当然是一种很大的水体，但“海”系专名是否能给受众更多的水分暗示则是值得商榷的事情①。根据水体大小的序列来看，大体上形成的是“海—江—湖”序列，“湖”系的楼盘专名给人的水分暗示较多，“江”系的专名居中。观察“湖”系的楼盘专名，如“翠湖、东湖、观湖、荔湖、麓湖、洛湖、美林湖畔、南湖、泰湖、仙湖、雅湖”等，似乎大都能给人一种可以赏游的实在的水体暗示；而“海”系的如“海龙、海外、碧海、东海”之类，大则大矣，却多半不那么容易让人进行水体上的亲近赏游。“江”系的专名，似乎更偏向“大”的一方，如“江豪、香江”之类，给人的印象还是概念上的暗示，而非实体上的诉求。

水体越小，“水分”可能越多，比如“涛”，本意是指大的波浪，波浪者，海中可有，江中也可有，相对海、江而言，应该是属于小范围的了，本次统计所得的三个“涛”系楼盘专名及其相应的广告语，却是表现出一种水分较多的倾向。看例子：

涛1：听涛半岛——悠然山水，非凡生活。完美，只因成熟。

涛2：华标涛景湾——户户面江，引领广州江景豪宅进入新江景时代。

涛3：柏涛雅苑——依水而居，北欧情怀。柏涛雅苑的实景，正是北欧的风景！

涛1“听涛半岛”强调“悠然山水”，涛2的“华标涛景湾”鼓吹“户户面江”，涛3的“柏涛雅苑”宣称“依水而居”，都是“水分”很多的诉求。

（2）远与近。

远与近是从地理距离上来观察“水分”的多少。如果一个楼盘离水体不远，我们就可以说它“水分”多。从楼盘专名的设计来看，某些组合可以让人们意会其离水体不远的位置含义，这些组合的标记包括“岸、滨、岛、畔、湾、倚、观”等，如“海”系中的“海岸、海滨、滨海”，“湖”系中的“观湖、美林湖

① 考察楼盘专名的“水分”多少并不意味着对楼盘专名的整体评价，实际上有的专名虽然包含有水的概念，但“水分”本身可能并不是其楼盘推广的诉求点，比如“海”系的专名“海外”，专通组合是“海外花园”，其广告语诉求是“江南大酒店对面的欧式绿色家园”，“海外”所表示的是一种方域概念，在某种程度上可以和后续的“欧式绿色家园”发生关联，这种关联涉及建筑风格与绿色概念，“水分”本身的表现较少。

畔”，“江”系中的“江滨、江畔、江湾、滨江、倚江”。几乎所有“岸”系和“岛”系的组合都可以归入距离偏近因而“水分”暗示较多的范围，如“都市水岸、绿茵岛水岸、金海岸、美林海岸”、“半岛、海珠半岛、南湖半岛、香堤半岛”等。如果是属于近水的范围，相应的广告语言则更有理由进行水环境的诉求。我们可以就含“岸”的楼盘名称来作一个观察。下面来看例子：

岸1：都市水岸别墅——掀开别墅生活新篇章……花溪别墅接受参观。

岸2：绿茵岛水岸别墅——至近市中心的地铁上盖别墅。水岸独立别墅勇夺全国性大奖。

岸3：金海岸花园——广州海滨梦想家园。五一黄金周到金海岸花园玩海去。

岸4：美林海岸——天河中心大型临江水景园林休闲社区，美林海岸寻找非常男女。

四例“岸”系广告语都有明确的近距离水环境诉求，岸1的“都市水岸别墅”告诉人们有“花溪别墅”，“花溪”之谓，触手可及；岸2的“绿茵岛水岸”说有“水岸独立别墅”同样如此；岸3的“金海岸花园”则是“海滨、玩海”作为近距离水环境的表征；岸4的“美林海岸”宣称是有“临江水景”，“临江”之谓，自然是直接面对。

当然，有这些近距离“水分”暗示并不意味着其他没有这种近距离“水分”暗示的组合就一定离水体很远，实际上，有些在专名中没有涉及距离因素甚至水概念因素的组合，同样可以进行这种亲近水环境的表现，不过这超出了本节讨论的范围。

（3）虚与实。

虚与实是相对而言的，如上文所说水体偏小的、距离偏近的，多半可以归入“实”的范围，这里再补充一些分析，比如“金泉”与“鹅潭”，“泉”与“潭”都是较小的水体，就显得比较实，事实上“金泉山庄”的广告语诉求也和“泉”密切相关。该楼盘位于广州市大金钟路旁，紧邻白云山，楼盘相应的广告语是“山水名居，健康家园；户前白云山，户户九龙泉”，明显是拿山泉水作为一个卖点，实际情况是该楼盘确实为住户接入了山泉水，算是实在到家了。白鹅潭是广州市的一处名胜，为珠江一景，是一方具体且切实可感的水体，楼盘“鹅潭明珠”的广告语是“白鹅潭畔，亲水居庭。鹅潭明珠，无限江景”，也是一种非常实在的诉求。再补充一些比较虚的水概念特征词，可以拿“港”系来做例子，说“港”与水有关，主要是因为其有“港口、港湾”的含义，港口是指在河边、海边上设有码头便于船只停泊、旅客上下及货物装卸的地方，港湾是指便于船只停泊的海湾。从某种意义上讲，“港”不是一个纯粹的水概念词，它虽在海旁、河口岸边，但在我们的概念中，它还掺杂了船只、货物、旅客等意义元素，因而在概念内涵上并不完全属“水”，比较虚了。广告主利用“港”来做文章，大抵只能算是给受众一些水背景的暗示，想打一下“水”的擦边球。实际上，“港”系楼盘的广告语常常难以直接拿实在的“水”来做文章，广告语中的“水分”较少，比如“华港花园”是“五月开心收楼了，收楼了，硕果一起分享”，“荔港南湾”是“全方位立体化教育文化社区。西关风情之旅，明天启航”，“晓港湾”是“侨江购房，入户广州，广州人的新视点”，“怡港花园”是“绿意美景怡人醉，清风闲情入港湾”，都没有表现出对水概念的集体意识。

当然，如果“水分”多少完全可以根据系别的大小、远近、虚实来进行确认推广，那将是一件令人愉快的事情，但实际情况不可能是这样。上述若干例子，如“海”系、“江”系本身的各种专名之间都有可能存在“水分”多少的差别。

从逻辑上讲，除了专名，还可以对通名部分水概念特征词进行分析，但检视跟踪所得的楼盘通名可知，含有水概念的语词不多，其中比较典型的是“湾”，根据我们的观察，“湾”在一定程度上几乎要成为楼盘通名系统中的一个成员了。好些近乎通名的“湾”还专门与属于水概念群的语词组合，例如“晓港湾、荔港南湾、星河湾、碧海湾、麓水湾、海龙湾、金海湾、涛景湾、丽水湾”等。这些专通部分均含有水概念的楼盘广告语，有的在进行广告语配值时表现出一种水概念上的扩张追求。略举几例：

荔港南湾——江景无限，前景璀璨。
麓水湾——麓水湾畔，一品人家。
丽水湾——江景社区优质生活。
海龙湾——水生活博览园；南国首创水生活博览园。
涛景湾—— 户户面江，引领广州江景豪宅进入新江景时代。

也有在广告语配值中没有进行水概念提示的，如“晓港湾、荔港南湾、星河湾、碧海湾”等，在此不一一论列。

三、标题/口号中的水概念群特征词表现

分析专名部分的水概念群特征词是从“系别”类型和“水分”多少入手进行的，分析标题/口号中的水概念群特征词也可以先从系别入手，然后从“水分”多少及相关水概念群特征词的入语入句情况对其进行观察分析。

1. 标题/口号特征词的系别类型

"水"系：几泓水色、好山好水、水木清华、山水文化、七山一水、山水之城、掬水别墅、真山真水、浩瀚山水、纯山水别墅、临江水景、水岸独立别墅、依水而居、悠然山水、山水园林的家、山水园林的社区、蓝天碧水、山水鲜先生活、水景风情园林、山鲜水鲜生活领先、山水之间、传承好风好水、山水生态、依水而居、金色水岸、水生活、驾山·御水·观天下、山水别墅、珠水之滨、亲水居庭、水文化特区、无形的水、水景园林、环海叠水洋房、都市水岸、水岸洋房、北欧水岸、依山傍水、山水风韵、水岸浪漫、住在山水、水岸大花园、岭南水乡、水岸城市、浪漫欧洲水岸风潮。

"江"系：临江水景、临江现楼、珠江三面环绕、涤荡都会烦嚣、倚江而建、全江景复式、不一样的江景、江畔豪庭、无敌大江景、江畔新生活、江景无限、临江极品广场江景、三面环江、面对珠江、江畔艺术之都、无限江景、一半是江畔美景、倚江抱绿、望江观楼、江景洋房、江湾美景、江畔华宅、临江豪宅、滨江学院、漫步江堤、临江花园洋房、丽江生活、罕有江景、江畔华庭、全江景、临江抱园、江前·林后·御生活、江河、江景王、一流江景、户户面江、广州江景、新江景时代、江景社区、新滨江眺望台、一线江景。

"岸"系：水岸独立别墅、金色水岸、都市水岸、水岸洋房、北欧水岸、水岸浪漫、水岸大花园、水岸城市、浪漫欧洲水岸风潮、黄金海岸、海岸风情、南沙海岸、海岸新鲜阳光、流溪河岸边。

"湖"系：湖边安家、尽览麓湖山水、湖江多骄、湖泊、面对泳湖、湖畔生活、江山湖泊、南湖山水、南湖绝伦山水、南湖畔、全湖景单位、那片湖。

"海"系：黄金海岸、海浪、海景园林、玩海去、海岸风情、阳光海风、南沙海岸、海岸新鲜阳光。

"岛"系：法国小岛戛纳风情、蓝色月亮岛、私家绿岛。

"河"系：东临小河、美丽的河畔聚居地、流溪河岸边。

"池"系：半山泳池、星光泳池、透明泳池。

"湾"系：江湾、龙湾、港湾、加勒比湾。

"溪"系：洛溪、流溪河、花溪、溪洲。

"泉"系：九龙泉、清泉。

"潭"系：白鹅潭畔。

观察上述统计，标题/口号中用得最多的水概念群词语是"水"，有45现，稍逊一筹的是"江"系，有41现，等而下之依次是"岸"系14现，"湖"系12现，"海"系8现，"湾"系和"溪"系4现，"岛"系、"河"系和"池"系均

3现，“泉”系2现，“潭”系只1现。

如果对比一下楼盘专名中水概念群的特征词与楼盘广告标题/口号中水概念群特征词在数目多少及具体词项隐现上的差异，将会发现一些值得注意的现象。

2. 共现特征系的比较

同一个水概念群系别既在楼盘专名中出现，也在楼盘广告标题/口号中出现就称为共现①，这组系别包括“海”系、“湖”系、“江”系、“岸”系、“岛”系、“水”系、“河”系、“泉”系、“潭”系。共现特征系的情况可以由以下频次位序统计表及共现频次柱状表来表现。

表2－3　频次位序统计比较表

项目	水	江	岸	湖	海	岛	河	泉	潭	合计
标题/口号	45	41	14	12	8	3	3	2	1	129
排序	1	2	3	4	5	6	7	8	9	
楼盘专名	4	11	4	11	21	4	1	1	1	58
排序	3	2	3	2	1	3	4	4	4	

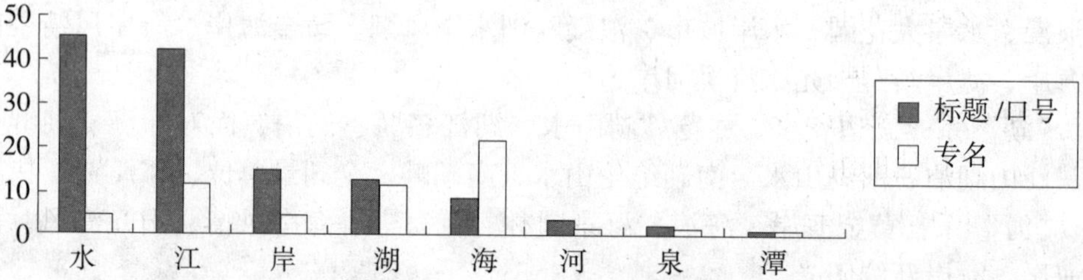

图2－9　“系别”出现频次比较图

观察上述图表，我们可以作出如下分析：

水概念群特征词语共现的绝对数增加。标题/口号中的水概念群特征词要远高于专名中的水概念群的特征词，前者出现了129次②，后者则为58次，前者是

① 共现与重现、互现不同，重现看重语词形式完全一致，互现看重意义相同但语词形式不同，共现注重的是前后项之间有共同的部分语词。

② 这里的统计不计重复出现的例子，如计重复出现，则频次应该是146次，等于我们进行存现类型统计时互现与后现之和。

后者的2.2倍。这说明，相对楼盘专名而言，楼盘广告的标题/口号更有可能进行水概念的诉求，即使是选取同样的特征词，标题/口号中的水概念的诉求要高于专名中的诉求。

尤其值得注意的是共现情况下特征词序列位置发生的变化。在专名中的“海”系特征语词位居第一，在标题/口号中“海”系特征语词却降到了第五位，而在专名中位居第三的“水”系特征语词，在标题/口号中却跃升至第一位，并且从绝对值角度看，在标题/口号中，“水”系特征语词的出现频次是45次，在楼盘专名中只有4次，两者之间相差11倍多。“水”系特征语词的猛增，说明标题/口号更愿意采取一种直截了当的方式向消费者兜售水概念。“江”系特征语词在标题/口号与专名中都位居第二，但两者所居位置的实际价值还是有分别的：在标题/口号中，“江”系特征语词的绝对值与“水”系特征语词的绝对值非常接近，45比41，势均力敌；而在专名中，“江”系特征语词与位居第一的“海”系特征语词相差则将近1倍，11比21。在标题/口号中，“水”系和“江”系的突出在一定程度上是楼盘广告语运作比较成熟的表现。当然，更值得我们注意的是广告主在相应的广告语境中是如何对“水”系特征与“江”系特征进行诠释的，这涉及“水”系特征语词和“江”系特征语词的具体组合方式，我们将在下文加以详细讨论。“海”系特征语词在标题/口号中位序的降低应该是情理之中的事情。如果专名中的水概念诉求更倾向于一种背景信息的暗示，可以比较“虚”，那么标题/口号中的水概念诉求就更倾向于一种直接信息的凸现，应该比较“实”。在这方面，“海”显然没有什么特别的优势，标题/口号中的“海”系特征语词绝大多数是和“岸”连在一起进行诉求的，凸现的是一种居所的地域暗示，没有其他的组合方式，因而频次也就会受到影响。“湖”系特征语词在标题/口号中的位序与在专名中的位序虽然有别，但其出现的绝对数值则大抵相当，分别是12次、11次，这说明“湖”系概念在标题/口号与专名两个集合中都有比较一致的诉求。而实际情况是，广州区域内有湖的就那么几个地方，但专名中和标题/口号中都用“湖”，就使得一半以上的“湖”系专名都是“南湖”。“岛”系特征语词在标题/口号和专名中的出现频率也大体相近，一个为3，一个为4，两者之间的关系与“湖”系倒有点不同。在专名中“岛”系特征语词所指是实在的地理标示，如“海珠半岛、南湖半岛、香堤半岛”等，在标题/口号中则多半倾向于一种喻指，如“法国小岛戛纳风情、蓝色月亮岛、私家绿岛”。“河”系的情况则又倒过来，在专名中有1现，带有喻指性质：星河，在标题/口号中则带有实指特征，如“东临小河、美丽的河畔聚居地、流溪河岸边”等。“泉”系在标题/口号中有2现，一为专名“九龙泉”，一为泛名“清泉”，在专名中则带有一定的喻指性质“金泉”。“潭”系在标题/口号与专名中都只有1

现，都为具体的地域方所指示“白鹅潭”。

3. 异现特征语词的比较

如果一个特征语词没有在专名与标题/口号中同时存在，只单显于专名或单显于标题/口号之中，则可以称为特征语词异现。两者比较，也有一些值得注意的情况。

在专名中表现为异现特征语词的有：涛、浪、雨、洋。相关的专名具体表现为：

“涛”系：柏涛雅苑、松涛苑、听涛半岛、华标涛景湾

“浪”系：浪琴居

“雨”系：雨景花园

“洋”系：远洋明苑

在这些单显于专名的特征语词中，表现较多的为“涛”系。就“涛”的具体指向而言，大体可以分成两类：一类与水概念直接相关，如“听涛”之“涛”与“涛景”之“涛”；另一类与水概念间接相关，为一种喻指，如“柏涛”之“涛”与“松涛”之“涛”。“雨景”之“雨”和“远洋”之“洋”也可以看成与水概念直接相关；“浪琴”的“浪”则有些特别，从专名来看似乎水概念的指向不太明显，但如果结合相应的广告口号来判断，则应该与水概念直接相关，因为其广告语包含有“滨江东望江观楼”的字眼。

专名异现指相应特征语词系只在专名中存在，但如果跳出具体特征词的对比，可以发现异现并不意味着在广告语言口号里水概念的必然缺位，这个可以通过“涛”系的表现来进行观察。“听涛半岛”的对应广告语言为“悠然山水，非凡生活”，“华标涛景湾”的对应广告语言为“一线江景豪宅……户户面江，引领广州江景豪宅进入‘新江景时代’”，这些都与水概念直接相关。“柏涛雅苑”、“松涛苑”的“涛”似乎与水概念没有直接联系，但其相对应的广告语言的确同样有着“依水而居”、“尽享北欧水岸假日生活”（柏涛雅苑）、“山水生态零距离”（松涛苑）的诉求，与水概念有一定程度的关联。当然，也有异现特征词的相应广告语言没有就水概念进行回应的，例如“远洋明苑”，相应的广告语言为“国际品牌，国际标准”、“都市白领家园”，究其原因，或许与“远洋”之“洋”在人们日常居住行为中得以接触的可能性大小有关。与“涛”相比，“洋”在此处也没有进行喻指的追求，所以也就没有诱发对水概念表述上的要求，形成一种更为彻底的异现与单显。

标题/口号的异现特征语词有：池、湾、溪。具体表现是：

“池”系：半山泳池、星光泳池、透明泳池。

“湾”系：江湾、龙湾、港湾、加勒比湾。

“溪”系：洛溪、流溪河、花溪、溪洲。

上述几个系别的异现特征语词大致可以分成四种不同的情况，第一种情况是特征语词所诉求的是相关楼盘内部的与水有关的设施，“池”系中的“泳池”就是这样，或许是因为水概念潜在价值的吸引，即使楼盘本身并不傍河邻江。实际情况也是如此，宣称半山泳池的是花果山庄，宣称星光泳池的是汇友苑，叫卖透明泳池的是时代玫瑰园，然而其实际地理位置都无显著的水环境。虽然泳池几乎是每个楼盘必备的生活设施，但能够将其纳入广告语言标题/口号中成为诉求元素的情况并不多见。上述三个楼盘基于对水概念的重视，知其不常为而为之，并且尽力开发其某些附加特征，称泳池或在“半山”，或拥“星光”，或为“透明”，以补单调泳池之穷。第二种情况是标题口号中的特征语词所涉及的水概念和楼盘所处的地理名称有关，如“江湾”（海印花园）、“龙湾”（龙湾广场）、“洛溪”（南浦海滨花园）、流溪河（荔景园璞玉湾），都是广州地区实际存在的地名。第三种情况是特征语词为含有水概念的类指性语词，如“港湾”（怡港花园）、“花溪”（花样巴黎·都市水岸别墅）、“溪洲”（南沙海滨花园），都不是实际存在的地名。第四种情况走得更远一点，含有水概念的是一个喻指性词语，如“加勒比湾”（嘉仕花园），因为是喻指，“加勒比湾”和“嘉仕花园”在水概念上的匹配程度需要通过更加详细的信息搜索才会实现。

标题/口号中的异现特征语词虽然都进行水概念的诉求，但其具体实现的路径还是各有所别的。除了上述分析过的“池”系进行附加特征开发的情况之外，“湾”系和“溪”系也是各有各精彩的，以下各举两例：

海印花园——雄踞江湾至尊地段，独揽湖江多娇大户风范尽在海印花园。

怡港花园——绿意美景怡人醉，清风闲情入港湾。

南沙海滨花园——阳光海风，健康生活；五一滨海嘉年华，溪洲度假生活全体验。

荔景园璞玉湾——流溪河岸边的家。

一种居住环境的暗示，是为“清风闲情”，与“溪洲”连带的诉求是一种生活方式的暗示，是为“度假生活全体验”，与“流溪河”连带的诉求是一种居住方所的暗示，是为“岸边的家”。

与专名中特征语词异现的情况一样，标题/口号中异现的主要着眼点也只是语词层面，如果放大到更高的水概念层面，有的异现语词与楼盘名称之间还是存在着呼应关系的，如“江湾”之于“海印花园”、“港湾”之于“怡港花园”、

“溪洲”之于“南沙海滨花园”、“流溪河”之于“荔景园璞玉湾”、“洛溪”之于“南浦海滨花园”、“花溪”之于“花样巴黎·都市水岸别墅”等，都是如此。也有彼此间距离比较远的，如上述“池”系特征语词与相应专名的匹配，还有“江湾”之于“椰城阁”，广告全句为“椰城阁——领略江湾美景，享受超卓繁华”大抵也是如此，此处不一一论列。

四、结语

本节只是以特定年段中的房地产楼盘广告语言为例，从广告语言谱系研究的角度粗略分析了9个年段中水概念群语词的存现类别、水概念群专名特征语词的系别类型及其“水分”表现，其中所谓的“水分”还有大小、远近、虚实之分，同时分析了这几个年段中楼盘广告语言标题/口号中水概念特征词的系别类型，并且对其进行了共现与异现两个方面的分析。这种关于广告语言概念群及概念群语词的个案分析只是一种广告语言跟踪研究分析的尝试，谈不上系统与深刻，但我们相信这种分析既有其学理基础，也有其应用价值。

在我们进行广告语言跟踪研究的过程中，与概念群及概念群语词密切相关的另一个有必要设立的概念是“配值”。所谓配值，就是指通过广告语言之间的匹配来表现相应广告主题的诉求内涵，增加并巩固广告语言的诉求值，从而使得相应的广告内容能在受众那里树立起比较清晰的品牌形象与利益关联。设立“配值”这个概念，是为了解决广告语言同一概念群中成员之间如何发生关联的问题。概念群成员之间发生的各种关联能够达到表现特定广告主题的诉求内涵、增加并巩固广告语言的诉求值的目的。针对某个具体的概念群，其内部成员也有核心与边缘之分，彼此的关联程度也会有高低之别，其各自所能完成的配值任务也会各不相同。楼盘广告语言的水概念群语词的配值分析可以从名性配值、动性配值及形容性配值等不同的角度进行，每个角度下可以有针对性地归纳出若干细类，有的研究还和广告语言的词种问题研究有关。个中情况比较复杂，十分具有研究价值。

第四节　酒广告的名性谱系[①]

一、人物名与酒广告的关系模式

酒要借用人物名为其产生附加值，就要与人物名产生最密切的关系。对比推

① 本部分作者薛剑，摘自薛剑硕士学位论文（2010）《酒广告谱系中的人名/地名现象研究》，章节标号有改动。

广的各个角度，最容易与产品进行关联的是产品名。这并不是说别的角度不重要，但无论是产品的生产销售、情景介绍、功能描述，还是消费者感觉，都与酒的距离稍远。在我们搜集到的广告语料里，与人物名和酒的关联也多是从酒名方面来实现的。下面我们重点观察酒广告与人物名的关联方式。

1. 直接用人物名作酒名

这种方式不对人物名进行加工，而是直接将其用作酒名。如杜康酒、文姜酒、文君酒、路易十三等。如果人物名是两个字，出于音节和谐的需要，还要在后面加上一个“酒”字。人们一看到这样的酒名就会不自觉地想到与人物和酒有关的故事与内容。看到杜康酒就会想到杜康是中国酿酒鼻祖①，看到文君酒就会想到司马相如与卓文君的故事里卓文君当垆卖酒的情节，而文姜酒的人物名让人想到中国的孝文化②。这种形式的特点，要么是这个人物与酒的故事家喻户晓，要么这个人在某个地方很有影响，而这种酒也以那个地方为主要销售区，要么是为了突出酒的某种特质。总之这种形式的优点就是直接，也有利于突出人物的特点，不足就是人物与酒的联系有点不紧密，人的性格在向酒性的投射过程中有不小的阻力。

2. 人物名 + 饮酒后的感觉

这个方式的特点是前面的人物一定是有公众影响力的人物，最好是这个人喝酒后的表现也有独特性，如刘伶醉、乾隆醉、古遂醉等。不过我们找到的语料中只对“醉”的饮酒感觉进行了描述，这就形成了一个概念空间，人物名能不能和别的饮酒感觉进行联系进而形成一个广告体系呢？本节还会在人名的谱系关照中谈及这个问题。

3. 人物名 + 制酒方法

这种方式的现有广告不多，不过作为产品推广重点的制酒过程与人物名结合的方式可以作为一个重大板块，只要想到结合的方法，酒广告的推广肯定会有一个更为广阔的空间。现有语料中的例子是诸葛酿。需要说明的是，这个“酿”字的添加当然可以说是为了强调酒的制造方法，但这个广告的作者利用了谐音，即诸葛亮里的“亮”字在有些方言里是与“酿”同音的。这是从修辞方法上来说的，不过既然利用了谐音，就说明有谐音的必要，为什么要与“酿”字谐音，

---

① 百度中显示也有人不以杜康为中国酿酒的鼻祖，认为有更早的，但是杜康的认可度还是最高的。

② baike. baidu. com/view/1434610. html.

肯定是考虑了酿造过程与酒的关系，否则就没有谐音的必要了。我们先抛去谐音不管，这里要考虑的，是能不能以“人物名+制酒方法”的方式来对酒进行推广，让酒的附加值最大化并突出独特性？如果可以，要怎样去做？

4. 人物姓氏+住宅形象名

这个人物的姓，一定要让人联想到几个名人，而且要在对酒的描述中确定这个姓氏指的是谁。不过这个姓氏的现有广告还不少，原因是加上住所形象名可以给人庄严正统的感受，如孔府家酒、邓府酒、庄子家酒等。所以我们在这里要考虑的是还有哪些人名以姓氏为指示项可以与哪些住所名相关联，最终突出体现酒的附加值。以上四种是现有广告语料中体现人物名与酒的关联方式，这些方式可以包括全部现有广告中出现的人物名与酒的关系，也能对未出现的人物名与酒的关联有概括归纳的潜在能力，可以进行谱系的下位构建。

二、称谓名与酒广告的关联方式

与人物名不同，称谓名不是指向一个单体，而是强调人与人之间的关系。这样，称谓名在为酒命名的功能上就明显不如人物名。不过在广告正文中进行情感描述与场景描述的时候，称谓名又有明显优势。

1. 情感描述

在情感描述中，广告语言是为了拉近与消费者之间的距离而设计的一种称呼方式。当消费者看到这些称呼时，知道这种酒能给自己什么定位，能在自己的交际圈中给在一起喝酒的人留下什么印象。这种印象就是通过这些称谓语来表达的。如：

(1) 知己的味道，父亲的味道，领袖的味道，好酒，满含男人的味道。衡水老白干，喝出男人味。(衡水老白干)

在这个广告中，“父亲”、“知己”这两个词就给了消费者很好的定位，喝了这种酒，在家中更像一位父亲，在朋友中更像一个了解别人、肯为别人着想的人。这多少会给人一种自我满足，正是因为消费者追求这种感觉，所以读完广告后会产生购买的欲望。同样，像“知音”、“朋友”和“主人”这些词也能给消费者心理上的满足，让他们觉得自己不只是在消费一种产品，而是在巩固自己在交际圈中的角色地位。这样就在拉近产品与消费者距离的同时，也拉近了消费者与亲人、朋友、同事等之间的距离，也就起到了感情描述的作用。

2. 场景描述

产品的消费总是依赖一定的场景。不论是自己喝酒还是与别人一起喝酒，都会有一定气氛。这种气氛的营造也可以通过广告语言中的称谓词进行显示。而且一个恰如其分的消费场景的暗示也可以为酒的功能推广营造一种攻势。如：

（2）幺妹，来瓶古绵醇！

（3）叫一声哥哥你慢些走，喝一杯咱的兰州啤酒，人生路上手挽手，高高兴兴朝前走。好啤酒，好啤酒，兰州啤酒最风流。

（4）敬郎一杯珍酒，珍惜爱情珍惜生活，甜蜜天长地久。敬君一杯珍酒，珍惜友谊珍惜时光，幸福属于您。

第一则广告中幺妹这个称谓词很自然地创造了一个在酒店里向服务员要酒的情景。那种随意与自豪的氛围在一声呼喊中体现得淋漓尽致。而这样的一种呼喊方式也能说明要酒的人是在与朋友或家人一起吃饭。这样一种无拘无束的呼喊让人们对古绵醇的功能进行推想，即是一种拉近亲情的让人放松的酒。第二则广告则以一声哥哥的呼唤创造了一个送别的场景。要走的人被送行的人挽留下来喝上一杯兰州啤酒，既体现了双方感情的真挚，也说明了兰州啤酒可以给人带来好运，让人走得踏实自信。第三则广告则用“郎”、“君”两个称谓创设了一个夫妻间、朋友间喝酒的场景，一杯酒可以让人珍惜拥有的情谊与感情，让人活在幸福中。

这样的场景创造与称谓词的功能发挥有着密切的联系。一个运用得恰当的称谓词能够让人产生不同的联想，在不同的场合中体现着酒的功用。对称谓词的关照也同样引发我们这样的思考，称谓词还可以有哪些？称谓词还能创造什么样的场景？又能体现更多的酒什么样的功能来？

三、酒性与人的性格类型

酒本身没有性格，但当与有性格的人结合后就有了酒性。因此可以说酒性是由于人的存在而具有的，是人的性格转移到了酒上。那么，酒是如何接纳了人的性格，又将人的性格固定到酒上的呢？

在讨论这个问题之前，我们有必要找到一个反映人格的说法，在完全展示人性格的同时也可以找到一个标准来实现人的性格向酒性转移的过程关照，并想象没有与人的性格建立关系的酒如何在接下来的转移中实现最佳结合。

人的性格也可以叫人的气质类型。性格是指人对现实的态度和相应的行为方式中的比较稳定的、具有核心意义的个性心理特征。人的性格有多种分类方式，依据不同，分出来的也不同。美国职业指导专家霍兰德认为人是六种性格类型的不同组合，只是不同人占主导地位的性格类型不同。这六种性格类型为：现实型、探索型、艺术型、社会型、管理型和常规型。心理学家们也按不同的标准与原则对性格进行了分类：从心理机能上划分，可分为理智型、情感型和意志型；从心理活动倾向性上划分，可分为内倾型和外倾型；从个体独立性上划分，分为独立型、顺从型和反抗型。斯普兰格根据人们不同的价值观，把性格分为理论型、经济型、权力型、社会型、审美型和宗教型。海伦·帕玛根据人们不同的核心价值观、注意力焦点及行为习惯，把性格分为九种，称为九型性格，包括：1号完美型、2号助人型、3号成就型、4号艺术型、5号理智型、6号疑惑型、7号活跃型、8号领袖型以及9号和平型。按人的行为方式，即人的言行和情感的表现方式可分为A型性格、B型性格、C型性格和D型性格。

气质是不以人的活动目的和内容为转移的心理活动的典型且稳定的动力特征。气质与性格的含义相近，不同的是，性格是后天养成的，而气质是先天具有的，性格可以改变而气质很难改变。

对气质的分类有六种学说：

（1）希波克拉底的体液说。根据体液比例的不同，气质可分为多血质、胆汁质、黏液质和抑郁质四种类型。

（2）德国精神病学家克雷奇默（E. Kretschmer）的体型说。他根据体型特点把气质分成肥满型、瘦长型和筋骨型三种类型。

（3）美国心理学家谢尔登（W. H. Sheldon）的胚叶说。他根据人外层、中层和内层胚叶的发育程度将气质分成贪图舒服的内胚叶型、主动积极的中胚叶型和自制敏感的外胚叶型三种类型。

（4）生理学家柏尔曼（Berman）的激素说。他根据人体内哪种内分泌腺的活动占优势，把气质分成甲状腺型、脑下垂体型、肾上腺分泌活动型等。

（5）日本学者古川竹二等人的血型说。A型气质的特点是温和、老实稳妥、多疑、顺从、依赖他人且感情易冲动。B型气质的特点是感觉灵敏、镇静、不害羞、喜社交和好管闲事。AB型气质特点是上述两者的混合。O型气质的特点是意志坚强、好胜、霸道、喜欢指挥别人、有胆识及不愿吃亏。

（6）美国心理学家巴斯（A. H. Bass）的活动特性说。他以反应活动的特性，即活动性、情绪性、社交性和冲动性作为划分气质的指标，区分出与反映活动特性的名称一致的四种气质类型①。

---

① 百度百科. baike. baidu. com/view/985444. html.

1. 相关思考与选择

这些分类都有其依据，都言之成理，很有价值，并没有优劣之分。但同时我们也可以看出来，这些理论与学说的提出者都在各自的工作领域内进行总结，它的准确性毋庸置疑，但要是把这些理论推广到别的领域中去，就要做适合这个领域的修改，或者找到最接近的分类。

本节是在研究酒广告，是要用这些性格来说明人的性格与酒性的统一，这些理论是否适合酒广告中人的性格，是这些理论能不能被借用过来的前提条件。

笔者认为这些理论都不错，但在酒性与人的性格的研究中，大部分理论只可以起到参考作用，例如我们不能用体型说进行人的性格与酒性的关联。我们都知道贵妃醉酒的故事，也肯定发现了杨贵妃与酒之间是具有价值的，但如果从体型说酒性，出一条广告语为“××酒，肥胖人的选择”！估计这酒就很难有市场。进一步说，体型里面的细分也没能涉及杨贵妃与酒产品相关联的性格，所以几乎不可能借用过来。我们需要选择与人的性格相近的理论来与我们的研究实际进行结合，学习这些理论的分析方法，找到可以参考的依据。这个过程中，一定要借鉴这些理论的优势，让自己参考的人的性格更加完整和有效。

而这样一个人的性格参考的选择，不能是凭空选定的，要结合广告语料的内容来看已有广告中出现的人的性格与酒性的关系，再结合语义内容推广扩展同类项，找到最全、最适用的人的性格的说法来支撑广告的谱系研究。

上述人的性格表述中，海伦·帕玛的九型性格较为适合作为本研究的分析基础。

这九种性格是：

（1）完美型（Reformer/Perfectionist）——完美主义者。追求不断进步。

（2）全爱型，助人型（Helper/Giver）——给予者。追求服务。

（3）成就型（Achiever/Motivator）——实干者。追求成果。

（4）艺术型，自我型（Artist/Individualist）——悲情浪漫者。追求独特。

（5）智慧型，思想型（Thinker/Observer）——观察者。追求知识。

（6）忠诚型（Team Player/Loyalist）——怀疑论者。追求忠心。

（7）活跃型，开朗型（Enthusiast）——享乐主义者。追求快乐。

（8）领袖型，能力型（Leader）——保护者。追求权力。

（9）和平型，和谐型（Peacemaker）——调停者。追求和平。[1]

2. 九型性格对酒广告中人的性格类型的归类

（1）富豪、财神体现的是成就型的人的性格。将这两种人名归到成就型中并不是说成就等同于财富，但财富是人们创造出来的，它至少可以作为成就的衡量标准之一。当成就以财富显现时，它们就可以是一个人成功的符号。于是我们还可以推断出衡量成就的标准都可以到成就型的人的性格中去找。成就的衡量标准可以分为财富、地位、声望、身份、品位、事业、生活、满足感以及别人的赏识与认同九个方面。这九个方面都可以归到成就型的人的性格中去，财富只是一个小方面。也就是说，可以从成就型的人的性格中分出一个小的谱系来。在这个谱系中，财富这个小方面关注得早一点。但如果对成就型的人的性格进行全面关注，我们就会发现许多可以用到酒广告中去的新资源。从这个理论上看，皇者无疑是成就型的，知己也无疑是成就型的。还有英雄、路易十三、东方巨人、名门闺秀、侯爵、领袖、金刀驸马、老子和庄子也是成就型的。不过这些人名的使用还没有用到关注成就性的角度上来，故暂时不能归类。但这正是我们做谱系的初衷：让人名能更加有效地发挥它们的价值，而这也是人名谱系应该重点考虑的问题。笔者倾向于把它们算作人名谱系下，成就型人的性格中的第三个层次谱系。当然下面还可以细分，如可以分为理想成就与现实成就，那么以前有现在没有的这九个方面的人名都可以是理想型的，而现实中存在的，通过自己的努力能实现的就是现实成就型的。

正是由于成就型的人的性格还没有关注到这些，我们从广告的理解上进行分类，这些人名就要用到别的人的性格中去，这也正是人名谱系中的空档。

（2）皇者、侯爵、领袖、金刀驸马、蒙古王等身份名里体现的是领袖型、能力型的人的性格。这种人的性格追求的是权力，认为自己没权力，就不会有人爱自己。当然这有能力也是理想中的。现实中代表权力的身份名也有不少，如总统、元首、主席等。不过由于种种原因，这些现实中领袖型人的性格还难以得到开发。只要我们找到这些原因并提供避免引起不良影响的策略就可以让酒广告实现一个新的突破。而拥有这种权力的人的名字同样可以实现这样的推广，像路易十三、乾隆、努尔哈赤等。他们在当政时做过不少的事，人们也了解他们，用他们的名字虽然与直接用权力相比有关联度的一个层级上的差别，但正是人们认可

---

① 百度百科．baike. baidu. com/view/1528089. html．这九种性格全面具体地包括了人的性格的所有品质。更重要的是它与酒性的研究比较贴切，能够很好地论述酒性与人的性格的关系，所以文中人的性格就选用这个说法为代表。

他们的权力，才让这个层级的关联差别得以弱化，很好地实现了酒的领袖型、能力型的人的性格的转换。

（3）杜康、邓府、幺妹、老村长这些名称体现的是全爱型、助人型的人的的性格。这里面比较突出的一个是邓府取名就比较有味道。杜康是中国酿酒的先祖，他的这个贡献也是为人们服务；幺妹本身从事的就是服务性行业；老村长的一个最大特点就是为村民服务，给村民解决困难。从这个意义上来说，这些人名的利用价值是很大的，因为社会需要这样全爱型、助人型的人。而开发了的这样的人名太少了。值得提出的是，这方面的肯定不会受到人们的质疑，比起领袖型的人名开发而言它占尽了优势，但这样的开发反而不多，是人们只想得到服务，不想为别人服务？笔者认为不是这样的，关键是广告推广意识的缺位。只有当广告推广意识在这个层面上有了更全面与深刻的认识，服务型的人的性格才能发挥其潜在的优势。这也是与构建和谐社会相关的，因此这个谱系下的层级开发一定是无限的。

（4）好汉、英雄、东方巨人这些名称体现的是艺术型、自我型人的性格。当然还不止这些，李白、张飞、武松、卓文君等人也体现了这样的性格。把它们分开是因为这些人名还有别的开发空间。比如李白，他更应算作是智慧型、思想型性格的代表。不过由于他们的性格太过于独特，也就符合了这种艺术型、自我型人的性格的标准，而张飞、武松还没有运用到酒的广告中去。总的来说这些名称体现了张扬的个性，给人们的感觉是喝了酒后个性更加鲜明了。这样的人名主要是在酒的名声还没有打出来的时候能够更快地显示酒的性格。英雄好汉之所以成为英雄好汉，不只因为他们做的事，还因为他们身上都有一种平常人没有的品质——单纯，疾恶如仇。这样的人个性更鲜明，更容易吸引消费者。当人们迫于社会现实中的压力而隐藏自己个性的时候，酒性中带有这种人的性格的酒肯定会得到人们的青睐。当这个谱系开发到具体的人的时候，就鲜明地突出了人的独特性格，让酒广告的推广更具魅力。

（5）李白、庄子、名门闺秀、孔子和卧龙的名称体现的是智慧型、思想型的人的性格。他们在各自的故事里都表现出了自己的思想魅力并使其性格深受人们推崇。人们喜欢中国传统思想，但思想并不是人人都能领悟的。学习思想比较累，要是能从喝酒中领悟这些思想，消费者怎么会不喜欢呢？中国的文化也很丰富，以中国古代的三教九流来讲，这个下位层级分类就多了，这个分法还涵盖不了中国所有的人，比如军事家就不在这个行业之中。而这个层级上也就有了巨大的前景。如果人们能不对职业有偏见，这里的推广意义就更大了。

人生在世，没有几个要好的朋友，没有讲义气的兄弟，没有忠贞的爱情是不能算成功的，所以忠诚型的人的性格是人们一直渴望的。这是人在社会中能够安心、找到自我的基础。在这方面的推广也不多。

(6) 男人、女儿和父亲是家庭的象征，这些名称可以表现出和平的人的性格。有时不只是家人，主人、宾客也要有这种和平性。和平的人的性格是人们在交际中得到自我认同的重要内容。小到个人、大到国家都要有这样的和平性。而这样的推广也还不多，这就有待人们继续开发了。

(7) 中国人、老百姓强调的是一种归属感。这种性格类型不在九型性格之中，但这样的表述不少。归属感是人在社会中得到自我价值的认定。人虽是个体，但只有在集体中才可以真正得到自己追求的东西。一个国家、一个民族、一个团队、一个家庭都是这样的集体。而归属感是要通过对集体进行描述与定位来实现的，所以对这样集体的描述就让人有一种亲近感。也正是这样，对集体认同的酒的广告深得人心。这样的广告在上面的例子中有不少，在接下来的广告中还会大量出现。

(8) 名人、内行人的名称是完美型的人的性格的表现。他们追求完美，让自己成为某一方面的行家，某一领域的里手。完美型人名还有不少，但作为酒广告的还不多，值得我们深思。

(9) 活跃型的人的性格属于追求快乐的人。只要不是为了自己快乐而损害别人的快乐或将自己的快乐建立在别人的痛苦之上，都有被广告人采纳的可能。例如，李白可以算作是追求快乐型性格的人。但我们这里要做的不是列举出这样的人，而是要总结这个方面，给广告人设计以建议。

四、行政区划名与酒广告的推广

在酒广告有地名定义下，行政区划名虽不是地名的全部，但的确是地名的一个主要部分。它可以作为产地、销售地对酒进行推广，突显酒的一些特点。因此，本小节主要对行政区划名进行分析。

有些行政区划名在广告中的运用不是完整的或直接的。为了研究方便，我们也会把它们归类到行政区划中去，并在分析时作出说明。

1. 行政区划名作为产地

以行政区划名作为产地进行推广是行政区划名对酒进行推广的最主要的内容。对行政区划名进行描述，一来让消费者记住产地，二来说明产地的特点对酒产生的特色，但这些不是主要的。人们总会对自己的家乡或居住地有较深的感情，也对自己向往的地方多有关注。以行政区划名进行的介绍就是抓住了消费者的这种心理，让他们对自己的产品感兴趣。同时，一个地方也会承载文化与历史的信息，这种信息如果被消费者认同，就会对该地的酒的推广起到巨大的帮助。

从带有行政区划名的酒广告语料中可以看出，通过将行政区划名作为产地与酒进行关联时，也有不少模式。因为行政区划名在突出地域特色上不是很明显，所以这些模式更多地体现在行政区划名后面加酒的时候，对酒的特点的相关描述上。

行政区划名 + 酒，主要有以下几种：

（1）行政区划名 + 酒的种类，如北京啤酒、哈尔滨啤酒、衡水老白干、龙徽怀来珍藏葡萄酒、兰州啤酒、青岛啤酒、日照特曲、托县二锅头、赤峰陈曲、西安特曲、伊犁特、燕京啤酒、张家港啤酒。

（2）行政区划名 + 酒的特点，如北京醇、贵州醇、内蒙古乳香飘、兰陵美酒、襄樊义酒、颐阳补酒、玉门五星。

（3）行政区划名 + 酒的生产者信息，如云峰酒业。

（4）行政区划名 + 酒，如古越龙山绍兴酒、鄂尔多斯酒、仰韶酒。

（5）行政区划名直接做酒名，如杏花村、茅台。

（6）行政区划名 + 酿造工艺，如河套老窖、泸州老窖、宁城老窖、武川老窖。

（7）行政区划名 + 酒名，如汝阳杜康、安徽口子窖、兰陵喜临门、法国马爹利、四川沱牌曲、美国七喜啤酒。

（8）行政区划名 + 身份名 + 酒，如蒙古王酒。

理论上，所有的酒都可以通过加上它的产地名进行推广，但会不会用就要看产地名与酒的关系是不是有必要出现。如果产地名的出现为酒的特点加入了必要意义，就加上；如果酒本身有推广的侧重点，是否加上产地名则需另作分析。

上面谈到的是行政区划名与酒的组合方式。这种方式都可以再往下分，最终形成谱系。如行政区划名 + 酒的特点，酒的特点又可分为品质特点、文化特点、感觉特点、功用特点等。品质特点中又可分为色、香、味、声音、触觉等特点，但这就不是以行政区划名为主的推广了，所以也就不适合在本节做这样的划分。不过这给了我们一个启示，那就是行政区划名对酒的推广不会影响酒的其他方面的内容的推广。如果行政区划名能带给消费者更多的信息以激发他们的购买欲望，那么通过这种行政区划名进行的推广就是成功的。

现在我们对行政区划名中的问题进行专门分析。

上面的广告语料显示，在产地对酒的推广中，以省市级的行政区划名用得较多，比省市大的地区级与国家级的和比省市小的乡镇与村级的用得较少。也就是说，省市的范围与特点是比较适合对酒进行推广的。区域太大了，就不适合突出行政区划名给酒的特点，国家级的行政名还可以体现特色，但比国家还大的指定难有区别性，区域太小了则难有覆盖性。

但是也有特例。在介绍外国酒的时候，外国国家名用得就多。这是因为中国人对外国的地名并不太熟悉。像克隆堡、阿尔萨斯这样的地名还有人知道，再小一点或者不出名的，就起不到与地域特点相关的推广作用了。

中国的村镇级地方行政区划名也有可以用的，比如茅台镇、杏花村、托县和张家港。一是我们对中国的行政区划名较为熟悉，二是这些地方出了名酒，三是这些地方在中国的文学作品或历史事件中具有较高的知名度。

表 2－4

行政分级	世界级	洲级	国家级	省市级	县市级	村镇级
使用情况	几乎没有	较少	数量一般	最多	数量一般	较少

上表是各级别的行政区划名在广告产地推广中出现的情况。后面的工作是在数量最多的省市级区划名上多做开发，对数量较少的级别进行分析，以期扩大它们的使用意义。

2. 行政区划名做销售地

与做产地推广不同，用行政区划名做销售地的时候，国家级、洲级甚至世界级的用得较多，而省市级及以下的用得较少。将产地作为广告进行的产品推广是为了说明酒的品质特色，而销售地是为了说明酒的影响力。酒的销售范围越大，说明消费者对酒的认可度越高，也只有真正好的产品才能流传得广。所以任何酒的生产者都希望自己的产品能得到更多地方的人关注，想通过广告让更多地方的人了解自己的产品。这样行政区划名作为销售地进入广告也就顺理成章了。

不过，用在广告推广中的销售地行政区划名并不是越大越好，这还要看酒在消费者心目中的认可度与酒的定位。以啤酒广告为例，珠江啤酒与青岛啤酒的广告就有着明显的不同。青岛啤酒在中国消费者心中的地位已经很高，所以青岛啤酒的广告是以中国与世界为目标销售地进行推广的。我们看它的广告：

青岛啤酒，世界的啤酒。

能够以世界为销售地进行推广，是有将产品做大做强的信心的，这种信心也来自在中国市场的推广与销售的成功。珠江啤酒就不一样了，现在的珠江啤酒还是以产地为主要销售地，也正因为这样，珠江啤酒就暂时没有用销售地做广告的必要。未来等珠江啤酒在全国销售获得巨大的成功后再进行世界销售的推广会更好。因为在中国的市场还没有铺开的情况下，进行以世界为销售地的推广显得有点过早。

我们就这个问题做了调查，就是以“青岛啤酒，畅销______”和“珠江啤酒，畅销______”两题进行比较。备选答案是：A 中国；B 亚洲；C 全球；D 各自的产地。收回的 171 份答卷中，答案的情况如下表：

表 2－5

酒名	选项 A 的选择人数	选项 B 的选择人数	选项 C 的选择人数	选项 D 的选择人数
青岛啤酒	52	14	101	4
珠江啤酒	40	8	3	120

这个表格较清楚地显示出消费者对产品的一种定位倾向。如果产品找准这个定位，就可以在推广产品的同时拉近与消费者的距离。等赢得了更多的消费者后再进行更大的销售地推广会更好。

从这九则广告语料中也可以看出，以销售地名称做酒推广的产品还不多，而且用销售地做推广的酒都愿意用较大的地域空间名称。但如果酒广告中的销售地都想做成天下的、全球的、世界的，就不能体现出酒的特色。以销售地名称做酒的推广，是不能够以太小的地域名为内容的，最小的也是省市级的地名。

销售地名称较少进入酒广告是因为与生产地相比，销售地与酒的关联度比较低。

生产地→生产地的特点→酒的特点→酒。

销售地→销售地的特点→销售地的人的特点→销售地的人选择的酒→酒的特点→酒。

上面是生产地与销售地以及酒的关联过程，我们可以看到：从生产地到酒有三个阶段；而从销售地到酒有五个阶段，阶段越多，不确定因素的干扰越多，酒的个性推广就越模糊。我们在用销售地名进行推广的时候，既要结合其他词语进行引导，也要避免广告附加成分过多造成消费者对酒的记忆不方便，这也不适合广告经济成本的最小化。

3. 行政区划名做酒名的问题调查

以行政区划名做酒名的现象前文已经谈到，本节是对将行政区划直接用作酒名的调查。

看到“贵州茅台”，您想到的是：

A. 一个地方　B. 一种酒　C. 一个酒厂　D. 一个品牌

看到“杏花村”，你想到的是：

A. 一个村庄　B. 一种酒　C. 一首诗　　D. 一个人

上面两则调查能反映消费者是如何看待行政区划名做酒名的。酒名能用行政区划名，肯定要得到消费者的认可，所以如果当这个地名出现的时候，消费者想到的不是这个地名而是一种商品，那么这个商品就是成功的。我们先看一下两题中各选项的得票情况。

表 2－6

酒名	A 选项得票	B 选项得票	C 选项得票	D 选项得票
贵州茅台	17	106	5	43
杏花村	27	88	26	32

可见，当酒与地名结合后，酒名意义已经超过了地名意义。虽说酒名意义是后来的，但产品的质量与信誉已经明显取代了地名意义，这也正是这种酒推广与定位的成功之处。

如果酒都能做到这样的推广，则酒的广告就有了更清晰确定的目标，这也是谱系构建的一种表现。地名与酒的关联过程中的制约因素让酒不可能都以地名做酒名，因此我们要对酒与地名的关系做进一步的研究，争取做到对地名利用的最大化。

五、地形地貌名与酒广告

各个地方的地形不尽相同，在不同地形上有不同的地貌。地形地貌可以显示某个地方的特点，在这些不同的特点上可以进行酒的推广。要达到推广效果，就要看这些地形地貌的特点赋予酒什么样的特点。

地形地貌名主要包括山地、丘陵、湖泊、森林、盆地、高原、河流、草原、沙漠等。相对于行政区划名而言，这些语料数量不算多，但从推广的功能上看，这些语料提供给我们的信息则很丰富。

对酒的推广介绍主要从酒的原料环境、酒的生产制造、酒的销售、酒的品质、酒的饮用、酒的饮用感觉、消费者评价和酒的功效八个方面进行。而地形地貌名对酒的推广重点关注的是酒的原料环境、酒的生产制造和酒的品质。当然也会涉及另外五个方面，比如当消费者评价酒的口感时，就可以说“不错，不愧是草原的酒”。但这还是要归结到是草原地形产的酒给消费者的感觉。所以这些地形地貌名还是以前三个方面作为酒推广的重点关注对象。

酒的原料主要是粮食与水，还有就是酒曲，酒有时会为了其他的功能加上新的原料，比如保健酒中的药材，这时候能产药材的地方就是这种酒用地形地貌名的一个推广角度。比如沙漠苁蓉人参酒，沙漠这个特定的地貌产出特定的药材，也只有在沙漠中这些药材才更有价值，所以酒这样命名肯定会让消费者认识到这酒的材料品质较好并增强了购买的欲望。

1. 地形地貌名与环境

评价酒的品质好坏还要看用料，好的用料首先是要在有利于原料生长的环境中长成的，这个环境越优越就越好。所以在地形地貌方面加大力度说明这个地方的环境是广告的一个推广策略。

试看下面的语料：

（1）饮酒新时尚，茶山纯净酒。

（2）好山好水出好酒啊，33度古绵纯。

（3）好山好水出好酒，金装银装贵州醇。

（4）好山好水好烧酒，好汉都要喝两口。

（5）赭山坞里好风光，三面青山围钱江。又有黄梨又有桃，乐泉古酒传四方。

（6）纯洁草原纯净水，酿出赛汗白酒美。

（7）青翠纷披酒特芳，岛环万顷海天长。啤花泉水成佳酿，酒自清香味自芳。

这些广告都将环境的特点与酒的品质进行挂钩。事实上也证明了这个推广的可行性。

要表明产地环境是否优越，只提到地形地貌名还不够，还要在这些地形地貌名上加上形容词进行修饰。所以在这个环节上，我们更应该关注的是形容词后面应该跟上哪些地形地貌名更为合适。

我们就这个问题做了以下调查：

好____好____出好酒，金装银装贵州醇。你认为横线上应填什么？

A. 山、水 B. 花、草 C. 河、谷 D. 厂、人

A 项是对地形名的考查，B 项是对植物名的考查，C 项是对地貌名的考查，D 项是对生产者的考查。各项得票情况分别为：A. 114 票，B. 4 票，C. 32 票，D. 21 票。

从这个结果中可以看出，人们对地形名的认同是最高的。B 项得票最少是因为它与酒的关联不大，贵州醇这个品牌中也没有加入一些有药用价值的花草，更重要的是消费者要在广告中看到酒的归属，况且在山、水的介绍中我们同样可以想到花草。河、谷的得票是因为它虽是一种地貌名，但与贵州的实际情况不太相符。而厂、人的含义不是一个好字可以说得清的，虽然它与酒的关系紧密，但也不为消费者所认可。

另一个调查是：

纯净____纯净水，酿出××白酒美。你认为横线上应填什么？

A. 沙漠　B. 湖泊　C. 草原　D. 森林

这是考查地形名在消费者心目中的印象。不可否认，由于语言环境的制约，选择沙漠的不多，因为沙漠中的水太少了，即使有水，也要强调水的珍贵，而不是强调它的纯净。如“饮酒必思源，难忘漠中泉”的广告语就是以强调水的珍贵来突出酒的珍贵的。余下的三个选项都与水的关系比较接近，但人们比较认可的是草原。湖泊与水的意义重复，广告受众接受的信息量不够，所以认为它太单调，不想选。而草原这一地貌名的特点给人一种亲和力，也就使得它得票高。森林也不错，但人们对它认可度不够，这与受调查者的居住环境多不近森林有关。四个选项的得票情况分别是：A. 3 票，B. 87 票，C. 49 票，D. 32 票。

从上面调查情况看出，地形的环境是与酒关联的一个有利因素。但并不是有好环境就可以，还要看酒的原料与这种环境的关系。最好那里是酒用到的水或粮或其他特色原料的产区，这样就更能说明地形与酒的品质是有很大关联的。如果广告人在对地形名进行关注的时候注意地形名会突显酒原料的什么特色，那会让广告更加反映出酒的特点。

2. 地形地貌名与原料

前文提到，酒的原料是粮食与水，但不同的水与粮食产出的酒并不相同，所以当原料质量好的时候，就可以在这上面做文章。原料的好坏也与产地有关，所以地形地貌名与酒的原料的关系也是很值得注意的。

在酒广告的推广中，有时候原料不用出现。只要提到地名，人们就自然想到这个地名是如何与酒建立关联的，这样就能更好地对酒进行推广。也就是说，我们要看地形地貌名与酒的关系到底有多远，这也就涉及了关联度的问题。

说起某地形地貌名，人们越是很快地想到酒，这个广告的推广就越具有可行性，所以酒与地形地貌名的联系不宜太远。就这个问题，我们也做了调查。调查过程是先给受调查者一个地形地貌名与酒关联的实例，如草原，草原与酒的关联如下：

草原→草→水→吃草的动物→这些动物身上可以入酒的材料→有草原特点的酒。这个关联是四步。

按照这个原则，其他的地形地貌名与酒也可以建立相同形式的关联。如沙漠，我们可以看到下面的推想过程：

沙漠→沙→水→与沙漠相关的可入酒的材料→酒。不过，沙漠中可入酒的材料不多，在这个地方思考的时间可能会长一些。这些材料可能会与沙漠中的动物相关，让酒具有一些特殊的品质。相关的植物也不多，特点是这些植物的生命力强。所以如果用这些植物的生命力去赋予酒以品性也是不错的选择。有些植物是在沙漠中生长并且可以入药的。这就与酒的原料产生了联系。

这个调查是让受调查者自己推想酒与地形地貌名的关系，并得出两者的关联度，给受调查者选择的地形地貌名是：A. 沙漠　B. 森林　C. 河流　D. 山谷　E. 盆地　F. 湖泊　G. 戈壁　H. 平原。相比而言，森林、河流、山谷、盆地、湖泊与酒的联系更大一些。因为这些地形地貌名容易让人想到入酒的原料。而沙漠、戈壁、平原与酒的联系就小一些，一是因为酒的原料指向不明显，二是因为这些地形地貌名的范围过大，与酒关联的时候会不知该从哪些方面去对酒进行关注。

知道了酒与地形地貌名的亲近项，在做这方面的酒广告时，就可以优先选择亲近项。不过亲近项并不多，而酒却有上千种，这就会不可避免地出现重复。比如上面谈到的好山好水出好酒的广告就有贵州醇、衡水老白干、33 度古绵醇等。这样推广酒就淡化了商品之间的差异，消费者不知酒的区别在哪里，也就失去了酒的广告意义。所以若亲近项使用过，再往地形地貌名上与酒进行关联的时候就要倾向于使用非亲近项了。为此，如何将非亲近项与酒的关联建立起来就成了一个有趣的问题。

在已有的酒广告中，解决这个问题的方法是广告中出现一些与这种酒直接相关的事物，不用消费者再去考虑哪些事物与酒相关。例如，内蒙古乳香飘酒、香格里拉藏秘青稞干酒、沙漠人参苁蓉酒等。这几则广告不仅让酒与地形地貌名相联系，还进一步指出了酒与地形地貌名里面的什么事物相联系，让酒的推广更加直接。

我们把上面的策略称为关联过程的减省。不仅非亲近项如此，亲近项中为了突显酒的特点时也可以这样做。一是为了让消费者在看广告的时候不用花费更多的精力去思考，二是为了突显酒的特色，这个方法也势必成为酒与地形地貌名建立联系的宠儿，让酒与地形地貌名的联系更加多样化。

3. 地形地貌名与酒的生产制造、酒的品质

地形地貌名与酒生产制造的相关性是基于酒的原料与环境的联系之上的。一般认为，酒越接近原料产地，成本与原料的保鲜就越容易达到理想化。所以，一个地方出产的特色原料往往会成为这个地方所出产的酒的一个特色。环境也是这样，越是天然的环境，造出来的酒就越具有纯净无污染的优势。一个优越环境中的制酒工艺也就可能通过地形地貌名突出自己的特色。之所以提出这个问题作为一个小节，是因为酒的生产制造是酒的一个重要的推广特征，不可忽视；再就是作为谱系中的一个存在部分，它与地形地貌名的联系也有无限的可能性。

同上所述，酒的品质与地形地貌名的关系也是建立在原料与环境的联系之上的。不能说酒出在草原中就好，出在沙漠中就不好。好与不好的标准是要看入酒的原料是不是纯正，出酒的环境是不是没污染等各种因素。这里不再赘述。

这样，我们就可以得出一个结论，地形地貌名与酒的关联主要体现在原料与环境上，其他的联系都是以这个联系为基础的。

还有一个调查需要提及。它是为了考查消费者对地形地貌名特征的了解程度的：

喝了套马杆儿酒，______不白走。您认为应填的是：

A. 黄土高坡　B. 松花江边　C. 江南水乡　D. 塞外草原

套马杆儿是某一地形名中的一个特色，这个广告也是想通过套马杆儿让消费者认识到酒的出产地区，进而对这个酒有独特的认识。

这个策略无疑是成功的。消费者看到这个词就与正确的地形名联系了起来。各选项的得票情况分别是：A. 29 票，B. 17 票，C. 6 票，D. 119 票。

第五节　酒类品名谱系[①]

一、酒品名的结构模式

1. *酒品名结构模式分类*

观察各类酒产品名称，我们认为酒名包括专名[②]、分专名、区别名和类名4种结构成分。如“洋河蓝色贵宾酒”、“果圣树珍品枇杷酒”、“王子快乐风啤酒”、“王子都市风啤酒”、“茅台小熊猫酒”、“茅台尊天下酒”、“茅台小幸福酒”等，“洋河”、“果圣树”、“王子”、“茅台”是产品的专名，酒品专名即酒品名中区别于其他销售者商品的专有性名称，专名是商品名的核心，它“是从语义学角度界定的一类名词，指在自然语言中给个体事物命名的表达式”（张惠民，1995：32）。

“快乐风”、“都市风”、“小熊猫”、“尊天下”、“小幸福”是分专名，分专名是企业在生产多种产品的情况下，给其所有产品冠以统一名称的同时，再根据每种产品的不同特征给其取上一个符合其特点的名称，是对专名的补充和递进。

“珍品”、“枇杷”是区别名，旨在标明该产品在同类产品中的区别性特征。酒产品的区别性特征主要涉及质料、品质、年份、包装、感觉等。具体将在后面进行分析介绍。

“酒”、“啤酒”是类名。

根据各结构成分是否出现及相同结构成分所处位置的不同，可以将酒名的结构模式归为以下几种：

（1）区别名（质料）+类名。

如“马奶酒”、“红玫瑰酒”、“苹果酒”等。这种结构模式多见于一些非著名的品牌，一些厂家往往直接以“质料+类名”作为酒名，这种结构模式多出现在果酒中。在我们所收集的语料中，果酒中有19例属该类模式，占该类酒品名的14.6%，其他四类酒中仅白酒中见1例。

（2）专名（+类名）。

这是一种普遍的命名模式，在所收集的五类酒产品中都有使用，如“五粮

---

① 本部分作者赖静，摘自赖静硕士学位论文（2011）《酒类品名谱系及其与酒广告语言的关联性研究》，章节标号有改动。

② 此处以“专名”而非“商标”、“品牌”称之，一是有些酒产品并未将所注册的商标名融入产品名之中，二是有些酒产品因缺乏市场占有率其名称无法成为或还未成为品牌，因此以“专名”称之更为合适。

神”、“兴酒”。在收集的语料中该模式所占比重为30.62%，仅次于模式3。

（3）专名+区别名（+类名）。

这也是各类酒产品普遍采用的命名模式，在所收集的五类酒产品中都有使用，且在各类酒品名中占有最大比重，为40.64%。如“石花珍品酒”、“王子精爽啤酒”。

（4）专名+类名+区别名。

此种命名模式与模式3相比只是结构成分所处位置不同，但该类模式的使用率远不及模式3，仅占2.49%，且不普遍。如“茅台啤酒王”、“中华葡萄酒60国庆礼盒装”，白酒、果酒品名中无此种模式。

（5）区别名+专名（+类名）。

此类命名模式也是由模式3变化而来的，该模式的使用率为5.35%。这种命名模式虽然在各类酒中都有出现，但在果酒、葡萄酒中仅见1例，也不普遍。如“10年原浆古井贡酒”、“新一代百威啤酒”。

（6）专名+区别名+类名+区别名。

这种命名模式使用率很低，仅占0.73%。在所收集的酒品名中，白酒、果酒中未见此种命名模式。如“古越龙山细瓷八年花雕王”。

（7）区别名+专名+区别名（+类名）。

此命名模式与模式6构成成分相同，只是个别构成成分的位置有变动。这种模式的使用率虽比模式6高，但也仅为3.34%。果酒中无此种结构模式。如“菜瓶十年陈鉴湖源头酒”、“纯清皮尔森拉罐啤酒”。

（8）专名+分专名（+类名）。

此种命名模式使用率为13.73%，次于模式2、模式3，该模式主要见于白酒的命名，总共226例中，白酒有183例，占81%。如“杏花村酒家酒”、“茅台金童子玉液”。

（9）分专名+专名（+类名）。

此种命名模式使用率低，占0.61%。黄酒、果酒、葡萄酒中均未见此种模式，只在白酒、啤酒中有少量使用。如“天地珍宝郎酒”、“飞天茅台酒”、“海洋之心茅台啤酒”。

（10）专名+类名+分专名。

该模式使用率低，也只占0.61%。白酒、啤酒和葡萄酒中没有此种模式，果酒中也仅存一例。如“云梦缘玫瑰酒——心心相印”。

（11）专名+分专名+区别名（+类名）。

该命名模式使用率仅为0.43%。白酒、果酒中无此种命名模式。如“古越龙山钓鱼台1980年份花雕”、“会稽山帝聚堂五年陈国宴特制精雕酒”。

（12）专名 + 区别名 + 分专名。

该命名模式使用率仅为 0.18%。仅黄酒中有 3 例。如“太和五年金色年华酒”、“乌毡帽十年竹韵”、“绍中绍六年陈一品香”。

（13）区别名 + 专名 + 分专名（ + 类名）。

该命名模式仅黄酒中有 1 例。如“清爽型即墨老酒都市旋风”。

通过以上酒名结构模式的归纳，我们发现不同模式的使用率有一定的差距，下面我们将对不同酒类的酒品名结构模式的使用情况作出统计，然后在此基础上进行比较分析。

2. 酒品名结构模式比较

显然，不同酒类的酒品名所使用的结构模式并不完全相同，而且同一类酒，其酒品名数量在各结构模式上的分布也是不均的，具体情况见表 2－7：

表 2－7　酒品名结构模式数量分布表

结构模式	白酒数量	啤酒数量	黄酒数量	果酒数量	葡萄酒数量	合计	百分比
模式 1	1	—	—	19	—	20	1.18
模式 2	270	153	47	24	10	504	29.80
模式 3	248	194	110	85	32	669	39.56
模式 4	—	3	35	—	3	41	2.42
模式 5	56	11	19	1	1	88	5.20
模式 6	—	2	5	—	5	12	0.71
模式 7	29	12	2	—	55	98	5.80
模式 8	183	26	16	—	1	226	13.36
模式 9	7	3	—	—	—	10	0.59
模式 10	—	—	9	1	—	10	0.59
模式 11	—	2	3	—	2	7	0.41
模式 12	—	—	3	—	2	5	0.30
模式 13	—	—	1	—	—	1	0.06
合计	794	406	250	130	111	1 691	100

从以上数据可知，酒产品采用模式 2、模式 3 命名的居多，共 1 173 个，占总数的 69. 36%。且在各酒类中这两种模式都占有绝对优势，白酒中这两种模式使用率为 65. 24%，啤酒中其使用率为 85. 47%，黄酒中为 62. 8%，果酒中为 83. 85%，葡萄酒为 37. 84%。这两种模式使用也最为普遍，是五种酒类都采用的命名模式，虽然模式 5 也被各类酒产品所使用，但在果酒、葡萄酒中仅有一例，不具普遍性。由此可见，模式 2、模式 3 是各类酒产品命名的基本模式。

模式 2 与模式 3 相比，模式 2 总的使用率为 29. 80%，模式 3 为 39. 56%，二者仅相差约 10 个百分点，但具体到各酒类中，二者使用率相距较大，白酒中二者使用率相当，分别为 34%、31. 2%；啤酒中二者相差 10. 1 个百分点，分别为 37. 7%、47. 8%；黄酒中二者相差 25. 2 个百分点，分别为 18. 8%、44%；果酒中二者相差 46. 9 个百分点，分别为 18. 5%、65. 4%；葡萄酒中二者相差 19. 8 个百分点，分别为 9. 0%、28. 8%。由此可见，模式 2、模式 3 虽是酒品名的基本结构模式，但模式 3 相对于模式 2 具有更大的优势，特别是在果酒、葡萄酒和黄酒中。

带分专名的命名模式有 6 种，共计 257 个，其中大部分是白酒名，有 190 个，占 73. 9%。这反映出白酒市场竞争更为激烈，商家的市场定位更为细化，于是在专名之下推出系列分专名。

各类酒产品所使用的命名模式有多也有少。黄酒使用的命名模式最多，有 11 种，果酒使用的命名模式最少，只有 5 种。

二、动性配值分析

根据动词在广告口号中的语义功能不同，我们将其大致分成以下几类：

1. 导使性动词

“导使性动词是指在广告语言中对消费者某些自身行为进行提示的动词，通过这种提示达到诱导和督使购买和消费某种商品或服务的目的。”（屈哨兵，1997：186）酒广告口号中的导使性动词可分为以下几个下位词种：

（1）行为导使词。

“行为导使词是指在广告语言中对消费者的购买行为或消费行为进行提示的动词。”（屈哨兵，1997：186）当然，由于我们研究的是广告口号中对品牌名的动性配值，所以此处并非对广告口号中所有行为导使词进行关照，而只研究那些与品牌名有语法、语义关系的词种。如“人多的时候，我就喜欢请客，请客的时候，我就喜欢喝酒，喝酒的时候，我就喜欢喝府阳春酒”，在此广告口号中“喝”字一共出现了 3 次，前两个“喝”不计算在内，因为这两处的“喝”字与品牌名——“府阳春”既无语法也无语义上的联系。再如在广告口号“喝酒找咱老村长，咋喝心里都亮堂，既对味，又对劲，多喝两盅不算事儿”中，后两处的“喝”虽在语法上与品牌名——“老村长”没有关系，但其语义显然是指向“老村长”的，所以我们将其统计在内。广告语例如下：

幺妹，来瓶古绵醇。（古绵醇）
磁化粮食白酒，跨世纪的享受。（红云磁化酒）
你可以随大流，给什么喝什么，你也可以作出有个性的选择。（百威啤酒）

以上三例中都使用了行为导使词，它们是“来”、“享受”、“选择”，“来瓶古绵醇”中的“来”实际就是购买的意思，该动词的使用是对受众购买行为的直接提示，“享受”是购买之后的结果，“选择”则是购买之前的行为，二者都是和购买行为紧密相关的，是对受众购买行为的间接提示。

在收集的语料中，有 78 条广告口号共 84 个行为导使词对品牌名进行了动性配值。经过观察发现，各词语的使用情况如下：

表 2－8　行为导使词的文本数和频次

行为导使词	文本数	频次
喝	44	47
饮	11	11
品、品味、品尝	8	8
开、打开	4	7
享、分享、享受	5	5
选择	2	2
来	1	1
拿	1	1
给	1	1
干	1	1
总数	78	84

从以上统计可见，动词“喝”在众行为导使词中占绝对优势，其原因是什么呢？观察以上 15 个词发现，它们实际上描述了酒产品消费的不同阶段。消费者消费酒产品的过程首先自然是在众多同类产品中作出“选择”，然后在确定品牌后作出购买的行为，这就涉及“来”、“拿”、“给”这类动作，购买之后自然

是“开”或“打开”酒瓶，而后就是“干”，继而便是送入口中，这便涉及“喝”、“饮”、“品”、“品味”、“品尝”、“享”、“享受”、“分享”之类的动词。由此我们可以部分解释“喝”占有优势地位的原因，因为它处于酒产品消费过程的终端，广告商发布广告的目的便是希望消费者最终饮用自己的产品，用这类消费终端词能更直接地表达广告商的意图。从前面统计的数据也可看到，除“喝”之外，“饮”、“品”、“品味”、“品尝”、“享”、“享受”、“分享”这七个消费终端词的使用频次也高于其他行为导使词。

那么，“饮”、“品”、“品味”、“品尝”、“享”、“享受”、“分享”与“喝”同处消费终端，为什么使用频次要低于“喝”呢？在此，我们将作进一步的解释。首先我们来看这几个词在《现代汉语词典》（2002 年增补本）中的释义：

表 2－9　行为导使词的词典释义

喝	①把液体或流食咽下去；②特指喝酒
饮	喝，有时特指喝酒
品尝	仔细地辨别，尝试（滋味）
品味	①尝试滋味；品尝；②仔细体会；玩味
品	辨别好坏，品评
享	享受
享受	物质上或精神上得到满足
分享	和别人分着享受（欢乐、幸福、好处等）

（注：为便于研究，我们仅选取与酒有关的义项。）

为更好地观察以上词语之间的区别，我们借用符淮青提出的词的“词义成分—词义构成模式”（符淮青，1995）来分析这些词在广告语境中的具体意义，该模式为：

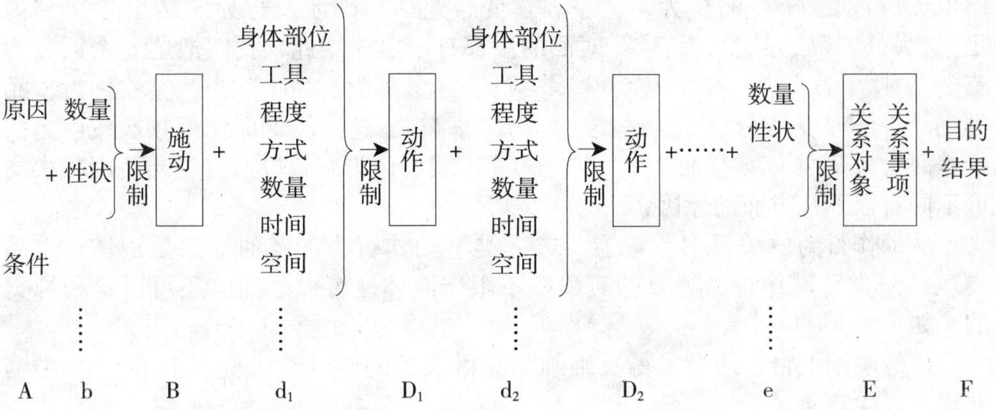

图 2-10　词义成分—词义构成模式

其中，A = 原因条件，B = 施动者，b = 施动者的各种限制，D_1 = 动作 1，d_1 = 动作 1 的各种限制，D_2 = 动作 2，d_2 = 动作 2 的各种限制，E = 关系对象或者是关系事项（E 或同 D_1 或同 D_2 发生关系），e = E 的各种限制，F = 目的结果，该模式用符号表示则为：$A + bB + d_1D_1 + d_2D_2 + \cdots + eE + F$。

根据以上词义构成模式，我们分析以上 8 个词在广告语境中的释义为：

表 2-10　行为导使词的语义分解

行为导使词	施动者（B）	动作 1 的各种限制（d_1）	动作行为 1（D_1）	关系对象的限定（e）	动作行为 1 的关系对象（E）	动作行为 2（D_2）	动作行为 2 的关系对象（E）
喝	人	用嘴	咽下		酒		
饮	人	用嘴	咽下		酒		
品	人	用嘴	咽下	小量	酒	体会	滋味
品尝	人	用嘴	咽下	小量	酒	辨别	滋味
品味	人	用嘴	咽下	小量	酒	体会	滋味
享	人	用嘴	咽下		酒	得到	满足
享受	人	用嘴	咽下		酒	得到	满足
分享	人	用嘴	咽下		酒	得到	满足

从以上语义分析可见，这 8 个词在语义上既有相同之处也有不同之处，相同之处在于都是“人 + 用嘴 + 咽下 + 酒”，不同之处在于“品、品尝、品味”还有

“体会、辨别滋味”的行为，“享、享受、分享”则涉及行为的结果“得到满足”，另外“品、品尝、品味”对酒的量都有限定。据此，我们把这8个词分为三类：“喝、饮”为一类，称为“喝类”；“品、品尝、品味”为一类，称为“品类”；“享、享受、分享”为一类，称为“享类”。这三类词的使用频次按由高到低排列为“喝类”>“品类”>“享类”。我们认为导致以上三类词使用频次高低不同有以下几方面的原因：

从动作行为的关系对象来看，“喝类”动作行为涉及的对象是液体，“品类”、“享类”动作行为涉及的对象则不限于液体，可以是固体还可以是精神类的。如：

好像刚刚上台，还没来得及细细品味做演员的感觉，我就下来了。（《中国北漂艺人生存实录》）

酒是液体的东西，所以在选择搭配的动词时，一般首选只与“液体”搭配的“喝类”动词。我们在北京大学语料库中搜索“喝酒”，调出语料3 429条，输入“饮酒”，调出语料1 045条，输入“品酒”，调出45条，“品尝酒”4条，“品味酒”1条，“享受酒”2条，其条数高低排列也是“喝类”>“品类”>“享类”，与酒广告口号中该类词的使用频次高低排列情况相同。

从动作行为的语义侧重点来看，“喝类”是单纯的饮食动作，其语义重点在口部的动作；而“品类”、“享类”不是单纯的饮食动作，“品类”语义重点在“辨别、体会滋味”，“享类”语义重点在饮用后的“得到满足”。从广告的交际目的上讲，“喝类”动词最贴近商家的目的，商家做广告，目的就是劝导受众“用嘴+咽下+酒”，至于“辨别、体会滋味”、“得到满足”则在其次，因为只有先“咽下+酒”，才谈得上“品”和“享”。所以在这三类动词中，商家首选语义是更单纯直接的“喝类”动词。

从对动作行为的限定来看，“品类”动词对饮酒的量有限制，为“小量”，这就决定了饮酒的方式应是慢斟细饮，而“喝”则不必恪守于此。我们做过一项调查，84.27%的人喜欢在宴会或聚会这种人多、欢庆的场合喝酒，而在这种场合是很少有人慢斟细饮的，所以受这种饮用习惯影响，商家更乐意选用“喝类”动词。

当然，在“喝类”动词中，“喝”的使用频次又远远高于“饮”。我们认为这主要是受语体色彩的影响，“饮”多用于书面语，所以“喝”比“饮”的通用度高，上文从北京大学语料库搜索“喝酒”、“饮酒”得出的语料条数之比即可印证这一点。

以上多方因素，使得酒品广告中众多行为导使词中“喝”的使用频次大大高于其他词语。

（2）因果导使词。

“因果导使词是指在广告语言中用来提示消费原因或消费结果的动词。”（屈哨兵，1997：186）这种对酒品专名因果导使性的配值有35例，其中有三句是对消费原因的提示，请看：

有情有义喝郎泉。
来来往往，喝杯枝江。枝江大曲。
东奔西走，必喝宋河好酒。

以上三例中“有情有义”、“来来往往”说明喝“郎泉”、“枝江”的原因——人情往来。“（东）奔（西）走”则侧重于对消费情景的提示，而从某种意义上讲，消费情景就是一种消费原因。除此3句，其余都是对消费结果的宣传。如：

饮酒饮贵龙　醉心不醉头。
饮金威啤酒，交好朋友！
品全兴，万事兴。
释放自我，燕京啤酒。

消费结果主要涉及以下几个功能：

①保健功能。“酒”与“寿”自古以来就被人们联系在一起。如我国最早的文学作品《诗经·风·豳风》就有“为此春酒，以介眉寿”的说法。东汉的王充在《论衡》“自序”中也说：长寿之道在于“养气自守，适食饮酒”。适量饮酒能刺激唾液分泌，提高消化能力；能加快血液循环，促进新陈代谢，增强免疫力。加之人类本身就有希望身体健康、延年益寿的心理需求，所以广告商便喜欢在此方面进行功能宣扬。如“颐养身心竹叶青，祝君越活越年轻”，“常饮仰韶酒，能活九十九”。

②交际功能。交际就是人与人之间的往来接触，人要在现代生活中生存、发展，就要不断与社会中的各种人发生关系、打交道。酒作为美好、珍贵的东西，用于交际中的宴请表示对对方的尊重、祝福和真诚，是社会交际的媒介、沟通人际关系的纽带和促成友谊的桥梁。老友相逢，把盏叙旧，生意场上，觥筹助兴，迎宾宴客，接风洗尘，签约定盟，祝捷庆功等，都凸显了酒在社交中的独特作用。因此，对自身产品交际功能的宣扬在酒广告中也占较大比重。这样的语例还有“文君酒一杯，四海有知音”，“喝燕京啤酒，友谊天长地久。”

③激发功能。酒的主要成分是乙醇，俗名叫酒精。人饮用后会促进血液循环，使血流加快，血管扩张，心跳加快，刺激神经中枢，使人精神亢奋。适量饮

用，则刺激适度，酒便能成为才智、勇气、谋略的催化剂，从而激发潜能，成就事业。古有“斗酒诗百篇”的李白，还有借“酒酣气益震”刺杀秦始皇的荆轲以及景阳冈“酒醉打老虎”的武松等，这些历史上的故事，形象地说明了酒能增加人的勇气、胆略，激发人的潜能。对酒产品这种激发功能的宣扬在酒广告中占有较大比重，这与消费者期盼成功、渴望建功立业的心理相吻合。这样的语例还有“成功自有道，安徽口子窖”，“喝孔府宴酒，做天下文章”，“分享宋河，共赢天下”，“品东方之子，做东方巨人”。

④娱乐功能。所谓娱乐就是借助某种事物使人感到快乐。酒的娱乐功能就是借助酒的刺激性使人精神亢奋，或者通过在饮酒过程中开展各种活动使人们更加开心。古人早有“酒以成欢”的说法，还形象地把酒叫做“欢伯”、“忘忧物”。当代著名诗人艾青说：“它是欢乐的精灵，哪里有喜庆，哪里就有它光临。”没有酒的刺激，人们的情绪就激发不起来，欢乐气氛也调动不起来。而有了酒，就会有很多劝酒助兴的娱乐活动如猜拳、行令、吟诗、作赋等，把酒宴中的欢乐气氛推向高潮。西汉的邹阳在《酒赋》中说饮酒的功能是“庶民以为欢，君子以为礼”。人们饮酒的目的就是以酒助兴，充分享受饮酒给他们的生活带来的欢乐、情趣。在广告口号中对酒的此项功能少有涉及，在所收集的语料中仅发现两例：“黄河啤酒，让我们共度好时光”，“何以解忧，唯有杜康”。

（3）态度导使词。

“态度导使词是指在广告语言中用以标示消费者对商品和服务的情感评价的动词。”（屈哨兵，1997：188）酒广告口号中对受众进行态度导使的词语不多，共9例。多是由表示心理活动的动词充当，有“爱”、“喜欢”、“钟情”、“难忘”和“难舍”。如：

岁月流金，爱我所爱。（金剑南酒）
您喜欢七喜，七喜也喜欢您。
一次品味，一生钟情。（沱牌曲酒）
庄子家酒，酒久难忘。
今天喝什么？沙河王，滴滴难舍沙河王。

2. 表白性动词

“表白性动词是指广告语言中用以标明广告主或商品、服务之于消费者作出的各种方面允诺或表白的动词”（屈哨兵，1997：183），包括以下几个词种：

（1）判定表白词。

判定表白词是用来对商品的品质、属性、内涵、来源等方面进行判定的动词。在酒产品的广告口号中以“是”、“在”和“有”这三个动词多见。如：

宝丰酒，不过是好酒！
豪情威风，尽在百威。
北有古长城，南有金鹏城。

上例中的“是”、“在”和“有”分别是对酒产品的品质、内涵及来源的判断。

（2）态度表白词。

态度表白词是指在广告语言中表明广告主对消费者态度、立场的动词。如：

长寿长乐补酒，祝您健康长久。
日照特曲，祝您幸福。
蒙古王酒，来自草原的问候。

以上的“祝”、“问候”为态度表白词，表明了广告主对消费者一种关心的态度。在酒广告口号中，这类动词语例较少，仅以上3例。

（3）喻指表白词。

“喻指表白词是指在广告语言中，动词是比喻、夸张、拟人或其他的语言变异手段的词形表现，是广告主（商品或服务）的利益承诺、态度宣示、品质认定等的变相传达。”（屈哨兵，1997：185）这类词在酒广告口号中出现也不多，仅发现2个语例共3个动词。如：

惊天动地五粮神。
声震四海饮誉九州 华夏古酿范功美酒。

上面两例中的“惊天动地”、“声震四海”和“饮誉九州”使用了夸张的修辞手法，对“五粮神”和“范功酒”的品质作了夸张性的表白，以期给受众留下深刻印象。

从以上分类归纳的语料来看，酒品专名的动性配值中，导使性配值居多，共125条语例，135个动词词种；表白性配值仅21条语例，23个动词词种。而在导使性配值中，又以行为导使居多，共78条语例，84个动词词种。从下图我们可看到各动性词种的分布情况：

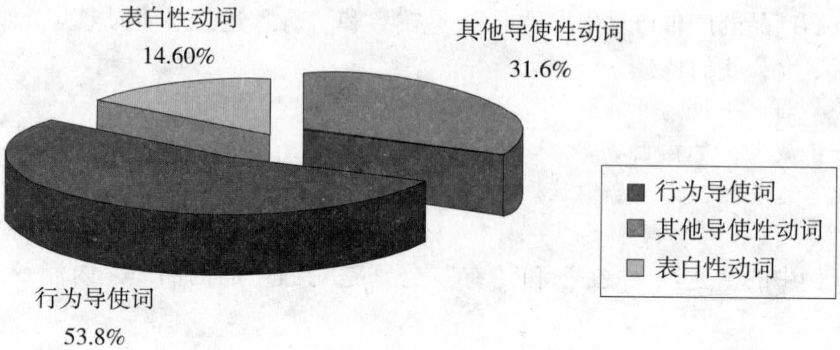

图 2－11 动性配值分布比例图

在对专名的动性配值中，为什么导使性配值占如此高的比例呢？其原因在于：广告语言传播是一种特殊的言语交际，从言语交际的目的上看，广告语言的最终目的就是希望通过广告语言的传播促使消费者做出消费产品的举动。而导使性动词的语义施事大都指向消费者，是对受众发生利于酒产品的态度和行为的示范和提示，能更直接地指向广告主这一交际目的。其中行为导使词是“对消费者的购买行为或消费行为进行提示”，如其中的“拿”、“给”、“找”、“来”就是对受众购买行为的提示，其他如“尽享、分享、喝、饮、品、打开、敬”则是对购买后的行为的提示。态度导使词是“用以标示消费者对商品和服务的情感评价的动词”，如“难忘、难舍、离不开”都是以已然消费者的身份对商品作出的良性情感评价，通过这种示范，来吸引尚未发生购买行为的诉求对象。不管是行为导使词还是态度导使词，这些动词的语义施事都是指向消费者的，其目的就是通过这些提示或示范促使广告受众做出有利于商品的行为。但表白性动词的语义施事大都指向广告主所提供的酒产品，是对商品的品质、来源等方面的表白判定，如“东西南北中，好酒在张弓”中的“在”、“天下美酒数汤沟”中的“数”是对商品品质的导引，“北有古长城，南有金鹏城”中的“有”则是对商品来源的导引，这些判定表白词都只是对商品的一种客观陈述及判断，而不像导使性动词直接指向广告受众，并对受众产生一种态度或行为上的影响。所以从广告语言的传播目的来看，导使性动词更能帮助广告主实现其交际目的，更符合广告语言直接诉求的原则。

在导使性动词中，为什么行为导使词相比因果导使词和态度导使词具有更高的使用率呢？因为行为导使词和态度导使词、因果导使词相比，在实现交际目的方面更具有直接性，它们都是对受众购买或消费酒产品的直接提示，因此在导使性动词中广告商们更乐意选用这类动词与酒品名组合。

以上是对酒广告口号中动性词种的分析归纳，为清晰观察其在酒广告口号中的使用情况，我们特建立以下动性配值谱系图，如图 2－12 所示：

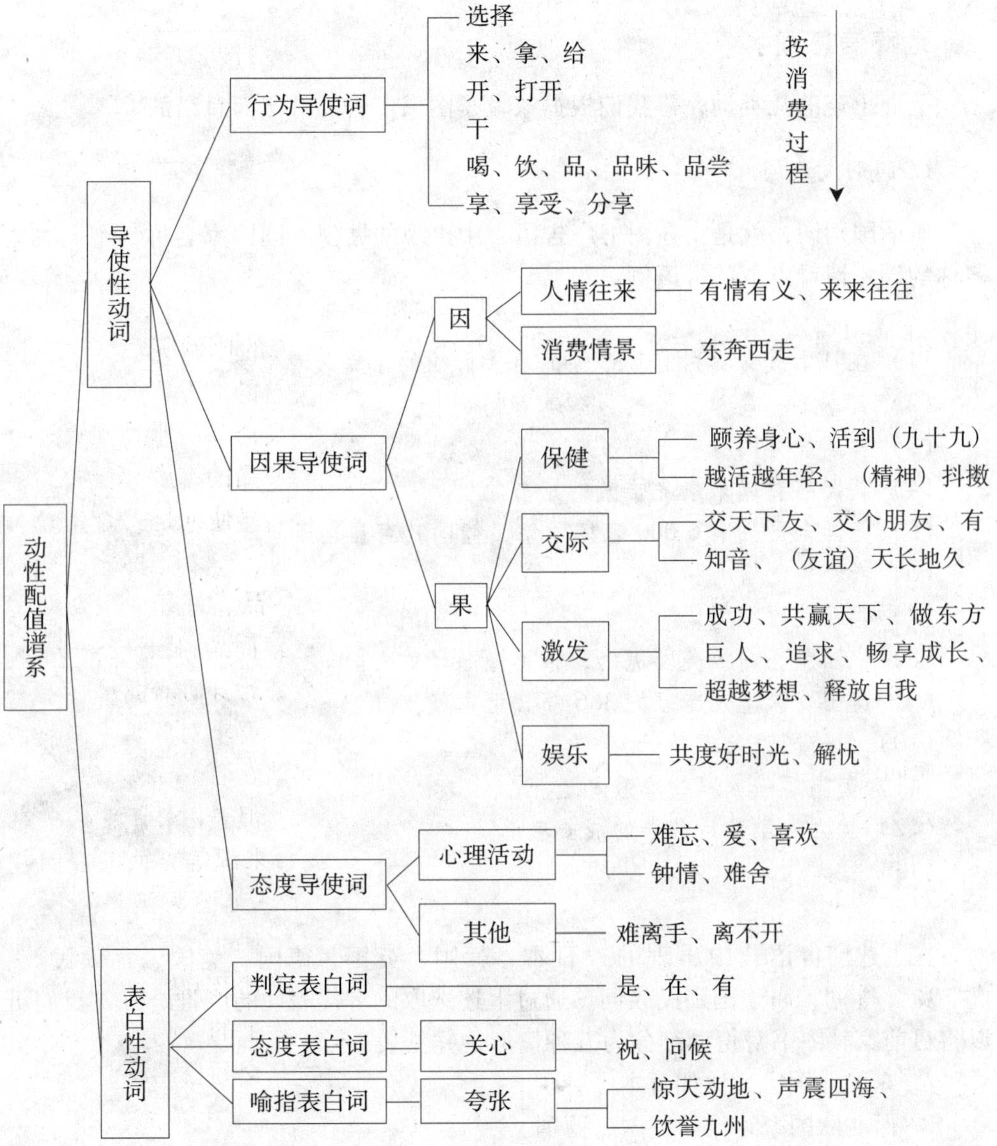

图 2－12　动性配值谱系图

第六节 家教类图书广告名性谱系[①]

范畴信息词

下面出现的几类词，是我们根据家教类图书广告的特点而总结的。

1. 国别民族词

所谓国别词，就是指在图书广告语言中出现的展现不同国家名称、不同民族名称的词。请看以下广告语例：

（1）在日本教育界引起革命性的巨大影响的家庭教育名著。
（2）日本第一简单易懂的男孩养育畅销书。
（3）韩国最棒的玩耍书。
（4）英国有史以来最受推崇的家书。
（5）德国全国拥有6 000家博物馆，德国教育赢在哪里。
（6）畅销美国育儿指南。
（7）我在美国做妈妈。
（8）中国兔爸叫板美国虎妈，谁更懂孩子的心。
（9）美国资深育儿专家的366篇日记本箴言。
（10）向美国家长学教子。
（11）美国第一家庭的家教之道。
（12）犹太人学龄后孩子的成长教养。
（13）犹太人家训。

在上述广告语言中出现的“日本、韩国、英国、德国、美国、犹太民族、虎、兔”等词，属于国别民族词。通过上述选取的有代表性的广告语言，我们可以将目前家教图书身份词细分为五种情形，并见表2－11：

A. 东北亚国家，比如日本、韩国。

B. 西北欧国家，比如英国、德国。

C. 北美洲国家，比如美国。

---

① 本部分作者邓颖平，摘自邓颖平硕士学位论文（2012）《家庭教育类图书广告语言中的名性词语研究》，章节标号有改动。

D. 民族，比如犹太民族。

E. 生肖词，比如虎、兔，暗示了是亚洲国家或者民族。

表 2-11

国别民族词	例子	是否经济发达地区	是否教育强国
东北亚国家	日本、韩国	是	是
西北欧国家	英国、德国	是	是
北美洲国家	美国	是	是
民族	犹太民族	是	是
生肖词	虎、兔，暗示了是亚洲国家或者民族	待定	待定

（1）国别民族词的特点。

通过上述选取的有代表性的图书广告语言可以发现，国别民族词呈现的一个主要特点，就是"当代强大性"，而且具有单一的特征。

当代强大性凸显的是其综合国力和影响力。我们从上面的代表性例子可以看出，这些词的出现，给予广告受众的就是一个提示作用，无论是东北亚国家，还是西北欧国家或美国，都不仅仅是其所在地区经济综合国力最强的国家，且是世界上综合国力位于前列的一些国家。同时，这些国家和地区的教育也几乎是引领当代世界教育潮流的国家和地区。

（2）成因分析。

之所以在国别民族词里面呈现出这样一种一边倒的趋势，也是合情合理的。因为广告是一种要很快见到成效的宣传，这种既有优势的国家和民族是比较吸引眼球的。

（3）国别民族词的空位挖掘。

有一句话说，家长留给孩子最好的东西，不是财富，而是好的生存习惯。而且可以说，越是在艰难的生存条件下长大的人，将来适应生活的能力越强。有些地区或国家，比如非洲、南美、东欧和西亚，是如何使他们的下一代经受住最严酷的生存挑战，相信这是一种重要的教育动力，对孩子将来的生活会产生重大影响，我们可以从生存习惯的角度着手发掘。

另一类词，就是从时间的角度，看历史上一些国家的教育方式。想更好地在今天生活，就应该更好地了解历史，尤其是多元的世界各地的历史、世界各地教育的历史，正如很多生活在电子时代的现代人惊叹四大文明古国的存在一样，历史上很多教育方式同样值得我们学习，也是一种很重要的谱系资源。

（4）市场预期。

在中国内地图书市场上，几乎所有涉及国别民族的书里都有上述这些国家的影子，这种现象叫做同质化，现在相关的图书市场也已经形成了同质化市场，这是我们加以注意并进行改变的。

2. 童话联想词

所谓童话联想词，就是指在图书广告语言中出现的、特定的童话寓言类的词，或者语义是比喻联想类的词。二者都是通过想象或联想进而达到相关的寓言目的。如：

（1）孩子是天使，父母要为孩子插上翅膀，他们才能成功地起飞。

（2）每位父母的手中都握着神奇的魔棒，指点对了，点石成金，方法错了，则点金成土。

（3）给您一只金手指。

（4）心是世界上最棒的妙笔，能描绘出最美丽的文字和图画。

（5）在毛毛虫蜕变成蝴蝶的日子里，有一种比阳光、雨露更珍贵的养分，那就是心灵的磨砺与成熟。

（6）橙子鸭子都在家。

（7）给孩子温暖的怀抱，不如为他指引前进的方向，温室里永远长不出参天大树。

（8）孩子的成长有非常强的可塑性。孩子就像是水，放在瓶中，即是瓶的样子，放在杯中，即是杯的样子，放在池中，能荡起轻轻的涟漪，而汇入海中，则能掀起滔天的巨浪。

（9）教育孩子如同放风筝，受其父母的溺爱之心，放给孩子独行之权，给予孩子翱翔天际的无限空间。

（10）孩子宛如一张白纸，他的命运取决于父母在上面写下的是俗物还是天才。

（11）父母是原件，孩子是影印件。

（12）如果把一根木头设想为孩子的自立能力，要想让孩子能够自立，让木头能够站立起来，就需要给这根木头一个能让它站立的支撑点，否则它就会歪倒。而这个支撑点就是父母。

（13）改变孩子命运的第一把钥匙，找到了，用对了，孩子的潜能才会释放出来。

（14）父母是开启孩子天赋的第一把钥匙。

（15）这不仅是为自己和孩子，更是为了社会，为修复这个世界的裂缝。

在上述广告语言中出现的“天使、翅膀、魔棒、金手指、妙笔、毛毛虫、蝴蝶、阳光、雨露、参天大树、水、风筝、白纸、影印件、木头、原件、钥匙、世界的裂缝”等，都属于童话联想词。

通过上述选取的有代表性的广告语言，我们可以将目前家教图书童话词细分为以下六种情形，并见表 2－12：

A. 出现童话中的事物，现实中不存在，让人根据日常经验联想到的情形。

B. 出现动物的情形，具有拟人义。

C. 出现植物的情形，具有比喻义。

D. 把孩子比喻为某种具体的现实事物。

E. 把家长比喻为某种现实的具体事物。

F. 家庭关系类，具有比喻义。

表 2－12

童话联想词	例子	是否具有成长性
出现童话中的事物，现实中不存在	天使、（天使）翅膀、魔棒、金手指、妙笔	否
出现动物的情形，具有拟人义	毛毛虫、蝴蝶	是
出现植物的情形，具有比喻义	参天大树	是
把孩子比喻为某种具体的现实事物	水、风筝、白纸、影印件、木头	否
把家长比喻为某种现实的具体事物	影印件、钥匙	否
家庭关系类，具有比喻义	世界的裂缝	是

童话联想词，是用于描述未成年人成长的，或是和未成年人的成长有关系的，因而其中很多词都带有成长性的过程，这类词的一大特点就是和成长相关，带有成长性。比如毛毛虫，代表一种幼年时的生物，这种小虫子幼年时是一种什么样的状态呢？看起来很软，没有力气，长得也不漂亮，爬行起来又很慢，似乎是不讨人喜欢的。但是最后毛毛虫会变成美丽的蝴蝶，可以飞到百花丛中，美丽妖娆，受尽世人的喜爱，可是这其中要经历怎样的巨变呢？这让人很容易联想到

幼年的孩子，他们没有自理能力，但我们要相信，经过时间的磨练，他们也会拥有一个成长的奇迹。

童话联想词，另一个特点就是带有虚幻性、非现实性，在现实世界中，有些事物并不存在。比如天使，本是一个宗教词汇，天使背后长着一对小翅膀，头上盯着一个光环，让人联想到的是圣洁优雅、近乎完美的小孩子形象，如果现实生活中你的小孩子刁蛮任性、难于管教，那人们自然会对这种有完美倾向的小孩子充满好感。

童话联想词出现的上述特点，和人类的童年天性有关。什么是童年的天性呢？就是在儿童眼中，世界可以由无数种方式组合而成，不受规则的约束，最重要的是现实世界已经制订的那些规则，儿童并不了解，也不明白，所以常常在成年人看来违反规矩的那些事情，就成了儿童特有的一种性格，或者叫做天性。

童话联想词，可以说是图书广告语言的一大亮点。这种天真烂漫的比喻和比拟放在未成年的人身上或放在天天和未成年人打交道的家长身上，都会有一种真切的共鸣。但是这类词有一个很大的弱势，就是比喻或例子都十分陈旧，没有新鲜感，或者举例单一。从表 2 - 12 中可以清晰地看到，广告语言的运用多数集中在不存在的童话词上，具体地将儿童成长比作某种事物，但是其中出现的动物类比喻、植物类比喻、对家长的比喻、对家庭关系的比喻联想词，都非常少，这可以成为我们今后的研究重点。

我们接触到的很多70 后、80 后甚至 90 后，都十分留恋自己的童年时光，童年就像是人生中的一个美梦，每个人终究都会醒来，但仍会无比留恋梦境中的美好和纯粹。70 后、80 后现在都已为人父母，今后更会是图书市场的主力军，这类词的市场前景应该是所有词类中最特别、也是最有潜力的。当然，每一个年代的人都有自己的童年梦，都会形成相应潜在的谱系资源。

3. 差评词

所谓差评词就是指在图书广告语言中，对未成年人的不良行为给予否定性评价或者对未成年人父母的一些不良教育方式予以否定性评价的词。请看以下广告语例：

(1) 整治家庭小暴君。
(2) 父母为什么会教出小皇帝。
(3) 疼爱不等于溺爱，父母不是孩子的奴隶。
(4) 孩子的倔脾气不是孤立形成的，父母要学会反思。
(5) 孩子的自卑感种子，是父母无意间播下的。

(6) 戒掉爱中的伤害。

(7) 走出家庭教育的86个误区。

(8) 一个错误也许将影响孩子一生。

(9) 找到爱的平衡点，就不会迷路，乱了脚步。

(10) 谁溺爱孩子，谁总有一天会为孩子包扎伤口。

(11) 走进孩子的心灵世界，帮助他走出烦恼的旋涡。

(12) 问题子女背后总有问题父母。

(13) 手握孩子人生的父母，别把孩子当成实现自己人生愿望的替代品，要为孩子的人生起航、领跑、助推。

(14) 孩子，别走弯路。

在上述选取的图书广告语言中，“小暴君、小皇帝、奴隶、倔脾气、伤害、误区、错误、伤口、弯路、烦恼、问题子女、问题父母、自卑感种子、替代品”等就属于差评词。

通过上述选取的有代表性的广告语言，我们可以将目前家教图书差评词细分为以下六种情形，并见表2-13：

A. 指向未成年人的不良习惯后果，比如小暴君、小皇帝。

B. 指向家长的不良习惯后果，比如奴隶。

C. 指向未成年人的具体不良性格特征，比如倔脾气、自卑感。

D. 指向家长的具体不良做法，比如替代品。

E. 指向对未成年人造成的不良抽象后果，比如伤口、弯路、烦恼的旋涡。

F. 指向家长不良做法的抽象后果，比如伤害、误区、错误。

表2-13

差评词分类	例子	是否指向性格
指向未成年人的不良习惯后果	小暴君、小皇帝	是
指向家长的不良习惯后果	奴隶	是
指向未成年人的具体不良性格特征	倔脾气、自卑感	是
指向家长的具体不良做法	替代品	否
指向对未成年人造成的不良抽象后果	伤口、弯路、烦恼的旋涡	否
指向家长不良做法的抽象后果	伤害、误区、错误	否

在上述图书广告语言中，经过反复比较分析，我们可以看出差评词具有明显

的行为结果倾向性。只不过有的广告语言是结果孤立出现，有的广告语言则增加了可能的原因。

4. 价值观念词

所谓价值观念词，就是对于大家常说的一个事物或一个常理，在图书广告语言中重新下定义，或者颠覆了其日常的定义，或者延展了其内涵，或者程度不同。请看以下广告语例：

（1）做孩子的成长教练、人生导师和教育规划师。

（2）父母怎样成为孩子最好的老师、最好的医生、最好的朋友。

（3）和女儿谈恋爱。

（4）爸爸的游戏革命——玩出聪明孩子。

（5）迅速改善妈妈与孩子沟通的“游戏关爱法”。

（6）看看电影聊聊天，教育其实很简单。

（7）在旅行中成长系列。

（8）中国首部用公民价值开启亲子家教先河、倡导“门卫式爸爸”新理念的书。

（9）最有价值的投资，不是房子，也不是金子，而是孩子。

（10）中国人为什么有句老话叫“富不过三代”？因为，中国父母一富就想富孩子。

（11）孩子的未来，其实由您的生活教育来决定。

（12）平等家教的60个妙招。

（13）父母从生活小处培养孩子的成功基因。

（14）让孩子听课的心理战。

在上述选取的图书广告语言中，“成长教练、人生导师、教育规划师、老师、医生、朋友、爸爸的游戏革命、游戏关爱法、看电影、聊天、公民、投资、恋爱、平等家教”等就是价值观念词。

通过上述选取的有代表性的广告语言，我们可以将目前家教图书价值观念词细分为以下七种情形，并见表2-14：

A. 家长和社会职业的关系，比如成长教练、人生导师、教育规划师、老师、医生。

B. 家长和子女的关系，比如恋爱。

C. 教育和游戏的关系，比如游戏革命、游戏关爱法、看电影、聊天。

D. 教育和政治的关系，比如公民价值。

E. 教育和经济的关系，比如投资。

F. 家庭教育与战争的关系，比如心理战。

G. 教育和新旧价值观念，比如生活教育、富不过三代、平等家教。

表 2 – 14

价值观念词分类	例子	是否具有阶段性质
家长和社会职业的关系	成长教练、人生导师、教育规划师、老师、医生	部分是
家长和子女的关系	恋爱	是
教育和游戏的关系	游戏革命、游戏关爱法、看电影、聊天	部分是
教育和政治的关系	公民价值	是
教育和经济的关系	投资	是
家庭教育与战争的关系	心理战	是
教育和新旧价值观念	生活教育、富不过三代、平等家教	是

这类词最大的特点就是具有跨领域的综合性质。

价值观念词具有打破常规范围、出其不意、多领域综合发展的优势。广告本身就具有新颖、不走寻常路的特点，这类词有较大的展示空间。比如，大家预想到父母是一种家庭称谓，是一个家庭的范畴，但是这类词偏偏要和社会职业结合，“教练、人生导师”等词，超出了传统的家庭人物关系的预设范畴，让人眼前一亮。

又比如，谈及教育，人们往往会就事论事，涉及经济、政治甚至伦理观念的想法会比较少，但是这类广告语言中已经开始出现这类词了，比如“投资、公民价值、和女儿谈恋爱”等。

世界上任何两个事物都处在联系之中，社会生活日新月异，教育领域再也不能像以前那样躲进高墙之内、象牙塔之中了，教育和社会的发展是紧密联系的。社会生活中，各个行业领域相互融合的现象日益频繁、深化，因而教育领域的变化也就是情理之中了。家庭教育作为广义教育中的一环，自然也会随着时代变迁而发生改变。

就我们收集到的家教类图书广告语言而言，和其他领域的交叉还较少，比如有些词只有几个例子，证明了这种交叉词的发展还有成长空间。我们可以把很多领域的词引入到教育中来，这样也极大地丰富了图书广告语言的内涵，比如教育和经济的关系，可以做得更细致一些，为教育的具体投入和个人理财步骤做一个对比说明式的广告。又比如教育和游戏的关系，到底是教会人欣赏美重要还是记住概念重要等。价值观念词，应该说是比较有前景的一类词

5. 图书人名词

所谓图书人名词，就是指在家教类图书广告语言中出现的特殊人名，只要出现人名，都可以将其归结到图书人名词中。请看以下广告语例：

（1）李嘉诚给子女的82条忠告。

（2）奥巴马对女儿们的期望：在一个梦想不受限制、无事不能成就的世界中长大，成长为具有慈善心，坚持理想，能帮忙打造这样一个世界的女性。

（3）奥巴马给女儿的忠告。

（4）在本书中，你能找到比尔·盖茨、巴菲特、乔布斯的父母的教育秘笈。

（5）阿德拉心理学家庭教育理论的决定版。

（6）与弗洛伊德、荣格齐名的三大心理学家阿德拉博士的心理学理论。

（7）阿涌叔叔体验式教育宝典。

（8）罗斯蒙德欢乐家庭书。

（9）马宁心灵健康系列。

（10）李镇西教养女儿手记。

（11）成墨初给女儿的50个人生硬智慧。

（12）斯托夫人的自然教育。

在上述选取的广告语言中，“李嘉诚、奥巴马、比尔·盖茨、巴菲特、乔布斯、罗斯蒙德、阿涌叔叔、马宁、李镇西、成墨初、斯托夫人”等就是图书人名词。

这类词在家教类图书广告语言中，出现的频次较高，大大多于一般物质消费品广告中的人名出现频次。通过对上述选取的有代表性的广告语言进行反复分析、对比，我们可以试着将其分为以下四类，并见表2－15：

A. 与出版业无关的成功人士，比如李嘉诚、奥巴马、比尔·盖茨、巴菲特、乔布斯；

B. 书的直接作者，比如阿涌叔叔、罗斯蒙德、马宁、李镇西、成墨初；

C. 出版其他图书的世界知名作家，比如斯托夫人；

D. 教育学者、心理学家，比如李镇西、罗斯蒙德。

表 2－15

图书人名词分类	例子	是否社会的成功人士	是否从事教育行业
与出版业无关的成功人士	李嘉诚、奥巴马、比尔·盖茨、巴菲特、乔布斯	是	否
书的直接作者	阿涌叔叔、罗斯蒙德、马宁、李镇西、成墨初	是	部分是
出版其他图书的世界知名作家	斯托夫人	是	否
教育学者、心理学家	李镇西、罗斯蒙德	是	是

除了名人在图书广告中出现之外，图书广告有一个最突出的特点，就是把书的作者也当做广告来宣传，给人留下书如其人的印象。而且对于作家的宣传往往具有连续性的特点，试图把作家的名字打造成一个品牌。

其他大多数物质产品的广告语言，比如药物、电脑、手机、车辆、房屋，我们只要了解这些产品的出厂公司即可，并没必要知道设计师到底是谁，因为这些产品都是有客观标准的，只要流水线上的工人照做，品质应该就会有保障。图书则完全不同，这类产品属于非常主观的东西，具有极强的个别性差异，可能潜在购书者所关注的焦点就是书的精神品质，那是书的灵魂所在，而书的灵魂当然是作者赋予的，所以为书的作者做一次推广的广告，也就在情理之中了。

我们发现，除了上述政治、经济领域的杰出人士外，书的作者要么是教育心理学家，要么是教授、作家，总之都是精英文化的代表。这也在一定程度上体现了我们这个社会的价值取向，只有这些职业的从业者才是我们理想的、符合社会主流价值取向的成功人士。

这类词在市场上会占据很大的市场份额，因为所谓的名人效应，这类词只要随时变化，选用社会最受推崇的那类名人作为广告中的用词，那么这类词的受欢迎程度还是很高的，而且市场效果也会不错，因为名人本身就是社会经营的代表，这与多数图书广告语言要求脱颖而出的效果是一致的。

6. 文化凸显词

所谓文化凸显词，是指这个词的出现让人很容易辨别出其所代表的特定文化或特定人群以及该人群的特定生活习俗、特定心理特征等。请看以下广告语例：

（1）在世人眼里，犹太人就是一个智慧的民族，书的民族，而其独特的家庭教育观念——教育如同宗教一样神圣，更是被世人视为教子名言。

（2）半部论语教出好孩子。

（3）跟孔子学做家长。

（4）国学中的家教。

（5）走进教育大师，品读儒学经典。

（6）以国学智慧照亮孩子的成长之路。

（7）德国全国拥有6 000家图书馆，德国教育赢在哪里。

（8）中国兔爸叫板美国虎妈，谁更懂孩子的心。

在上述图书广告语言中出现的“犹太民族、论语、孔子、国学、图书馆、兔、虎”就属于文化凸显词。上述精选的图书广告语言，大致可以分成以下五类，并见表2－16：

A. 民族类，比如犹太民族。

B. 古代国别名人类，比如孔子。

C. 古典文化类，比如国学。

D. 文化场所类，比如图书馆。

E. 国家所代表的文化象征类，比如生肖。

表2－16

文化凸显词分类	例子	是否指涉中国
民族类	犹太民族	否
古代国别名人类	孔子	是
古典文化类	国学	是
文化场所类	图书馆	否
国家所代表的文化象征类	生肖	包括中国

文化凸显词具有鲜明的排他性、指向性，也具有标签作用，根据习俗、信仰、习惯、行为方式、思考方式等把地球上的人分成了不同的人群。

这类词的挖掘，相对来说比较容易的，因为现在出现的相关词非常少，文化传媒又比较丰富，这些都为文化凸显词的挖掘提供了空间。

在我们收集的600条广告中，也只发现了10条。可见对于文化凸显词的运用还是少数，要想让市场朝向纵深方向发展，这类词的运用前景是不可小觑的。

7. 情感召唤词

所谓情感召唤词，就是使人看到这个词之后会自然地联想起家庭生活中的温馨场景、温暖情绪体验。请看以下广告语例：

(1) 对全新爱养时代的深情展望。
(2) 慢半拍，母爱的节奏才刚刚好。
(3) 把爱传出去，把幸福带回家。
(4) 一起吃苦的幸福。
(5) 解决孩子成长问题的心灵对话。
(6) 优秀的女孩，妈妈赋予了其特殊的生命内涵。
(7) 平凡中的幸福之道，用口头、背影传递一个父亲的人生哲学。

在上述广告语言中，“深情展望、母爱的节奏、幸福、家、心灵对话、（父亲的）背影”等就属于情感召唤词。

通过对上述选取的有代表性的广告语言进行反复分析、对比，我们可以试着将其分为以下五类，并见表2－17：

A. 家庭教育与情感概括词，比如深情展望。

B. 家庭教育与亲情，比如母爱的节奏。

C. 家庭教育与家庭幸福，比如吃苦的幸福。

D. 家庭教育与心灵沟通，比如心灵对话。

E. 家庭教育与生命意义，比如生命内涵。

表2－17

情感召唤词分类	例子	是否与人的感官有关
家庭教育与情感概括词	深情展望	是
家庭教育与亲情	母爱的节奏	是
家庭教育与家庭幸福	吃苦的幸福	是
家庭教育与心灵沟通	心灵对话	是
家庭教育与生命意义	生命内涵	否

情感召唤词，语义多与人的感官或心理有关，是一类涉及情感体验的图书广告语言。比如，母爱本是一种情感，和节奏无关，但是“母爱的节奏”这种提

法，就让人把感情和声音联系在一起，通过音律的高低起伏来想象，母爱也应该如此，时而紧密热烈，时而松弛婉转，像一篇乐章。又比如“生命内涵”一词，让人去探索生命的意义，这才是最有意义的教育。

这类词的形成，和家庭教育的特殊处所——家庭是密不可分的，人们常常把家庭比作避风的港湾，家是心灵中的一片净土，也是维系情感的所在。因而，在家教类图书广告语言中，这类情感召唤词的出现频率特别高也是可以理解的了。父爱如山，母爱如水，描述的正是父母对于子女的爱与呵护。

上面分类的几种情感召唤词，分别与看、听、吃和感觉等类别相关，其实，这些类别都是属于同一个大类别——人的感官。在每种具体的感官下，语料所给出的例子是很少的，应该有较大的谱系构建空间。

8. 新生活力词及词组

所谓新生活力词，就是指这个词不属于常用语，很少甚至没有在书面语中正式出现，属于在图书广告中特别出现的词。请看以下广告语例：

（1）穷养富养，不如爱养。

（2）慢养。

（3）让孩子受益一生的谈心教育。

（4）生命教育家长读本。

（5）快乐儿童减压法。

（6）到底是生气的妈妈造就了火星男孩，还是因为有了火星男孩才有了生气的妈妈。

（7）做个快乐的甩手妈妈。

（8）写给父母的教育枕边书。

（9）爸爸学校。

（10）妈妈的心灵课。

在上述广告语言中，“爱养、慢养、枕边书、火星男孩、甩手妈妈、谈心教育、生命教育、儿童减压法”等属于新生活力词。

通过对上述选取的有代表性的广告语言进行反复分析、对比，我们可以试着将其分为以下五类，并见表 2-18：

A. 教育观念新生活力词，比如爱养、慢养。

B. 教育方式新生活力词，比如谈心教育、生命教育、儿童减压法。

C. 教育接受者新生活力词，比如火星男孩。

D. 教育发出者新生活力词，比如甩手妈妈。

E. 图书新生活力词，比如枕边书。

表 2-18

新生活力词的分类	例子	是否属于语义叠加
教育观念新生活力词	爱养、慢养	是
教育方式新生活力词	谈心教育、生命教育、儿童减压法	是
教育接受者新生活力词	火星男孩	否
教育发出者新生活力词	甩手妈妈	否
图书新生活力词	枕边书	是

部分新生活力词，意思比较隐蔽，只看名字是不知道意思的。比如“火星男孩”，可能有人会猜想，是描写天外来客的科幻图书吗？是形容漫画中的人物吗？“火星男孩”指的到底是什么呢？该条广告中还出现了“生气的妈妈”一词，结合语境，“火星男孩”的意思应该是——脾气比较急躁的男孩子。

特别说明，上述我们提到了一类词叫做价值观念词，也蕴含新的思想观念的产生，两者的区别是：价值观念词，是指在不同职业、行业之间的观念借用，新生活力词是在教育内部产生各种新的含义。

第七节　果汁广告名性谱系[①]

一、果汁类品牌称名信息词

称名信息词是指广告语言中标示出有关商品一些最基本的指导性信息的名词，品牌称名信息词为其下位词种之一。这一节主要探讨果汁类品牌称名信息词，至于广告语言中的厂址、邮编、电话、电挂、销售地址等产销地点引导信息词，标明商品生产者的生产者导引信息词等其他类的下位词种则不在研究范围之列。

品牌称名信息词包括两个方面的信息，一个是商品的牌子，另一个是商品的

① 本部分作者张晴，摘自张晴硕士学位论文（2012）《果汁饮料广告语言中名性词语谱系研究》，章节标号有改动。

物业名称。实际上，品牌称名信息词也就是组成商品名称的词，一种商品为了有别于其他商品而使用的称呼，可以分为两类：一类是类名，另一类是专名。

商品的类名，可以说是人类用一定的标准对物质世界进行分类后所形成的类属名称，为商品进行物类定位指名。例如，"洗衣机、电视机、冰箱、计算机、笔记本、上网本"等都是类名。类名不能用来区分同一类商品中有着一定差异的不同商品，例如"洗衣机"这个类名就不能够区分海尔品牌的洗衣机和小天鹅品牌的洗衣机。商品的专名，是为了区别其他销售商品、标明商品特色而使用的专有性名称，用来给商品进行特色定位。例如，"汇源桃汁饮料"中的"汇源"和"桃"，"统一鲜橙多"中的"统一"和"鲜橙多"，"汇源山楂果肉饮料"中的"汇源"和"山楂"等。其中，"汇源"、"统一"属于核心专名，"鲜橙多"属于核心专名中的次专名，"桃"属于区别专名。下面对果汁饮料广告中的品名构成进行详细阐述。

1. 类名

类名的作用在于引导消费者将商品归入客观世界的已存在的分类系统当中，并且促使消费者将商品与所属类别的商品所共有的特点联系起来，从而决定自己的消费行为。下面我们先对商品类名的使用情况进行细致的观察。

(1) 第一级类名。

随着人类需求的日益变化和物质世界的迅速发展，人们对物质的划分越来越细致，这种现象反映在商品命名上，通常是人们在商品名称的原有类名基础上，以不同的标准进行第二次划分，甚至是第三次或三次以上的划分。第一次划分标准所形成的语言成分称为第一级类名。果汁类饮料的商品名中，第一级类名主要有"汁、果汁、饮、饮料、饮品、浆、汤"等。从语言成词的角度看，以分为成词类名和不成词类名。成词类名有"汁"、"果汁"、"饮料"、"饮品"、"汤"等，不成词类名有"饮"、"浆"等。成词类名可以单独成词，即将类名从商品名中抽取出来后也能够独立使用，这主要表现为两个方面：一是能单说，能单独回答问题；二是虽然不能单说却能独用，即充当词组或句子的成分。（黄伯荣，廖旭东，2002：253）不成词类名则与上面所说情况相反，不可以单独成词，抽取出来的成分不能独立运用，一般与其他成分相结合形成一个概念后才能单独使用。下面详细介绍各个类名的使用情况及其缘由。

"汁"，果汁。在收集到的 323 个果汁类饮料商品名中，有 83 个使用了"汁"这一类名，大约占 32.9%，该数量是极为可观的。《现代汉语词典》（2005 年第 5 版）对"汁"的解释：含有某种物质的液体。由此可知，"汁"的意义涵盖范围极广，正如字典里所举的例子，可指"乳汁、奶汁、橘子汁、牛肉汁、琼汁”等。果汁类饮料属于软饮料，认真观察软饮料的商品名就可以发现，“汁”几乎属于果汁类饮料专用类名，通常与水果种类组合，例如，“橙汁”、“葡萄汁”、“苹果汁”等。而其他软饮料类型几乎没有使用“汁”这一类名，例如茶饮料中常用类名是“茶”，碳酸饮料中最常用类名是“可乐”或“汽水”，含乳类饮料通常会用“乳”和“奶”来标明饮料类别等。

“饮”，一指即喝，有时特指喝酒，二指可以喝的东西。从定义知道，“饮”有两种性质的语义，一种是动词性质，一种是名词性质。在果汁类饮料的商品名中，“饮”仅取名词性质的语义，即“可以喝的东西”，常常置于水果名后边，用以标明这个商品是可以喝的东西，例如“橙饮”、“苹果饮”、“荔枝饮”等。相对于“汁”和“饮料”来说，以“饮”为类名的商品名使用率是比较低的。实际上，“饮”字在一定程度上是符合语言经济原则的，运用频次应该不止如此，为什么会有这种现象呢？从中国人现在的语言习惯来看，会发现中国人特别喜欢运用双音节词，语言经济原则让位于语言习惯；并且，“饮”的动性语义要比其名性语义运用得更为广泛，因此“饮”这一类名就用得少了。不过，它的发展空间还是很大的。饮料，即经过加工制造供饮用的液体。“饮料”的使用率比“汁”稍逊一筹。不过，“饮料”最为普通，它的运用范围比“汁”更为广泛，在果汁类商品名中，“饮料”可以直接加在“汁”字后边，或者在商品名之外运用，对商品名进行补充，标明饮料的类型。饮品，即饮料。相对于“饮料”，“饮品”虽然仅一字之差，运用的频率却远远落后。“品”字让后者相对于前者显得更书面化，与消费者多了那么一点距离。比如康师傅品牌的果汁，用“饮品”代替了常用的“饮料”，显出了这个品牌高品质的个性特点。

“浆”，指比较浓的液体，或指用粉浆或米汤等浸润纱、布、衣服等物，在古代还可以指一种微酸的饮料。在所收集的语料中，仅有 1 例使用了该字。从逻辑上看，其应该有很大的发展空间，“琼浆玉液”一词更是人人熟知，为什么使用频次会这么低呢？一个原因可能在于“浆”的多义性，“浆”固然可以指一种饮料，但是“浆”还具有动词性语义，也很容易让人联想到“浆糊”、“粉浆”等，给人一种黏糊的感觉，较难吸引消费者。当然，这并不是说“浆”字就没有了使用空间，只要我们针对上面所提的劣势采取一定的办法，就可以化腐朽为神奇。例如，“浆”与“琼”、“浓”、“甜”结合，就不会让人联想到那些令人不愉快的物质，甚至可让人对饮料产生期待。

“汤”，本意是“汁水”，现在的含义更为广泛，可以指热水，可以专指温泉，可以指食物煮熟后所得的汁水，可以指菜汤和汤药，还可以是人的姓氏。现在的果汁类饮料品名中，“汤”仅与“酸梅”组合形成饮料名。为什么会出现这种情况呢？这需要从其历史来看。酸梅汤是中华民族的传统饮料之一，它的出现甚至比西方汽水流入中国的时间要早150年，历史久远且广为中国人民所知。这个名字已经深入人心，甚至形成了一定的排他性，因而“蓝莓汤”、“菠萝汤”等就会让人感觉很怪异。实际上，“蓝莓汤”、“苹果汤”、“雪梨汤”等应该是可以的，不过这需要时间来获得人们的认同。

（2）第二级类名。

根据前面第一级类名的含义，我们可以推知第二级类名的含义。在了解第二级类名之前，我们先要了解二级类名。二级类名是在第一级类名的基础上划分的，由标示第二次划分类别标准的词或语素与第一级类名组合而成。若是多级类名，那么通常第一次划分形成的物类定位指名放在最后，即物类定位指名依照划分的次序由后往前依次排列。由此可知，一方面，当且仅当商品名进行了两次或两次以上类别指名时才会存在比较，也才会存在二级或二级以上的类名；另一方面，判断一个词或语素它是第一级类名还是第二级类名或是其他级别的类名，只要看它所处的位置就可以了。因为，一个词在商品名中的位置不是固定的，在一个商品名中可能是第一级类名，在其他商品名中又可能是第二级甚至更多级别的类名。例如，“汇源100%橙汁”和“汇源100%橙汁饮料”相比较，“汁”在第一个商品名中是第一级类名，在第二个商品名中则是第二级类名。在所收集的语料中，作为第二级类名出现的语言成分主要有“汁”和“果汁”等，不过，它们都是成词类名。下面通过例子详细介绍果汁饮料商品名中的第二级类名。

“娃哈哈葡萄汁饮品”，其中“汁”是这一商品名的第二级类名，可抽取出来独立使用。“乐天粒粒葡萄果粒果汁饮料”中的“果汁”是商品名的第二级类名，也可以独立使用。在所收集的323条果汁类饮料品名语料中，“汁”为第二级类名的语料有44条，使用率为13.6%；“果汁”为第二级类名的语料有26条，使用率为6.5%。仔细推敲就会发现，这种差异的形成主要在于语言经济原则的制约，一方面，从各词与其他语言成分组合情况来看，“汁”字与标明原料的词组合，相对于“果汁”与其他语言成分的组合来说更为紧密简洁；另一方面，从语言习惯来看，人们习惯果汁饮料品名以“汁”或“果汁”结尾，这种品名无须与“饮料”或“饮品”组合，也能让人知道这是一种饮料，显得更为简洁。

（3）类名空位发掘。

根据谱系建设思路可知，在经过聚集核心概念诉求、分拣整理谱系表征语词和细分谱系组配三个步骤之后，我们应该将研究向前推进一步，即扩展整合谱系。一方面，通过分拣整理和组配细分之后，我们会发现谱系某些结构存在着一些项目空档，或者是某一个具体项目存在着一些成员的空档。这种空档是我们综合考虑各种影响因素推导出来的，即说明在某些时候这个谱系的这些空档就不再是空档，逻辑上有扩展的可能。这些空档对于广告语词和谱系结构的选用有一定的指导作用。因而，空档的发掘是谱系建设极为重要的一项内容。

我们首先以果汁饮料的第一级类名为观察对象，根据广告语言语境我们发现了“露”。露的本义为露水，有5个基本义，其中，值得我们注意的是“滋润”义，还有“加入药料和果子汁制成的饮料或药剂”这一基本义。将“露”运用到果汁饮料品名的类名中，可以将“露”所具有的“滋润”功效赋予所广告的产品。从后面一个基本义可以知道“露”在一定的语境下就是指果汁类饮料。从“露”的形态来看，它晶莹透亮的特点，正好可以凸显果汁类饮料的纯净、健康和营养。现在饮料市场上也有以“露”作为第一级类名的产品，例如“花生露”、“杏仁露”、“核桃露”等，不过这些都是属于软饮料中的植物蛋白饮料。我们拟构了品名“苹果露”、“苹果果露”，在百度网站进行搜索，发现市场上有“苹果露”、“苹果果露”这一产品。从制作方法来看，它们并非果汁饮料，但是经过问卷调查发现，分别有62%和82%的受调查者将其归为果汁类饮料。也有研究者曾使用“露”字拟构了酒名“千山露”、“千山玉露”进行类别归属测试，结果分别有83.71%、78.65%的受试者认为这是一种酒产品。由此可见，“露”与不同的词语结合会让人将产品归属到不同的饮料类别，这说明随着时间的推移“露”的语义范畴变得更广，有了成为类名的资格，在具体的语境中的“露”、“果露”能够获得类名地位，成为果汁饮料的类名。

在第一级类名中，我们还发现，“饮”与标明果汁饮料区别特征的语言成分相组合，可以发展成一个词，成为第一级类名，极有发展潜力。仔细观察果汁饮料的品名就会发现，只有原料这一区别被运用得滚瓜烂熟，与类名结合较为紧密，针对原料这一区别我们拟构了“果饮”一名，测试者多认为这本就是一个词，也认为这就是指果汁饮料，因而“果饮”作为第一级类名是可行的。由此，我们可以建立以下果汁饮料品名类名谱系资源表（见表2-19）。

表2-19 果汁饮料品名类名谱系资源表

第一级类名	成词	汁、果汁、饮料、饮品、**汤**、**果饮**
	不成词	饮、浆、**露**
第二级类名成词		汁、果汁

（注：表格中的黑体字为空位词，且并没有穷尽所有可能存在的空位词。）

2. 专名

专名的特色定位，是商家区别自家商品与其他商品的根据，也是消费者选择该商品并持续消费该商品的基础。专名的特色定位一般存在两种情况：第一种情况类似于给人取名，形成的是核心专名；第二种情况则是通过专名指称标明商品的区别性特征，形成的是区别专名。

（1）核心专名。

核心专名，“是从语义学角度界定的一类名词，指在自然语言系统中给个体事物命名的表达式”。（张惠民，1995：32）这个表达式也有主次之分，占主要地位的为主专名，占次要地位的为次专名。主专名，即某一企业在生产多种产品的情况下，给其所有产品冠以统一的名称而形成的，也可以说是品牌。次专名，即根据每种产品的不同风格特征给其取上一个符合其风格特点的名称，是对主专名的补充和递进。

“重视语义是命名传统的核心因素和重要原则。不管是取材于现实语词还是创造语词，甚至是音译外国商标，语义都是首要因素。”（申智奇，2007）因此，从语义上对所收集的果汁类饮料的核心专名进行观察分析，可以将它们分为实体突显类和精神突显类。

第一，实体突显类专名。

实体突显类专名，即运用客观现实世界中的各类事物来命名商品专名，用以突显商品的信息。果汁类饮料商品名中，这类专名主要表现为以下几种：

第一种即运用物名来命名。物名即实物的名称，一般包括人物名、动物名、植物名、景观名等。

①以植物来命名。在果汁类饮料的核心专名命名中，与其他几种名称相比，植物名的运用是最为常见的。植物名的运用分八种模式，第一种模式为形容词加植物名，比如“恬美草莓”、“真鲜橙”、“真苹果”、“可人蔬”、“梦幻森林”等；第二种模式为名词加植物名，比如“浓情蜜桃”、“阳光香橙”、“奶香芒果”、“冰糖雪梨”、“果粒橙”等；第三种模式为植物名加植物名，比如“柑橘柠檬”；第四种模式为植物名加名词，比如“果蔬生活”；第五种模式为植物名加形容性词，比如“葡萄多”、“鲜橙多”、“橙好多”、“百果益”等；第六种模式为植物名加英语词汇，比如“樱桃 way”、“蓝莓 way”、“杨梅 way”等；第七种模式为英语词汇加植物名，比如“Hello－c 柚”、“Hello－c 柠檬”等；第八种模式为直接用植物名为核心专名，比如“椰树”、“山里红”。在商品名中运用植物名，目的在于让人对饮料的原料产生心理期待，引起消费者的品尝兴趣，最终引发消费行为。

②以人物名来命名。广义的人物名不但包括人物的名字，还包括人物附带的称谓名和身份名。我们所说的人物名，通常取狭义，指那些能够指向具体某一个人的名字，例如李世民、杨广、诸葛亮等。这里则取其广义，其中称谓名指说话

者对所说对象的称呼，例如爸爸、妈妈、朋友等。身份名是指能够标明人的身份的名称，例如王、公爵、公主、君主等。在果汁类饮料商品名中，用得最为频繁的人物名是称谓名，例如，“康师傅”中的“师傅”、“娃哈哈”中的“娃”、“今麦郎”中的“郎”等。当然，第一类人物名或身份名也有运用，但这样的广告语言实例屈指可数，在我们收集的语料中，使用第一类人物名的只有1个，例如，“新朝阳冰冰柠檬”中的“冰冰”；使用身份名的只有2个，例如“果粒王”中的“王”、“农夫果园”中的“农夫”。

从上可以发现三类人物名的使用有着极大差异，为什么会出现这种差异呢？先看称谓名，称谓名可以标明说话者与所说对象之间的身份关系，也可以体现说话者与所说对象之间的情感关系。例如，“康师傅”实际上是一个虚拟的称谓名，我们可以将其理解为姓“康”的一位师傅，中国人很喜欢称那些有一技之长的人为“师傅”，对这类人都带着尊敬，更甚者将他们当成某一领域的权威，对他们极为信赖，在此基础上还有着一点亲近之意。“康师傅”这一品牌旗下主要是食品，因而在“师傅”前加上一个“康”姓，让人联想到“健康”，更有利于“康师傅”这一品牌在食品领域的发展。实际上，“康师傅”能发展成为中国的知名品牌，称谓名在其中起到不可忽视的作用。

再来看看人名的使用情况，广告语言中运用的人物名一般是较为著名的人，或者是极具代表性的人的名字，例如酒广告语言中的杜康、老子、庄子等。这些人物名不仅可以提高饮料的知名度，还可以让消费者将人物的性格特点附加到商品品牌形象上，促进商品的销售。可是，这在果汁类饮料广告语言中并不常见，主要原因在于果汁类饮料在中国流行的时间不长，带有一定的时尚色彩，而古代的名人有着很深的历史积淀，不适合进入果汁类饮料的专名；政界的知名人物让人感觉严肃方正，也不符合果汁类饮料的特点；娱乐界的名人倒是很符合语境，不过，在这个领域名人更新换代非常快，名声、地位和身份的变化也极快，这与一个品牌需要长久令人信赖的形象非常不符，不利于品牌与消费者建立长久而坚实的关系。语料中“冰冰”是一个极为普通的人物名，不会像娱乐明星那样有很大变化，也没有姓氏，像小孩子的昵称，容易让消费者记住，而且“冰”可以让消费者容易联想到饮料冰凉的口感，是夏天饮料佳选，这些促使它成了饮料的专名。但是由于它不够有名，因而只能成为中低端商品的品名，发展空间不够大。

最后来看看身份词，广告语言中的身份词存在两种情况：一种是与消费者相关，指消费者现实中拥有的身份和消费者心中理想的身份；另一种是与饮料本身相关，将饮料拟人化，赋予饮料一个身份。在所收集的语料中，仅有“王”和“农夫”两个身份词被运用到饮料命名中。“果粒王”中的“王”就是将饮料拟人化，赋予了饮料一个“王”的身份，促使消费者将对“王”的一系列联想放到这种饮料上，引起消费者的好奇和购买欲望。“农夫果园”中的“农夫”，一来指出了所面对的一部分消费者是农民的人群，形成了一种身份认同感，促使这一部分人群选择这一饮料；二来对于不是农民的消费人群来说，中国“农夫”一直是非常淳朴、实在的形象，这容易获得消费者的信任；三来农民的生活给人一种亲近自然、健康的感觉，对那些重视健康、希望亲近自然、缓解压力的城市人来说，“农夫”一词正好契合了他们的心理，当然也就能够获得他们的青睐。

③以动物名来命名，在所收集的果汁类饮料品名中，仅有2例，分别为“雄鸡标”和“银鹭”。果汁类饮料与植物的联系紧密，与动物的联系相对就要松散一些。下面我们仔细观察这2个实例，用以发现动物名进入专名命名的规律。

“雄鸡标”这一品牌从20世纪50年代末期就已经开始发展，在马来亚已经非常出名。“雄鸡标”在市场上最具有代表性的产品是沙丁鱼罐头和番茄汁。“银鹭”品牌是中国的知名品牌，具有代表性的产品为系列罐头饮料。“银鹭”这一品牌的发源地是厦门，其素有“鹭岛”之称，而且其市鸟为白鹭。白鹭是和平、祥和的象征，以此命名不仅可以借助其知名度，还能够树立一个和平、祥和的企业形象，有利于企业的长远发展。从上面的分析可以发现，这两个实例的情况是不同的，前者是以制作与动物相关的食品开始，后者则研发了果汁类饮品。可见，品牌名的确定往往与开始生产的产品联系极为紧密，并非无中生有。后者是因为“鹭”在品牌发源地有着一定的文化含义，而且知名度较高，对于以此命名的品牌发展有益，可见品牌名的确立与文化背景也有着不可忽视的联系，值得借鉴。其他的物名在果汁类饮料品名中运用极少，例如自然景观名“星星”，仅有1例，这里就不详细介绍了。

第二种是以地域来命名。我们知道，地域一般不仅包括陆地，还包括水域。因而该命名模式可以分为两个小类：陆地命名和水域命名。

①陆地命名，即运用陆地的名称对对象进行命名。在果汁类饮料商品名中，将地域运用在商品名中的不是很多，在我们收集的语料中仅有几例，比如“鹭芳橙汁饮料”、“泰山黄金菠萝”和“泰山宝岛果香”等。“鹭芳橙汁饮料”中“鹭”是一个动物名，但是实际上，这个“鹭”指的是“鹭岛”。相传厦门古时有白鹭栖息，故厦门有“鹭岛”之称。因而以“鹭芳”命名就可以大大提高知名度，更能够激起厦门人的认同感。再看后两个饮料名，其中“泰山”位于山东省中部，隶属于泰安市，是中国五大名山之首，不仅风景绝妙，而且拥有极为雄厚的文化底蕴，因而泰山在中国几乎是无人不知，无人不晓，极为有名。“宝岛”是指台湾岛，中国的第一大岛，是中国不可分割的一部分。从这里看出，果汁类饮料习惯用著名的地名进行专名命名，以借助这个地名的名气促使自己的名

声广为流传。实际上，除了运用著名的地方，还可以使用其他类型的地名，问卷调查显示，有36%的人看重饮料的原料，也有3.53%的人看重生产地，所以运用原料产地和产品生产地的名称来命名也是有发展空间的。运用地名命名，需要注意地名的显著度，“显著度即显著性程度，此处的显著度包括两个方面，一是地名显著度，一是品名显著度”。（赖静，硕士论文，2011）品名显著度和地名显著度存在着此消彼长的关系，若地名本身极为著名，消费者在提及地名时首先会想到地名本身，而不是饮料，品名显著度不及地名显著度，前面所举的例子“泰山”就是这样。若地名本身没有名气，当这种饮料流行时，地名显著度就不及品名显著度。当我们将地名运用于饮料名称时，所需要做的就是消解地名显著度，获得高品名显著度，这需要考虑很多因素，这里就不一一说明了。

②水域命名，即将水域的名称运用到对象的名称中。水在各种饮料的制作中都是不可忽视的，果汁饮料也不例外。不过，以水域做专名的很少，在我们所收集的语料中仅使用了两个与水有关的词，一个词是“湖”，比如“大湖明朗橙汁”、“大湖100%桃汁”；另一个词是“河”，比如“屯河番茄汁”、“屯河杏汁”等。在饮料广告语言中，常用的与水域有关的词不止这两个，还有“池”、“潭”、“井”、“海”、“洋”、“泉”、“溪”等。利用这些名称来命名都有一定的发展潜力，主要取决于词所带给消费者的感觉，只要能让消费者感觉到水的纯净、天然无污染和生命活性高，就能从水这一方面让消费者感受到饮料的安全健康、高品质，促使消费者发生消费行为。

第三种是运用与人类的视觉、听觉、味觉和触觉相关的词来命名。例如表现味觉的“甜蜜一族”、“甜蜜果汇”、“味丹”，表现视觉的“这样紫啊”等。“甜蜜一族”和“甜蜜果汇”很明显地标出了康师傅“甜蜜”系列产品的特点，即产品味道是甜甜蜜蜜的。“味丹”原本为“味精”的一个品牌，“味”可以指“味道”、“味觉”等，而“丹”有“赤忱”一义，形容食品的味道极好。“这样紫啊”实际上是利用视觉来体现产品的功能，即暗示人们饮用了这款饮料后，视觉就会变好，觉得原来这个颜色是“这样紫啊”，还可以给人原来“这样子啊”的恍然大悟之感。

第四种是以外来词来命名，一般是结合中国的文化背景、语言的字词义和英语的发音进行翻译而形成的名称。例如“鲜芬”、“美年达”、“芳塔娜”、“美汁源”等。这种命名在果汁类饮料中很多，现在中国市场开放，对外贸易发达，很多果汁饮料也由国外流入中国市场，因而，外来词的运用也就不可避免了。

第二，精神突显类专名。

精神突显类专名，顾名思义，是指专名命名时，采用的词语主要在于突显人们的某种心理或者是某种精神追求。

第一类是契合中国人民对美好生活的祈求心理。在所收集的果汁饮料品名中，“悦活”、“三得利”、“全有”、“都乐”等都是这一类。其中，“悦活”是指一种健康的、可持续的美好生活。随着经济的快速发展和科技的进步，人类的生活痕迹已经延伸到地球的各个角落，频发的自然灾害、食品安全问题、让人难以承受的生活压力等，都让人们越来越意识到健康、可持续生活的重要性。“悦活”提醒人们它就是他们想要的生活选择。“三得利”是中国的驰名品牌，体现的主要是对某种生活质量与目标的一种诉求，坚持“企业取得利益必须回报社会，回报顾客和员工”的精神。“全有”和“都乐”从字面义就体现出其对人们美好生活的祝福。

第二类是顺应中国人民对事业成就的期待心理。所收集的产品名中“汇源”、“统一”、“强力”等属于这一类。“汇源”，蕴含汇聚人才、资源和财源之意，是“汇聚五洲英才，源通四海财富”两联首字的组合。“汇源”是一个企业名称，两个字都带三点水；而汇源主营果汁饮料，饮料属水，企业名字与产品属性相合，且寓意汇源企业能够得水而兴、源远流长，事业能够顺畅发展，红红火火。[1]“统一”可以让人联想到历史上很多帝王的统一大业，也让人感觉到萦绕其中的霸气和决心，由此可见其对于事业高峰的孜孜追求。“强力”可以让人联想到“强大有力”和“坚韧而有毅力”，同样体现了其对于事业的追求，有着面对道路上各种困难而不屈不挠的精神。

第三类是把握现代人特别重视健康养生的心理。例如，“鲜绿园”、“鲜の每日C”、“绿色庄园”、“绿力”等。“鲜绿园”是香港一家果蔬汁饮料有限公司注册的品牌，秉承着“最优果蔬，出众生活”的品牌理念。实际上，从品牌名给人的联想中也能感受到那种绿色天然、宁静悠远的果园风情，觉得这个果汁品牌特别安全可靠，健康营养，很是契合公司的品牌理念和现代人重视天然健康的心理。康师傅的“鲜の每日C”可以让人联想到新鲜的水果原料，也让人联想到饮料的功能——每天补充人体所需要的维生素C。“绿色庄园”和“绿力”是利用现在人们对“绿”这个颜色词的联想，给人以天然健康的感觉。

第四类是突显人们对美好感情的追求心理，例如“牵手”、“蜜蜜约荟”、“蓝莓之夜”、“蓝颜知己”等。“牵手”可以表现爱人之间牵手相伴一生的爱情，可以表现父母对子女牵手引导的养育之情，也可以表现朋友之间在危难之时的相互扶持，这些都是人们生活中不可缺少的美好感情。“蜜蜜约荟”则是表现了青少年男女之间的甜蜜恋爱，引发少男少女对美好恋情的憧憬；“蓝莓之夜”是一部电影的名称，讲述的是一位失恋少女在一段漫无目的的旅程中，遇到形形色色

---

① 百度百科. 汇源. http://www.huiyuan.com.cn/aboutus_culture.

的人，看到了他们的生活风景，也随着旅游的行进，增长了阅历，拓宽了视野，最后重新寻找到自己的方向，走上寻找真爱的道路，这部电影极为经典，且为人们所称道。现在用来指称果汁饮料，不仅让人一见难忘，而且让人联想到《蓝莓之夜》中少女对真爱的执着以及其中所展现的生活真谛等，引发消费者的兴趣，促使消费者进行消费；“蓝颜知己”一词是由“红颜知己”一词演变而来的，是指女性身边可以诉说心情的男性好朋友，现在用于果汁饮料名，显得新颖，同时引起女性的注意：这种饮料会不会真有那么贴心暖人的味道呢？这种好奇心的发生无疑是购买的前奏。

第五类是顺应人们追求产品功能见效快而明显的心理，如“北奇神”和“营养快线”。前者在于告诉人们此品牌下的产品效果极好，可以用“奇”、“神”来形容；后者则在于运用比喻的修辞手法告诉人们这类果汁饮料补充营养极快，就像让人快速到达目的地的快车一样。

第六类是来自对某些传统文化元素的利用。例如“水域山沙棘果汁”中的“水域山”，来自《论语》里：“智者乐水，仁者乐山。智者动，仁者静。智者乐，仁者寿。”根据广告主方面的解释，其寓意为：“做事像水一样透明清澈，真实自然；像水一样随和有序，平和清净；像水一样低缓沉稳，不比不攀。做事有山一样的气魄，巍峨伟岸，坚实果敢；有山一样的稳健，历经风雨，屹立绵延；有山一样的胸怀，包容万物，宽容仁厚。也预示着水域山企业有更高的视野、更广的思维，与自然和谐发展，实现企业的永续发展。”① 当然，从严格意义上讲，这个个案的比附多少还是有点牵强。

（2）区别专名。

区别专名，即商品名中除了核心专名和类名之外的其他成分。比如“汇源桃果肉饮料”，“汇源”属于核心专名，“果肉”、“饮料”属于类名，“桃”属于区别专名。区别专名形成的基础是商品的区别性特征，商品的区别性特征类别和项目会随着商品品类的不同而不同。果汁类饮料商品名中，除类名外，它的区别性特征会涉及原料、产地、品质、功能、形状、颜色、味道、制作者、制法、制作时间、食用场合等。当然，这些区别性特征中，有的会被商家直接运用为主专名或次专名，例如“卡依之蓝莓 way”，“蓝莓”标明了产品原料这一区别性特征，其与英语单词“way”相结合形成了次专名。这种情况就不再属于区别专名，因此不在此进行研究。那么，我们应该怎么判断商品的区别性特征形成的是区别专名，而非主专名或者次专名呢？这与它们各自对产品指认的强弱程度有关，比如，“卡之一蓝莓汁”中的“蓝莓”与“卡之一蓝莓 way”中的“蓝莓”进行比

---

① 百度百科．水域山．http：//www.shuiyushan.com/index.php？cnum＝1．

较，从语言角度看，“蓝莓汁”的结合紧密程度不如“蓝莓 way”，前者若将“蓝莓”与“汁”分开，它们的含义并不会与分开前有什么变化，而后者若分开后则与分开前相比，含义就有了很大的区别。从“蓝莓”这个词的功能来看，第一个“蓝莓”的作用只是指出了饮料的原料，而第二个“蓝莓”则在指出饮料所用原料的基础上，还让人很容易联想到“卡之一”这个品牌。因为“蓝莓汁”并不会独属于某个品牌，但是“蓝莓 way”则更可能独属于“卡之一”这个品牌，对产品的指认程度要强于前者。

下面我们对果汁饮料的区别专名的用词进行统计，并且依据语义这一标准进行分类研究，以清楚地观察果汁类饮料品名区别专名的用词情况（见表 2－20）。

表 2－20　果汁类饮料区别专名词种谱系表

原料	蔬果	橙、蜜桃、梨、葡萄、石榴、番石榴、苹果、芦柑、柠檬、荔枝、草莓、番茄、杨梅、杏、樱桃、西柚、菠萝、芒果、提子、黑加仑、梅、枣、沙棘、凉瓜、蓝莓、胡萝卜、蔓越莓、水果、果蔬
	品类	紫玉、水晶、红、白、紫
	产地	巴西
品质		天然、经典、纯正、原汁、超级、野生
对象		儿童
功能		减脂
感觉	生理	甜、鲜、清、浊
	心理	爽
含量		100%、30%、36%
方法		复合、混合、冻、浓缩、脱色、脱酸
包装		礼盒装、喜庆装、大礼装
其他		果粒、果肉

从上表可见，各类果汁饮料名区别专名成分所涉及的语义类别比较广泛，至少涉及 8 类，如制作果汁所需的“原料”，原料的“品类”、“产地”，果汁的“功能”、“品质”、“感觉”，饮用的“对象”，果汁的“含量”，果汁制作的“方法”等，下面我们对各类区别专名的用词情况进行具体分析。

①原料。几乎所有果汁饮料的区别名都涉及原料。大多数区别专名在于指出水果的种类，让消费者对饮料的味道和所含营养等方面有所期待，例如“葡萄

汁”、“橙汁”、“番茄汁”等。有的说明原料的产地，意在让消费者对原料产生信赖的感觉，例如“卡之—巴西樱桃汁”的“巴西”。有的意在说明同种原料品类的不同之处，这种情形，一方面是适应消费者需求和市场细化的必然趋势，另一方面是产品自身求新求变的必然结果。例如葡萄汁会有“红葡萄”、“白葡萄”、“紫玉葡萄”、“水晶葡萄”、“紫葡萄”等，有的消费者对于同种水果的品类极为讲究，而且同种水果的不同品类确实在味道和营养方面有一定的区别，这样标明同种水果的不同品类，有利于消费者进行选择，促使服务更为贴心，更为全面且深入。

②品质。在所收集的果汁饮料广告语言中，运用到的品质类区别专名包括四类，即名词性词语、形容词性词语、副词性词语和动词性词语。其中，名词性词语主要在于表现果汁的天然特征，例如“原汁”等；副词性词语在于表现品质的优劣程度或等级位次，例如标明等级位次的“超级”；形容词性词语通常极力表现原料和果汁饮料有益于健康的这一特点，常常用到“经典”、“天然”、“纯正”等词语；在所收集的语料中，动词性词语的区别专名仅有一个，即运用由表现原料天然的“野”与动词“生”组合，用来标明果汁原料的天然健康。

③对象。饮料在确定销售人群时，从另一个角度来说，即是确定了饮用饮料的对象。不同的消费者在饮料方面有着不同的要求，通常可以按照年龄、性别、职业等因素来将人群分类，商家可以研发符合各类人群的产品，完善服务，挖掘饮料发展潜力。在所收集的果汁类广告语料中，仅有一例使用了“儿童”这一对象区别专名。由此可知，在果汁类广告语言这一范畴中，对象区别专名还有很大的发展空间。综合考虑，我们发现女士、女生、女孩、少女、男士、男生、男孩、名流、白领等都可以成为区别专名，用以标示果汁饮料的对象。

④功能。在所收集的果汁类广告语料中，仅有一种饮料“雄鸡标减脂椰浆”标出了“减脂”这一功能，契合了某些消费者希望减肥但又害怕增肥的心理，促使消费者发生购买行为。可能因为市场上有专门的运动功能类饮料，因此功能区别专名在果汁类广告语言中运用极少，但是我们不可否认，不管什么饮料都有一定的功能，只不过在功能数目和功能侧重点上存在着区别。我们完全可以发掘更多的功能，并且将之应用为饮料的区别专名，促使饮料更加适应消费者的需要，适应饮料差异化的市场需求。结合果汁饮料的功效和消费者心理，我们发现美容、美颜、开胃、健胃等词语可以进入果汁饮料品名，对功效这一特征进行标示，使其成为区别专名。

⑤感觉。果汁类品名的区别专名中，描写感觉的词可以分为两种，一种是生理感觉，一种是心理感觉。其中，果汁类饮料在生理感觉的诉求上，通常是味觉，例如“椰树”品牌旗下的果汁饮料“甜苹果冻饮”，标出了果汁的味道。当

然，还可以从人的嗅觉、触觉、视觉等入手，表现出果汁饮料各自的区别特征，占有属于自己的市场。例如，“清”、“浊”就是从液体的视觉角度进行区别特征标示，形成自己的特色，吸引消费者。在生理感觉这一区别特征中，从果汁饮料的口感入手，发现可以运用“醇”、“醇厚”、“冰”等。从味道入手，不仅可以运用酸甜苦辣等直接体现味道的词语，还可以使用一些可以引发人们美好味道联想的词。根据语境和语言成分的特点，我们发现“蜜”能够很好地运用到果汁品名中。

在人类心理感觉这一区别特征中，我们可以发现“乐”、“酷”、“劲”，将它们与标示原料的区别专名组合后再和类名相结合，可以形成对消费者心理感觉进行诉求的品名，例如，“苹果乐汁”、“苹果乐饮”等。这些品名都能在一定程度上引起注重心理感受的消费者的兴趣。

⑥含量。果汁类饮料的商品名中值得注意的一种现象是百分比的使用，“100%”、“30%”、“36%”等都有使用，例如，“经典100%果汁”、“淳果篮100%紫葡萄汁”、“汇源果鲜美36%复合果汁”、“农夫果园30%混合果蔬”，尤其是“100%”这个百分比使用的频率远高于其他的百分比。果汁的含量直接关系到果汁饮料的口感、味道、营养等，因而果汁含量的高低也就成了消费者选择饮料的一个标准。

⑦方法。随着时代的发展，人们的健康观念越来越深入生活的方方面面。在选择饮料时，有人喜欢一种水果制成的果汁，认为这样保留了这种水果营养的纯度和其独有的味道。有人喜欢几种水果制成的混合果汁，认为喝一瓶混合果汁饮料，就是吃了几种水果，能够实现自己摄入丰富营养的要求。现在科技发达，处理水果制作饮料的方式多种多样，有的方式会引起消费者的兴趣或信任，令他们产生尝试的意图。尤其是当这种方式获得消费者的认同时，就会建立起一个长期的交易关系，直到这种方式有了其他品牌使用或是被其他更为先进的技术取代。例如“椰树甜苹果冻饮”的“冻”字表明了饮料在制作上的特点，能引发消费者注意；“脱色”能够引起那些注重饮料色泽的消费者注意；而“浓缩”则正好顺应了某些喜爱浓度高、口味重的消费者；“脱酸”则符合某些不喜欢酸味并且讲究天然健康的消费者要求。可以想见，这一块有着很大的发展空间，值得我们重视并且深入挖掘。

再看看其他区别专名，有指果汁饮料所含成分的，例如，“乐天粒粒橙果粒果汁饮料”中的“果粒”，就标明果汁里面含有一粒粒的果肉，相对于那种大块果肉来说，口感更为细腻，很受人欢迎。也有标示包装的区别特征的，都从侧面表现了饮料的使用场合，例如“大礼装”、“喜庆装”等。除了上面所提到的那些区别特征，饮用场合、饮用时间、果汁色泽等区别特征却形成了空档，还有一些区别特征开发不够，还存在空位，这些都值得我们关注并挖掘。下面以人类感觉方面的区别特征进行详细介绍。

二、商品名组配模式

根据各结构成分是否出现及相同结构成分所处的不同位置，可将酒名的结构模式归为以下几种：

1. 主专名+次专名+区别专名（+类名）

相对于其他模式来说，这种命名模式的组成成分最为全面。在所收集的323条果汁饮料品名中，有41条使用这种模式，约占12.69%，位居第三。从语言的经济原则看，它不是特别减省的，但为什么还是受到广告主的喜爱呢？在这41例果汁饮料品名中，有17例为混合果汁，其中仅有3例没有使用类名，仅占17.64%，例如“康师傅每日C金橘柠檬”；余下24例果汁饮料中有7例缺省类名，占29.16%，例如“康师傅每日C黑加仑”、“康师傅每日C红芭乐”。由此可见，果汁饮料的类型是影响命名的一个因素。从品名的地位看，品名是最先向消费者传递产品信息的广告语言，有着极为重要的作用。现在市场上的果汁饮料品牌、饮料系列极多，某种产品需要依靠自己与同类产品的差异性来争取消费者的认同。因而，商家都会尽可能地让自家品名承载更多信息，让消费者从品名来了解产品的不同之处。实际上，语言习惯也是一个较大的影响因素，例如，果汁饮料中的橙汁，总是需要与其他成分相结合，大多数都是与类名组合，比例为87.14%。

2. 主专名+区别专名（+类名）

这也是各类酒产品普遍采用的命名模式，在所收集的广告语料中，有161条使用这种模式，占49.85%，如“乐天100%橙汁”、“牵手经典100%果汁”。这类品名的特点在于言简而意丰，不仅让消费者对于饮料品牌一目了然，而且明确点出了品牌的区别特征，加之该模式符合人们的认知心理，便于消费者接受。

3. 主专名+次专名（+类名）

这种命名模式实际上类似于第二种模式，不过前者在于打造品牌的专属特色产品，后者在于强调自身品牌的产品特点。这一模式运用的频率仅次于第二类模式，有91例，占所收集语料的28.17%，例如“娃哈哈营养果粒”、“娃哈哈问候阳光”。

4. 区别专名（质料）+类名

如“浓缩梨清汁”、“脱色脱酸梨清汁”、“成品浓缩梨清汁”等。以这种结构模式命名的多见于一些专门做果汁饮料的企业，大多数属于初加工，并不需要直面消费者，也就无力将企业打造成人尽皆知的品牌。然而，实际上是他们缺少明确的品牌意识，往往直接以“质料+类名”作为酒名，在所收集的323例品名中，有18例属于这种模式，占5.57%。

5. 主专名（+类名）

在所收集的果汁产品品名中仅有2例使用这种命名模式，占0.619%，处于劣势地位。如“休闲农庄”、“开心果园”。

6. 主专名+区别专名+类名+区别名

这种命名模式使用率也较低，在所收集的语料中仅有9例，占2.79%，例如“乐天橙汁100%”、“汇源桃汁100%”。

7. 主专名+类名+次专名

在所收集的语料中仅有2例使用这种命名模式，占0.619%，即“娃哈哈营养快线——幸福牵线”和“牵手100%果汁——牵手一生”。

以上是所收集的果汁饮料广告中品名的组配模式，按照使用频率进行排序，各种模式的区别和优劣一目了然。

三、广告诉求点的分类研究

广告诉求点，“是指某商品或服务在广告中所强调的、企图劝服或打动广告对象的传达重点”①，简单地说，即广告向受众所极力突显和展示的自家商品的区别性特点。广告诉求点依照广告诉求的立足点来分，可以分为产品诉求点和消费者群体诉求点，前者以产品为基础进行诉求，后者以消费者的特征特点进行诉求。根据广告诉求的方式可以分为理性诉求点和情感诉求点，前者是通过诉求消费者的情感或情绪来达到宣传商品和促进销售的目的；后者则是通过诉求消费者的理智来达到自己的目的。前面分类方法形成的类别之间不具有绝对界限，同一个诉求点会因为分类角度不同而属于不同的类别。本节根据广告诉求点的层级，将诉求点分为三级，第一级是无差别诉求点，第二级是特征诉求点，第三级是形

---

① 百度百科. 广告诉求点. http：//baike. baidu. com/view/974473. html.

象诉求点。

1. 无差别诉求点

无差别诉求点，是指广告语言突显传达的重点是同类商品中都能够拥有的基础点，具有抽象性，在受众的印象中不具有好坏、高低之分。

任何商品的生产都需要原料，都运用一定的制作方法，才能够生产出产品。没有原料也就没有了生产产品最为基础的条件，没有制作方法，原料也就不会发生变化，成为产品。光是“原料”、“方法”、“技术”这些词并不能让人知道它的好坏、优劣、高低等，因而其属于无差别诉求点的范围。以果汁饮料的原料为例，原料通常是水果、蔬菜之类，有的消费者偏向于蔬菜，有的则偏向于水果，这种态度的不同并不是“原料”带来的，而是“蔬菜”、“水果”带来的，因而“原料”属于无差别诉求点，而“水果”、“蔬菜”则不属于这类诉求点。

商品生产出来之后，就都具有一定的外观、品质和功能效果，这些词本身都不能够促使消费者对产品产生好坏、优劣的联想，也属于无差别诉求之列。同时，我们知道只有流通在市场上的劳动产品才能够成为商品，是商品就具有一定的价格、生产时间、生产地、销售地、市场、使用方法和使用对象等，这些都属于无差别诉求范围之列。我们从商品所具有的属性、产生过程等可以知道，原料的选择、产品的制作、产品的功能、产品的销售、产品的使用等几个方面是商品存在不可或缺的组成部分，因此无差别诉求点可以从以上几个方面发掘、归纳。以果汁饮料的原料为例，原料的种类、产地、味道、气息、品质、所含成分、外观、功能效果等，这些名性词本身都属于无差别诉求点。无差别诉求点的功能在于给广告诉求提供平台，因而是其他诉求点存在的类别基础，具有一定的研究价值。下文的特征诉求点和形象诉求点分析研究都是以无差别诉求点为平台进行的。

2. 特征诉求点

特征诉求点是指广告语言中强调突显商品的某些特色、特征。下面以果汁饮料为例，从产品的原料对特征诉求点进行分析归纳。从上文我们知道果汁饮料原料的无差别诉求点主要有种类、产地、味道、气息、品质、所含成分、功能效果等。

在果汁饮料广告语言中，通常是用具体的水果蔬菜的名称进行原料种类的诉求。例如“水晶葡萄”、“蜜桃”、“沙棘”等，本身就向受众传达了这款产品的味道、气息、外观、所含成分、功能效果等一些特征，即他们都属于从原料种类入手进行特征诉求。

原料的产地通常运用具体的地名进行广告诉求。例如“海南”、“巴西”、“法兰西”等，它们会向受众传达这些地名的经济文化、风俗习惯等方面的信息，而这些会引发某些受众的信任感和好奇心，且将对地名的感觉迁移到原料之上，引发受众相应的行为。还有一种情况，就是广告语言通过对原料产地的形容进行特征诉求。例如椰树牌的果汁广告“果源‘水当当’”，“果源”并不属于特征诉求，而属于无差别诉求，“水当当”则是对原料产地的特征进行诉求的，实际上也是对原料品质的间接诉求，既强调“果源”的好，又间接告诉受众水果品质的“水当当”。

原料的味道通常运用形容词进行诉求。例如统一果汁饮料广告语言“甘甜金橘”，就是运用“甘甜”来形容原料的味道，对原料的味道进行特征诉求。“甘甜”除了对原料味道的特征进行诉求，还向消费者传达了这款饮料的原料质量、果汁饮料的味道等方面的信息。

原料的气息通常运用名词或形容词进行广告诉求。例如“奶香芒果”，就是运用名词“奶香”对原料“芒果”进行气息方面的特征诉求，对于某些特别重视气味的受众来说，这一诉求是非常符合他们的想法的，而且“奶香”也能够从某一方面体现出芒果的质量。对于有的受众来说，芒果拥有“奶香”很是新奇，于是在这种好奇心理的驱使下开始实施购买行为。例如“浓香牛奶”，“浓”就是运用形容词对原料气息的强弱这一特征进行诉求，因而引起某些喜欢牛奶香味受众的注意。

原料的外观特征诉求通常是运用形容词进行的。例如康师傅酸梅汤的广告语言“果圆紫红”，其中“圆”是对杨梅的形状特征进行诉求，而“紫红”则是对杨梅的颜色进行了强调。从原料的形状和颜色角度，间接地告诉受众原料的好品质，且让受众在心中形成了有关原料的画面，使受众对原料的品质有了直观的认知。

原料的品质通常运用形容词进行特征诉求。例如营养快线广告语言“纯正水果”，“纯正”就是用来突显这款饮料的原料的品质特征，强调水果绝对是正宗的，没有经过人工催熟或是其他人工处理的水果，天然而有益于健康。也有运用名词对原料的品质特征进行诉求的，例如北奇神的广告语言“绿色天然”，“绿色”就是用对原料的品质进行特征诉求的，强调北奇神品牌的产品原料是极为安全健康的。

原料所含的成分通常是运用成分的名称和其他词组合进行诉求的。例如“富含花青素”是由营养成分“花青素”与副词“富”、动词“含”组合在一起，对原料中所含成分和成分的分量这两个特征进行诉求。“VC 超多”是营养成分“VC”与副词“超”、形容词“多”组合，对原料所含成分的含量特征进行突显。“丰富的蛋白质”是营养成分“蛋白质”与形容词“丰富”进行组合，强调原料所含的成分和成分的分量特征。

原料的功能效果通常是使用形容词进行特征诉求的。例如“甘甜的金橘搭配清新的柠檬，温润滋养”，其中，“温润滋养”就对金橘和柠檬的功效进行了强调。

实际上，与原料相关的诉求点远不止这些，更不要说其他方面的诉求点了，因而只要我们不断挖掘，就会发现别人没有发现的空档，实现吸引潜在受众的目的。

3. 形象诉求点

形象诉求点是指商品广告对商品形象进行传达时所重点展现的特征点。商品形象可以通过很多渠道进行传达，例如包装设计、宣传活动、公益活动等。那么，广告语言又是如何实现对商品形象进行诉求的呢？我们先看商品形象，首先，它不是一朝一夕就能形成的；其次，它是由商品最为突出的特征和给人印象最深刻的特征传达给受众印象的；最后，它的形成与商品所定位的消费人群有着密切的关系。下面以果汁饮料广告语言为例，对形象诉求点进行分析。看例子：

（1）康师傅每日C橙汁饮品，阳光鲜橙，自信飞扬。——康师傅

（2）康师傅每日C水晶葡萄，水晶葡萄，甜蜜清新。——康师傅

（3）康师傅每日C红葡萄，浓郁葡萄，活力动人。——康师傅

（4）用心榨取天然阳光水果的汁液，加入精选香果的饱满果粒，体会喝“水果”的美妙过程，自然营养更丰富。——美汁源

例（1）中“自信飞扬”实际上就是商家对自家产品形象的直接定位。同时，它的运用使果汁饮料有了人的色彩，也是对某类消费人群的情感诉求。“自信飞扬”一般会让人联想到充满自信和活力的青少年人群，因而我们可以想到这款产品的目标人群是哪些人。例（2）中“甜蜜清新”是对水晶葡萄的味道进行诉求，这点是商家强调的最重要特征，因而也成了人们对果汁饮料印象最深的一点，即成了商品的形象，成了形象诉求点。例（3）“活力动人”的情况与例（1）的情况很是相似。例（4）用“用心”、“精选”两个词向受众强调了商家的严谨、真诚的形象，让人觉得安全可靠。

上面详细阐述了三类广告诉求点，我们可以发现它们之间的差异。首先，它们各自的功能不同。第一级诉求点在于给广告语言诉求提供平台，第二级诉求点在于阐述、解释第一级诉求点，第三级诉求点在于将第二级诉求点给消费者的最

深刻印象突显出来。其次，它们各自的成员都有着自己的特点。第一级无差别诉求点的成员都是名词，第二级特征诉求点的成员囊括名词、动词、形容词、副词等实词类别，第三级诉求点的成员几乎都是形容词或词组。最后，它们各自对商品的指认度也是不同的。由于各自成员的主客观程度不同，因而它们的商品指认度也存在差异。第一级诉求点对商品的指认度最低，第二级诉求点对商品的指认度较高，第三级诉求点对商品的指认度最高。在所收集的245条果汁饮料广告语言中，有232个名性词语，占有很高的比重，名性词语在广告语言中的作用可见一斑。

第三章　形容性序列谱系

第一节　电脑广告形容性谱系[①]

一、隐性层级特点及形容词的应对

1. 电脑广告语言的隐性层级特点

电脑广告语言的隐性层级特点是指在电脑广告语言的显性层级下各层级间的语言表达存在相互的语义观照，隐性层级特点的基础是电脑广告语言层级的显性特征。由于隐性层级是层级间的语义关联，具有语义的跨越性，广告语言的语义关联并不一定是严格地从品牌到系列再到单机进行划分的，一级广告语言有可能是同三级广告语言的语义相关联，所以隐性层级数和显性层级数不一定相同。

2. 隐性层级与形容词的语言应对

作为描述性的词语，形容词在广告语言中有着举足轻重的地位，层级间的语义关联是电脑广告语言产生隐性层级特点的主要原因。因本节主要研究电脑广告语言中形容词的使用，所以将重点讨论显性层级间形容词的语义关联及语言应对情况。语言应对是屈哨兵在《广告语言方略》一书中提出的广告语言策略，它是指“在广告运动中，因受市场、消费者、文化模式等因素的影响，广告语言作出的一种与商品/服务相关的指称、暗示与表现”。（屈哨兵，1997：11）在电脑广告语言中，形容词的使用频率高，涉及范围广，层级间的语义关联强，语言应对及关联模式丰富，以下将作更为细致的分析研究。

（1）语言应对及关联模式一：同现呼应式。

电脑广告语言的统计项目通常由三个部分构成：一级广告语言，二级广告语言，三级广告语言。前两级主要由口号与标题式的语言组成，三级广告语言既有口号标题，也有广告诉求的正文。在各层级的广告语言中，形容词的同现使用情况主要集中在二、三层级中。究其原因，可能是在电脑广告语言各层级的诉求重

---

① 本部分作者李恒华，摘自李恒华硕士学位论文（2011）《电脑广告语言层级分析及形容词的个案分析》，章节标号有改动。

点不一样，一级广告语言主要针对的是整个品牌的推广，二级广告语言主要涵盖本系列产品的主要特点，而三级广告语言更多的是推广本系列产品中的龙头产品。由此可见，各层级的广告语言在形容词的选择上肯定会有差异，但若对整个品牌、系列产品主要特点的诉求都一致，选择的形容词就会相同，就可以起到强调的作用，不断对消费者进行同样诉求点的推介，加深他们对产品特点的印象。表 3 -1 列举的是电脑广告语言中的同现现象。

表 3 -1　电脑广告语言同现现象

电脑品牌	一级广告语言	二级广告语言	三级广告语言	同现词
联想 Lenovo	人类失去联想，世界将会怎样	超便携，跨越轻、薄	便携、耐用、快速、安全	便携
华硕 ASUS	华硕品质，坚如磐石	纤薄时尚，内外都绽放光彩	小尺寸，大可能，纤薄小巧、强大双核功能	纤薄
宏碁 Acer	我信我选，宏碁电脑	黄金品质，卓越效能	全新 ID 设计，更卓越的多媒体效能	卓越
方正 Founder	方正电脑，彰显个性	全程安全，绿色环保，人文易用	方正君逸 M580 集安全、稳定、易用于一身	安全
清华紫光	千雕万琢，明哲惟睿	澎湃动力，大器天成	酷睿处理，澎湃动力，画面更逼真、更细腻	澎湃
惠普 HP	惠普电脑，掌控个性世界	迷你外形，轻盈移动	小巧、轻盈的 mini 笔记本电脑，您的理想伴侣	轻盈

以上列举的只是众多电脑广告语言中个别品牌的部分层级广告语，但表现出的各层级间形容词的重现情况还是比较突出的，重现的形容词大多是对电脑产品的主要特点进行描述，比如笔记本电脑的便携、小巧、轻盈的特点，商务电脑安全的诉求以及台式游戏电脑对处理速度、动力澎湃十足的诉求等，对于这些要着力突出的特点，电脑广告语言设计者针对不同品牌都不约而同地采用了词语同现的语言应对策略。但同时我们也发现，在列举的广告语言样本中，没有出现形容词在三个层级的广告语言都同现的情况，只是更多地集中在第二、三层级中，究

其原因可能是各个层级的广告语言所担负的职责不同。屈哨兵在研究楼盘广告语言的专名特征词时曾提出“虚与实”的概念，我们认为这一观点在此处同样适用。一级广告语言主要是宣传整个品牌，涵盖面广，发散联想式的词语，而且多用动词和名词，作为主要面向大众的广告宣传语言，意在对消费者购买行为进行指导。而第二、三级广告语言主要是针对具体的系列产品，甚至是某一型号的电脑，其诉求点大多是具体而细微的、可知可感的具象形容词，如强调携带便利，外形纤薄，具体操作时动力足、速度快等特点。形容词的同现使用作为各层级电脑广告语言的一个特点，虽然使用得不多，但这样的语言应对无疑会加深消费者对产品某一特点的印象，这在差异化不明显的电脑市场将是一个有利的广告语言应对模式。

（2）语言应对及关联模式二：同义呼应式。

同义呼应是电脑广告语言应对及关联模式的一种，是指在各层级的电脑广告语言中，有词义相近的形容词在各层级中彼此呼应，表达一种相同的诉求。词义相近且彼此呼应的现象在广告语言中比较常见，相关学者也做过类似的研究。如屈哨兵对楼盘名称和楼盘广告语言的配值特征词进行分析及相关类别的研究时就提出了特征词互现的问题，“金豪嘉苑——金色水系，金质生活；就这样精彩，就这样享受”。其中，特征词“金色”和“金质”对“金”系作了意义相近的配值处理，提高了品牌的诉求值。（屈哨兵，刘惠琼，2009：121）形容词在电脑广告语言中的使用率高，对于产品同一特点进行宣传而使用的形容词除了上文提到的同现策略外，还经常使用上一层级中的同义形容词，从而在不同层级中形成语义呼应，加深消费者的印象。表 3－2 列举的是电脑广告语言同义呼应的现象。

表 3－2　电脑广告语言同义呼应现象（例选）

电脑品牌	一级广告语言	二级广告语言	三级广告语言	同义词
联想 Lenovo	人类失去联想，世界将会怎样	时尚超薄，长效续航	U 闪耀，全能风尚轻薄本	超薄 轻薄
联想 Thinkpad	人类失去联想，世界将会怎样	终极移动图形工作站	移动工作站的顶级典范	终极 顶级
东芝	leading innovation 引领革新	盈炫进化，风姿再临	炫彩新品	盈炫 炫彩

（续上表）

电脑品牌	一级广告语言	二级广告语言	三级广告语言	同义词
华硕	华硕品质，坚如磐石	小巧精悍，超强节电	灵巧机身，强悍性能	小巧 灵巧 精悍 强悍
		数字家庭，唯你视听	视听中心唯我独尊，影音享受无界限	唯你视听 唯我独尊
宏碁	我信我选，Acer 电脑	劲爆游戏，逼真体验	强劲娱乐效果，画面品质栩栩如生	劲爆 强劲 逼真 栩栩如生

上例只是电脑广告语言中很小的一个部分，但从搜集的语料来看，层级间特别是第二、三层级间同义词的出现频率还是相当高的，主要有形容机身的“轻、薄系列——轻便、轻巧、灵巧、灵便、纤薄、炫薄”等；描述产品品质、性能方面的“强、全、快系列——强劲、劲爆、强悍、精悍、彪悍、全面、完美、澎湃、超强、终极”等；描述产品颜色的“炫、酷系列——炫彩、炫亮、酷彩、盈彩、绚丽、酷炫、流光溢彩、逸彩”；还有形容单种色彩的“炫/酷红、炫/酷黑、炫/酷绿、炫/酷银、炫/酷粉”等，当然这些都不是同义词，但为什么会在电脑广告语言中集体出现这样的词汇，则是值得关注和研究的一种现象。由此可见，同义形容词在电脑广告语言中的使用频率是比较高的，针对不同的产品诉求点就有一系列语义相近的词语。这些形容词可分为两类，一类是平时比较常见的，我们称之为常现词，如“完美、便携、灵巧、全面”等；另一类是在一般语言环境中比较少见的，具有一定的新词新语特点，我们称之为新现词，如“炫/酷系列”、以“形容词+颜色词”或“名词+颜色词”等格式出现的颜色描述词语“璀璨白、银河黑”等就属此类。

（3）语言应对及关联模式三：阐释关联式。

阐释关联式是指在电脑广告语言中后一层级的广告语言对前一层级的主要特征词语进行更加详细的阐述，起到进一步解释说明的作用。这种广告语言应对模式的主要特点是上一层级的主要特征词或诉求点向下一层级辐射扩散，在补充说明中让消费者更加了解产品的性能、特点、参数配置等信息详情。表 3－3 列举的是电脑广告语言中语篇关联的现象。

表 3-3　电脑广告语言语篇关联现象（例选）

电脑品牌	一级广告语言	二级广告语言	三级广告语言	中心关联词语
宏碁	我信我选，Acer 电脑	AcerPower 系列：三合一黄金基准，创新典范	AcerPower2000： 轻巧——轻巧体积，大小只有一般 PC 的 1/10 静音——运作时仅 26 分贝，超静音，更省电 散热——独家对流散热技术，系统更稳定	三合一 创新①
联想	人类失去联想，世界将会怎样	IdeaCentre A 系列：七星级娱乐旗舰	A700-尊贵型：海豚背优雅设计，尊贵超空体验，尊享奢华 A3：至清至薄，倾城之恋。（采用超薄设计，芭蕾曼妙曲线的 A3 系列，令科技与时尚完美融合，令数字家庭生活绽放时尚奇葩）	七星级
TCL	科技，取悦你	一体机系列： 让你在无微不至的关怀中感受创新的科技	V22010： 创新设计：一体式支架，一体式背板，时尚外观 设计细节：整体采用高亮黑色边框配以银色套边，细腻的细节处理，简约而时尚。支架可倾斜、可调节，用角度关爱你的眼睛。面喇叭隐藏式设计，使整机更加简洁、时尚 功能特性：时尚科技，数字生活。让你随心所欲，演绎你的个性与魅力	取悦 无微不至 创新
海尔	一个世界，一个家	娱乐 T 系列：无线精彩耀群享	T628： 绚丽影音耀声色·超强性能耀出色·炫酷设计耀风尚（无线 WIFI，无限共享乐趣！采用英特尔 MY WIFI 技术，笔记本与路由器合二为一，轻松建立个人无线局域网，一人交费八人享受，即刻尽享多人游戏对战与多人共享外设的乐趣）	无线 精彩 耀

① 中心关联词语“三合一”、“创新”是对三级电脑广告语言“轻巧、静音、散热”三种主要创新功能及其语篇的关联，比“轻巧、静音、散热”的技术更出众，是创新的典范。

从以上节选的部分品牌的部分层级电脑广告语言中我们不难发现层级间阐释关联的特点，如AcerPower 2000作为该系列的主推产品，它这一层级的广告宣传语言就比较好地诠释了该系列“轻巧、静音、散热”的“三合一”的产品特点及独家的技术创新领域。而在联想电脑中作为以娱乐配置著称的IdeaCentre A系列，该层级的广告语言极其凝练——“七星级娱乐旗舰”，后一层级的单机产品的广告语言则是围绕“七星级”做文章，“优雅、尊贵、奢华、奇葩”无不体现了这一产品的高端娱乐享受。TCL这款一体机系列的广告语言，恰到好处地诠释了一级广告语言“科技，取悦你！”的品牌内涵。在海尔的娱乐T系列广告语言中，“无线”与“无限”同音，所以就有了“影音、性能、设计”方面对“精彩”的补充，而且都用了程度较强的形容词去修饰。虽然节选的语料较少，但通过这些分析我们似乎可以窥一斑而知全豹，了解电脑广告语言层级间语言应对及关联模式的一些特点。

二、高频形容词“时尚”的关联模式及变体分析

1. “时尚”的消费特征

“时尚”在《汉语大词典》中的解释是：当时的风尚，时髦。既可以作名词，也可以作形容词，饰人饰物皆可。在所统计的语料中，“时尚”的出现频率较高，共计75次，其中作为名词出现31次，作为形容词出现40次，活用为动词出现4次。众所周知，“时尚”一词不仅在电脑广告语言中出现频率高，而且在其他品类的广告语上也运用广泛，广大消费者对“时尚”一词的接受度也很高，究其原因，有相关学者专门就中国时尚消费的特征做过研究并认为有如下特征[①]：①科技化。时尚消费科技化首推IT数码产品，它已是我们日常生活和工作的重要必需品，而大量的时尚产业也正是依托电脑等高新技术手段的快速发展而出现的（如动漫、游戏、影视等）；②群体化。即时尚成为划分社会阶层的角色，不同阶层的人对时尚的追求也不一样，最终导致了不同群体时尚指数的差异；③地域化。城市规模大、经济实力强和开放程度高的一线城市，其时尚消费水平普遍比二、三线城市高；④娱乐化和品牌化。就以本节相关的电脑产品来讲，其娱乐化和品牌效应就非常突出，甚至成为消费者购买产品与否的重要参考指标。

---

① 佚名．中国时尚消费的特征．百度百科．http：//baike. baidu. com/view/5519. html.

2. “时尚”在不同语境下的语义指向及关联模式

“时尚”作为电脑广告语言的高频词，在不同的语境中分别有着不同的语义指向，在不同的广告语中与其他词种及具体的诉求点结合构成不同的关联模式。以下将通过几个例子说明：

上网随心所欲，轻巧使用，领先的技术，设计时尚生活——三星便携上网本N系列

这里的“时尚”指向消费者的生活，具体是指向消费者使用商品的感觉。意即使用这种便携轻巧的上网本，凭借领先的技术，可以享受到自己设计的时尚生活，或表示使用这样便携的上网本设计自己的生活带来的时尚感。其关联模式可以为：①轻巧使用、技术领先→三星N系列是便携的上网本→上网随心所欲→设计时尚的生活；②轻巧使用、技术领先→三星N系列是便携的上网本→上网随心所欲→设计自己想要的生活→这种感觉很时尚。

精美外观，极致纤薄，对于功能性的追逐更胜一筹，为您带来时尚、不凡的使用体验——华硕U81A

这里的“时尚”语义指向明确，指向消费者的使用体验，属于消费者感觉评价词。本条广告语言的诉求点较多，有外观、功能和使用体验，所用的形容词或形容性词语也较多，有“精美、极致纤薄、时尚、不凡”，但只有一个核心诉求点即使用体验，其他的都是为使用体验这一核心诉求点服务的。关联模式为：外观精美、纤薄→功能更胜一筹→拥有时尚、不凡的使用体验。

时尚科技，演绎你的个性与魅力——宏碁一体机系列V22010

在这条广告语言中，“时尚”指向科技，表示科技的“先进、前沿”等意思，属于对商品属性、性能的评价词，是一种评价等级，即在这款电脑中采用了先进时尚的高科技，让你在使用电脑时随心所欲，不受束缚，可以尽情表现自我。关联模式是：技术先进→使用电脑时随心所欲→一体机V22010内含时尚科技→自由地展现个性与魅力。这条广告语例关联模式较为复杂，它不是直接用产品特性来吸引消费者的注意，而是采用构成产品性能的重要部分——科技作为广告语的关键诉求点。看到这条广告语言，人们会调动百科知识来联想进而感受到

商品的优越性能。由“电脑需要配备先进的技术”联系到“有先进技术的电脑可以给人们带来更大的便利，使用更加自由，展现个性与魅力”。这是由局部到整体感知的关联。

时尚魅影，青春我做主——华硕 E 系列

这条广告语言语境隐含较深，关联较为复杂，不易理解。首先分析“时尚”的语义指向“魅影”。“魅影”：①用来形容人的美丽的影像、身影等，那么“时尚”就是指向消费者，与后面的广告语联系，可以对该广告语言的关联模式作一个联想：使用华硕 E 系列的笔记本电脑→潇洒自如→拥有迷人魅影→拥有自由美好的青春年华；②拟人用法，形容该系列的笔记本电脑外观漂亮，色彩绚丽，拥有迷人的“身影”。此时，“时尚”就指向了电脑，属商品外观设计描述词。根据这条标题广告语言正文部分的介绍“流光溢彩的外观设计，惊艳色彩，兼具超高效能与扩展能力”可知广告语中“时尚”指向商品的可能性较大，与“青春我做主”的广告语言结合，使这条广告语言有了更深的内涵，由此我们可以设想这条广告语言的关联模式：华硕 E 系列的笔记本电脑外观漂亮→拥有迷人魅影→使用这种系列的笔记本电脑→犹如拥有美丽的青春年华。这种关联模式的基础就是把电脑外观设计的美好与使用电脑时对青春美好时光的回忆产生联想。整条广告语言也是从局部表征到整体感知的关联模式，没有“消费行为”这一环节，直接进入了“消费结果”环节。

3. 个案调查结果

在电脑广告语言中，“时尚”的出现频率比较高，在所统计语料中占 75 次，而且在各种品类商品中的通行度也较高，是一个广告语言热门词语，所以要对“时尚”这个词在不同的广告语言中进行穷尽式的分析是不太可行的。因此，这次调查只在电脑广告语言中选取了一例含有“时尚”这个形容词的语例进行个案研究，以期得出规律性的结论。

个案调查问卷设计思路：时尚感觉，触手可及——宏碁 Aspire Z5610 笔记本电脑

这个问卷调查的方法是使电脑广告语言中的受调查词“时尚”缺位，让受调查者填写出空缺的词，不设参考词汇，名词、形容词、动词、词组等都可以，只要语义关联、语句通顺即可。然后对该词的变体、变体率等进行分析，最后对

调查结果作出相应总结。

问卷形式：这是宏碁 Aspire Z5610 型号笔记本电脑的广告语言，请你在空缺处填写一个词语或词组，构成一个完整的广告句意。

______感觉，触手可及——宏碁 Aspire Z5610 笔记本电脑广告语言

调查问卷统计结果如下表（见表3－4）：

表3－4

词语	频次	比例（%）	词语	频次	比例（%）
时尚	66	34.74	温馨	4	2.11
完美	26	13.68	劲爆	4	2.11
全新	17	8.95	高雅	3	1.58
品味	13	6.84	超值	2	1.05
卓越	12	6.32	超酷	2	1.05
优越	10	5.26	想要的	1	0.53
经典	10	5.26	格调	1	0.53
成功	6	3.16	你要的	1	0.53
快乐	5	2.63	爱你的	1	0.53
我的	5	2.63	超赞	1	0.53
总计	190		变异率（%）	65.26	

通过以上表格的统计数据可以看到，在200份调查问卷中（其中有10份无效）有190人分别填写了以上20个不同的词语或短语。在填写问卷时事先没有要求填什么类型的词语，只要求填上去的内容与广告语言结合后句子通顺、语义明白即可。但根据调查结果可知，填写的词语与目标词“时尚”的词性大部分相同，可见受调查者对目标词为形容词的认同度较高。调查结果也显示，目标词的变异率为65.26%，相对较大，其中形容词占60%，代词占2.63%，名词占0.53%，动词词组占1.58%，副词＋形容词（“超”＋形容词）占2.63%。根据广告句意，空缺词比较明显是对“感觉”的修饰，即消费者使用了商品后的感觉描述词，但调查结果与目标词有所偏差，说明了受调查者对这句广告语有不同的理解，以下将简要分析受调查者填写的词语在广告语言中的关联模式。

4. “时尚”的变体及关联模式分析

（1）优势关联分析。

从调查结果可知，原广告语言中目标词“时尚”出现66次，再现率占总数的34.74%，相对于其他的124个词来讲，再现率不是很高，变异率为65.26%，相对较高。

为了便于个案研究分析，我们把受调查词频次前三位的词语称为优势关联项。结合变异率和原广告语言的再现率，我们得出这条广告语言的优势关联广告语言是：第一，“时尚感觉，触手可及——宏碁 Aspire Z5610 笔记本电脑”。这是原广告语言，它的关联模式是“使用笔记本电脑→感觉要时尚→获得时尚的感觉要快速及时、触手可及→买笔记本电脑要选宏碁 Aspire Z5610”。笔记本作为引领时代发展潮流的高科技产品，消费者对该商品的消费感觉也是要求紧跟时代的步伐，获得时尚的感觉。第二，“完美感觉，触手可及——宏碁 Aspire Z5610 笔记本电脑”，用“完美”置换了“时尚”，关联模式与原广告语言大致相同，即“使用笔记本电脑→要有完美感觉→获得完美的感觉要快速及时、触手可及→买笔记本电脑要选宏碁 Aspire Z5610”。第三，“全新感觉，触手可及——宏碁 Aspire Z5610 笔记本电脑”，关联模式与原广告语言有了些许变化，即“使用笔记本电脑→要拥有从未有过的新感觉→获得全新感觉要快速及时、触手可及→买笔记本电脑要选宏碁 Aspire Z5610”。

作为直接修饰消费者感觉的形容词，“时尚”、“完美”和“全新”共出现109次，频率是57.37%，占所有词频的半壁江山，与广告语言结合形成了优势关联，但一词之差，感觉迥异，说明受调查者对使用该品牌笔记本电脑所产生的感觉是不一样的。

（2）副词+形容词（“超”+形容词）等置换形容词。

根据调查结果，“超值”、“超酷”、“超赞”三个词语替换“时尚”，共计出现5次，词频是2.63%，从数据统计来看比较低甚至可以忽略不计，但这种语言现象值得我们研究。根据广告句意“超”有“超级”、“很”的意思，属程度副词，与形容词结合形成了高量形容词。关于极致形容词，我们将在下文详细论述，现在针对本调查仅以“超酷”为例，分析极致形容词在该广告语言中替换“时尚”而表现出的关联模式。

“酷”本来有表示“程度深的”意思，是程度副词，然而“超酷”中的“酷”是形容词，由英语单词“cool”转化而来，这个词语在流传过程中含义不断丰富，现在它的含义可以表示广泛意义上的“好”，可以表示感觉、个性等①。在青少年中，“特立独行、充满个性”正是“酷”的精髓所在。用“超酷”替代“时尚”，形成广告语言“超酷感觉，触手可及——宏碁 Aspire Z5610 笔记本电脑”。“酷”作为引入的新词新语，放在广告语言中，本身就可以表示消费者紧跟时代潮流、追逐时尚这一隐含语境，而且“超酷”修饰“感觉”，属消费者感觉描述词，也说明了消费者使用该商品时希望拥有的超越其他产品的美好感觉。通过分析，不难得出其关联模式：“使用笔记本电脑→要拥有超级酷爽的感觉→获得超酷感觉要快速及时、触手可及→买笔记本电脑要选宏碁 Aspire Z5610。”极致形容词在电脑广告语言中的出现频率还是比较高的，我们将在下文对这些词语的特点等作细致分析。

（3）用人称代词置换形容词。

为了取得特定的语用效果，代词在一定语境下可以活用，邢福义先生曾经指出代词具有游泛性，（邢福义，2002：112—113）一旦进入具体语境，就会各有具体的指代对象，从语用上看，就体现为代词的活用。他也指出了人称代词常见的活用情况：一是单复变易，即以单数的形式表达复数的内容，以复数形式表达单数的内容；二是人称变易，即以“你”表“我”，以“你”表“他”等；三是游动称代，即“我”、“你”、“他”在特定的范围中有所指，但跟具体人物固定关系。屈哨兵也在广告语言的角色指代方略中详细论述了人称指代词在广告语言中的作用：第一人称是证同，即用证同感证明消费者相似的一种感觉，并激发这种认同感；第二人称是面指，即当面指称，其诉求方式的特征是放弃其他商品使用者作为中介的传息方法，直接面指消费者，从而产生临场效应；第三人称是侧击，可以营造出一种较远的交际距离，可能给消费者一种“纯客观”新闻报道式的感觉，从而让消费者更加信服。（屈哨兵，1997：101—104）代词的不同可以反映出不同的广告诉求策略和关联模式，在电脑广告语言的具体语境中，代词同样体现了以上的活用现象及表现出不同的指称策略。

根据调查结果可知受调查者填入代词“我的”有 5 次，占 2.63%；动词词组中含有人称代词占 1.05%，分别是“你要的”、“爱你的”。这些置换原广告语言“时尚”的词都体现出了消费者的消费意愿或消费取向，属消费者项目评价词。“我的”强调属于自己独有的感觉，表现了现代年轻人常有的独占心理，也反映了一种比较个性前卫、独享感觉的消费心理。而“你要的”这一置换词从语义上来看正好迎合了这一部分消费者的消费心理，虽然在 190 名受调查者中只出现了一次，但广告人迎合消费者消费心理的文案比比皆是。用“爱你的”这

---

① 百度百科. 酷. http://baike.baidu.com/view/8234.html.

一动宾短语置换“时尚”，不难理解“爱你”的主语是指在广告内容中要推介的商品，或是商品的生产企业，消费者则是以被关爱的形象出现。下面简要分析一下这些词语置换“时尚”后完整广告语言的关联模式。

置换词一：我的感觉，触手可及——宏碁 Aspire Z5610 笔记本电脑

它的关联模式可理解为：“使用笔记本电脑→要拥有自己的感觉→获得自我感觉要快速及时、触手可及→买笔记本电脑要选宏碁 Aspire Z5610。”“我的感觉”是常规搭配，“我的”在这里表示了消费者的自我认同及一定的归属感，我们可将它列为消费者自我评价词，表达出了受调查者的一种独占观念以及展现自我的消费诉求。从广告文案创作的角度看，运用某类角色去激发消费者的认同感是一种有效的途径，特别是通过第一人称的证同引导，将消费者的消费欲望和角色期待实现了统一。

置换词二：你要的感觉，触手可及——宏碁 Aspire Z5610 笔记本电脑

“你要的感觉”这一诉求话语的发出者可以理解为广告创作者或商品本身，但从消费者的角度，它的关联模式可理解为：“使用笔记本电脑→要拥有自己想要的感觉→获得自己想要的感觉要快速及时、触手可及→宏碁 Aspire Z5610 笔记本电脑可以获得这种感觉。”第二人称在广告语言中的使用频率较高，从语用上看可以缩短交际距离，使广告受众及广告诉求直接明了。

置换词三：爱你的感觉，触手可及——宏碁 Aspire Z5610 笔记本电脑

在这句置换广告语言中，第二人称代词“你”是作为宾语出现的，动作的发出者是广告推介的笔记本电脑或是商品的生产企业。广告语言的关联模式是：“宏碁 Aspire Z5610 笔记本电脑给你（消费者）爱的感觉→获得被爱的感觉快速及时、触手可及→买笔记本电脑选宏碁 Aspire Z5610。”在置换词二、三两例中都存在人称代词活用的现象，因为顾客在接受广告或购买商品时首先想到的是自己这个个体，在看到“你”时会不由自主关联到主体“我”，在接受并理解广告进行关联分析时不自觉地进行了人称的变易。

置换词四：想要的感觉，触手可及——宏碁 Aspire Z5610 笔记本电脑

这一句置换广告语言没有出现人称代词，但我们认为人称代词出现了空位现象，因为“想要的感觉”这一主体肯定是人，是消费者具体的消费期待。屈哨兵在广告语言角色称呼方略的研究中把这种现象称作隐呼，也叫隐称，就是指在广告语言中的角色指称是隐含的，没有在语言表达上通过人称指代或角色称呼表

现出来。这种隐呼，通常也就可以添加出相应的角色指称词。（屈哨兵，1997：107）如在这条广告语言“想要的感觉”前就可以加上“我”、“你”、“ 我们”、“你们”、“大家”等指称代词。这样的空位隐呼，可以利用人们的“完形”心理，引导他们自由填充，进而更加深刻地影响消费者。

（4）置换词多为商品（服务）消费者同指形容词。

广告的一个重要功能是清晰明确地向消费者传达商品服务或消费者使用感觉等信息，我们也认为一条广告语言只有一种关键诉求和优势关联，但广告语言进入到具体的语境中，会因为某些关键词语语义指向的多样性或模糊性而造成对广告语言理解的多样性。如上文阐述的高频形容词“时尚”就在具体语境中有多种语义指向的理解，因为对关键词的理解也可多样。我们还发现，进入到“时尚感觉，触手可及”广告语境中造成广告理解模式多样的形容词多为商品（服务）消费者同指形容词，而且消费者也更倾向于填入该类词种。为了再次验证这种观点，我们采用了该品牌的另外一条广告语言“触手可及——宏碁 Acer Power 系列笔记本电脑”做了问卷调查，该广告语言的问卷顺序编排紧接着广告语言“时尚感觉，触手可及——宏碁 Aspire Z5610 笔记本电脑”的问卷调查，目的是让受调查者拥有相似的语境，调查方法相同，让受调查者填入一个自己认为恰当的词语或短语。

问卷形式：这是宏碁 Acer Power 系列的笔记本电脑广告语言，请你在空缺处填写一个词语或词组，构成一个完整的广告句意。

______，触手可及——宏碁 Acer Power 系列笔记本电脑广告语言

以下是受调查者填写的排名靠前的五个词语：

表 3－5

填写词语	时尚	经典	成功	快乐	超越时尚	其他
出现次数	60	28	20	18	13	51
比例（%）	31.58	14.74	10.53	9.5	6.8	26.8

商品（服务）消费者同指形容词是指某个形容词既可以修饰商品（服务）诉求又可以作为对消费者的描述词存在，这与词语的语义指向及广告语言的具体语境关系密切。从上表的调查结果可知，在上一条广告语言“______感觉”的语境联想下，受调查者填写的出现次数排名前五的词语中有四个词语，一个短

语，其中词语“时尚、经典、成功、快乐”既可作形容词又可作名词，属兼类词，在“超越时尚”动宾结构短语中“时尚”是名词。我们可由以上的统计结果得出如下结论：

第一，潜在语境对词语选择影响大。从本条虚拟广告语言所填词语看，除“超越时尚”没出现过外，其他词语均在对广告语言“时尚感觉，触手可及——宏碁 Aspire Z5610 笔记本电脑”的问卷调查中出现过，同现率达 80% 以上，这说明很多受调查者还停留在“感觉”类词语的选择中，受此语境框架的影响较大。

第二，所填词语语义指向多样，这与填入的词语是兼类词直接相关。词语“时尚、经典、成功、快乐”既可作形容词又可作名词，反映到广告语言中，这些词语即可作为商品（服务）形容词的本体评价词，又可以作为消费者的项目评价词，这些形容词所属哪类词种，在广告语境中的关联理解模式如何，需要看填入词语的语义指向而定。如出现频次最高的“时尚”，如果指向笔记本电脑，那么就属于商品本体评价词的词种范围，是对商品整体的评价，广告语言“时尚，触手可及”的关联模式就是“××电脑是新潮时尚的电脑→买了××电脑就第一时间触及并拥有了时尚→买电脑要买××电脑”。如果“时尚”的语义指向消费者，那么就属于消费者项目评价词的词种范围，是指消费者在接受商品或服务后在某一或某几方面的感受及表现，由此可知广告语言“时尚，触手可及”的关联模式就是“使用笔记本电脑要体现自身的时尚感→使用了××电脑后能第一时间触及并拥有了时尚感觉（体验）→买电脑要买××电脑”。

第三，对关键词语或关键诉求的理解要结合广告语境。针对语义指向不明的部分关键词语，要结合广告语言的上下文理解。以“时尚，触手可及”这一广告语言为例，这句是标题式的广告语言，后文还有对该广告语言较多的信息诠释。要是后文对“时尚”进行了指向明确的诠释，如对商品的外观设计、颜色搭配等有更为详细的描述，那么很明显“时尚”是指向商品本身的；如果是对消费者拥有商品后体现的潮流、现代感的描述，“时尚”就是指向消费者本身，包括消费者的使用感觉等。

（1）时尚，触手可及。整机轻巧便携，外形时尚高雅，更快、更聪明的全新 Intel™ Core® 处理器，Acer Power 6320T 让你在弹指间享受 Acer Power 的强大动力。

（2）时尚，触手可及。Acer Power 4331T 小于 1 英寸的薄型设计，正式开启轻薄笔电历史新页！拥有超现代的时尚体验。内建节能 CULV 处理器，让您每晚只需充电一次，即可拥有高达 8 小时的长效电力，请尽管安心将充电器留在家里，尽情享受自在时尚的行动乐趣。

标题式广告语言“时尚，触手可及”是 Acer 笔记本电脑系列的二级广告语言，以上两例是对产品信息等阐述更为详细的三级广告语言，从具体的广告语境中我们容易理解“时尚”的语义指向及词种归属。例（1）“时尚”指向是产品的外观设计及性能，归入商品形容词中商品本体评价词的词种范畴。例（2）的“时尚”主要指向消费者的使用体验，属消费者形容词中的消费者项目评价词。但我们也注意到这条三级广告语言也顺带介绍了产品的外观设计及性能等，说明了消费者使用产品时拥有的时尚体验是以产品各方面的优异性能为前提的。

第四，广告语言的隐含与补足。从上面两则对广告语言现象的调查问卷可以得知，“______，触手可及”的问卷填写在上一例“______感觉，触手可及”的语境关联下，受调查者不自觉地会进入“感觉”类的语境框架，所以在填写“______，触手可及”的空位词语时，就很少填入“感觉”或其他类似的词语，体现出一种语义隐含，但是在“时尚、经典”等词语填入后，我们认识理解事物时的完形功能便会出现，帮助我们更好地理解广告语言。

第二节　饮品广告形容性谱系①

一、饮品广告语言形容词个案分析

1. 高频形容词“好”的关联模式及变体分析

（1）“好”在不同语境中的关联模式。

“好”在不同的语境中可以表示不同的指向，本身也可以与不同语境下的中心词构成不同的关联模式。我们通过以下几个例子来说明：

好水好品质，我要乐百氏——乐百氏纯净水

这里的“好”的意思为“优秀的，品质高的”，属于商品的品质或产地评价词，可以表示这种水的产地很优秀或品质优秀，其关联模式为：“优质的水→质量好→乐百氏是这样的水→我要喝乐百氏。”

果茶还是大亨好——大亨果茶

---

① 本部分作者侯琳，摘自侯琳硕士学位论文（2009）《饮品广告语言个案及关联模式研究》，章节标号有改动。

这里的“好”单独出现，表示产品品质优秀，与“还是”连用就可以表示一种比较级，即在相同的果茶品牌中，大亨牌的果茶“更优秀”。其关联模式为：“喝果茶→大亨的果茶品质好、口碑好→比其他品牌更出众→选择大亨果茶。”

杏仁对你好——露露杏仁露

这里的“好”是消费者的感觉评价词，表示对消费者体质的评价等级，即消费者喝了这个饮品后，体质变好，健康了，漂亮了。其关联模式为：“吃杏仁→对体质好→杏仁露是用杏仁做成的→一样对体质好。”这里的关联模式较为复杂，并非直接用产品特性来引起受众的注意，而是用产品的原料来做广告语的关键词。由“人们吃杏仁对体质好”联系到“人们喝以杏仁为原料做的饮品对体质同样好”。这个是从局部表征到整体感知转变的关联模式，省略了关联模式中“消费行为”这一环节，直接进入了“消费结果”环节。消费结果分为两个，一个是关于局部表征的“产品原料”，另一个是关于整体感知的“对体质好”。产品的原料属于局部表征，而产品对消费者的功效属于整体感知。

绿色好心情——康师傅绿茶

这里的“好”也属于消费者感觉评价词，其关联模式为：“喝了康师傅绿茶→口感好→体质健康→心情舒适→感觉好。”在这里也属于整体感知到局部表征的关联模式，同样省略了“消费行为”的环节，直接进入“消费结果”环节。“绿色好心情”是喝了饮品后消费者的一种整体感知。这种感觉来自什么呢？来自喝了康师傅绿茶，“喝康师傅绿茶”是一个消费行为，而结果则可以是局部表征也可以是整体感知。如局部表征则体现在三个方面，一是口感味觉方面，二是体质健康方面，三是心情方面，因为喝茶后的感觉，无非就是口感好，感觉清爽，体质舒服，然后是心情愉快。在这里的“好”，我们可以理解为以上几个局部表征，也可以理解为整体感知的“好”。

（2）个案调查问卷结果。

由于在饮品广告语言中，“好”的出现频率非常高，要想对其在所有语例中的用法进行分析是不太容易的，（张敏，硕士论文，2007）因此，本调查选取了一例含有“好”这个形容词的饮品广告语言进行个案分析，以期得到一定的规律性结论。

个案调查问卷设计：＿好＿水＿好＿品质，我要乐百氏——乐百氏纯净水

这个调查是使广告语言中的形容词“好”缺位，让受调查者填写缺位的词语，对受调查者的填写结果进行统计，目的是考察缺位形容词“好”的变体类型、变异规律，以作出相应的总结。调查问卷统计结果如下（见表3－6）：

表3－6

词语	次数	比例（%）	词语	次数	比例（%）
好、好	40	27.21	美、雅	2	1.36
纯净、好	18	12.25	清、A	1	0.68
好、优	12	8.17	好过珠江的、赢过怡宝	1	0.68
纯、优	11	7.49	超级无敌霸王、包你高	1	0.68
纯、纯	11	7.49	我的、我的	1	0.68
泉、好	9	6.13	清、好	1	0.68
最纯正、最好	8	5.45	天然、高	1	0.68
山泉纯净、优良	8	5.45	饮、看	1	0.68
健康、高	7	4.77	真、真	1	0.68
酷、好	5	3.41	喝、喝	1	0.68
纯、好	3	2.04	佳、真	1	0.68
喝、要	3	2.04	饮、选	1	0.68
总计	148		变异率（%）	72.79	

这些调查统计说明，在广告语的形容词中，水类出现频率最高的形容词“好”在受调查者中还有不同的理解，以下将在总结中适当分析受调查者填写的形容词与原产品的关联模式。

根据问卷可知，受调查者根据广告语是“纯净水”且是“乐百氏纯净水”来填写形容词。调查结果显示，其变异率相对较大，为72.79%。其中填写形容词的占83.04%，填写代词的占0.68%，填写名词+形容词组合的为6.13%，填写动词+动词组合的为4.08%。

（3）“好”的变体类型及关联模式分析。

①优势关联模式分析。

原广告语言的再现率为27.21%，变异率为72.79%，属于相似度比较低的情况，因为此调查中有两个位置缺形容词，因此其相似度相对仅一个位置缺位形

容词的情况要低一些。

在此个案研究中，根据变异率和原广告语言的再现率，我们得出此广告语言的优势关联模式为“好水好品质，我要乐百氏”和“纯净水好品质，我要乐百氏”。“好水好品质，我要乐百氏”的关联模式为：“喝水→喝好水→喝品质好的水→选择乐百氏纯净水”，其结果距离/功效距离的值为3。

“纯净水好品质，我要乐百氏”中的“纯净”置换了原广告语言中的“好”，而与品类名“乐百氏纯净水”中的“纯净”产生了呼应，表明受众比较认同与品类名①同现的形容词，而且也极易将品类名中的形容词应用于广告语言中，其关联模式为：“喝水要喝纯净水→纯净水品质好→选择乐百氏。”以下将品类名或品牌名代替原广告语言中形容词的现象称为品牌逆转现象。

②置换“好”的形容词关联语境分析。

在调查问卷结论中，置换“好”的其他出现率较高的形容词有“优、最纯正、健康、高、酷、纯清、美、雅、天然”等，我们选取几例进行分析：

好水优品质，我要乐百氏

这种组合的出现率为8.17%，在调查问卷中属于出现率较高的形式，与原广告语言的第二个形容词不同，将“好”置换成了“优”。根据语境，修饰品质的形容词一般有“好、优秀”，而“优质”则是常见的组合。因此，在这里，形容词“优”与“品质”搭配出现了“优品质”，表明受众仍然比较接受常规的词语组合，如“优质”，其关联模式为：“喝水要喝好水——好水品质优秀——选择乐百氏。”

纯水优品质，我要乐百氏

这种组合将原广告语言的两个形容词“好”同时置换，出现率为7.49%，在此调查中也属于出现率偏高的形式。分析其原因，一是“纯”与这个产品的品类名“纯净水”有呼应的关系，也是品牌逆转现象；二是“优”即“优秀”的意思。其关联模式为：“喝水喝纯水→纯水品质优秀→选择乐百氏。”

同时出现的与“水”搭配的形容词还有“最纯正、健康、酷、美、清、佳”，在这里，几个词语的出现率都比前面的词语出现率低，但是能够与“水”

---

① 品类名，我们将其定义为一种产品的类别名称，如“乐百氏纯净水”中“纯净水”就是品类名，而“乐百氏”为品牌名。

搭配，表明受众觉得这样的组合存在并且合理。其中“酷水”是很少见的搭配，这与当今学生追求与众不同、做什么事情都要“酷”的思想观念和求异心理有关，连喝水也要喝“酷水”，其关联模式为：“喝水→喝酷水→酷水品质好→选择乐百氏→自己也会很酷。”

③名词置换形容词关联模式分析。

在调查结果中，也出现了名词置换原广告语言中缺位形容词的现象，但是这种现象比较少。如“泉”是表示商品产地的名词，调查结果中出现了“泉水好品质，我要乐百氏”的搭配，此搭配将“好”置换成“泉”，使“泉水”成了一个偏正短语，其关联模式可以为：“喝水→喝泉水→泉水品质好→乐百氏的水是用泉水做的→选择乐百氏。”这里将表示产品水源地的短语作为广告语言的一部分，表明了产品的产地，不考虑这种产品的源地是否真正来自“山泉”，但是出现此类调查结果，表明了受众对饮用水的诉求还是比较看重其源地的，就如“农夫山泉”的广告——“农夫山泉有点甜”，直接点明了水的源地“山泉”，这就满足了受众迫切想知道水源地的愿望，一举两得。

④消费者项目评价词置换形容词关联模式分析。

“健康、我的”都表明了消费者的意愿，“健康”表明了产品要给人健康，“我的”强调是属于自己的水，表明一种比较个性的心理，体现了现代年轻人的一种独占心理。

“健康水高品质，我要乐百氏”的关联模式为：“喝水→喝给人健康的水→带给人健康的水品质高→选择乐百氏水。”这一来表达了受调查者对自身的诉求：喝水后会体质“健康”；二来是对商品的品质评价诉求：“品质高”，两者同时具备才能满足最终需求。而“我的水我的品质，我要乐百氏”属于代词置换形容词的情形，“我的”在这里可划归为消费者归属评价词，即表达受调查者的一种占有欲和表现力。“我的水”是常见的搭配，但是“我的品质”就不是常见搭配了，品质一般表明商品的质量，但在这里和第一人称“我的”搭配则成了“某个人的品质”，这也满足了受众展现自我的诉求。

⑤商品消费者通用形容词频现。

“优、雅、高、好、优、纯、优良、最好”，既可以作为消费者项目评价词，也可以作为商品的功效项目评价词，由于这些形容词是在不同的情境下可以通用的，因此，此类商品消费者通用形容词在调查结果中的出现率也相对较高。

⑥特殊形态的形容词。

字母词“A”的出现，是在以往水类饮品广告中少见的，但是在调查问卷中出现，说明字母词在广告语中还是有存在空间的。原广告语中有字母词出现的广告是“康师傅鲜之每日 C”，其广告语言为“多 C 多漂亮”，其中的“C”其实为名词“维生素 C”的简称，但在本次调查中出现的“清水 A 品质”则与前面广告语言中的“C”性质不同，这里的“A”是形容词性质的，表明了对此种商品品质项目的评价。“A”一般表示“好，优秀”，表明一种评价等级，在这里表示了消费者对水品质等级的评价，意思为“最好的，排名第一的”。在句中属于商品项目或者本体评价词，它可以表示“水质好”，也可以表示这种水各个要素整体综合评价是最好的，与其他水类饮品相比属第一位。

⑦短语置换形容词。

短语置换形容词主要指原来形容词缺位的位置在调查问卷中被短语取代，如调查结果中就出现了“山泉纯净水优良品质”的组合。

“山泉纯净”是一个主谓短语，在广告语言中表明水的源地及品质，与后面的“水”相结合就变成了“山泉纯净水优良品质”。这里“纯净”与“水”组合成了偏正短语，而“山泉”则成了偏正短语中表示水源地的定语。这种组合的出现，一是表明受众比较重视水的源地；二是“纯净”与产品品名“乐百氏纯净水”相呼应，强调了水的品质特点；三是“优良”置换了原广告语言中的“好”字，“优良品质”的组合在日常语言中比较常见。此商品形容词中表示产地和品质的项目评价词同时出现，表明受众比较容易接受的广告语是指明其产地及水质的广告语，并且在关于水的多项指标中，更关注水的产地和品质，这对以后饮用水广告语言的设计有所启发。

在此调查结果中，形容词短语也出现了两次：“超级无敌霸王”的水，“包你高”品质，“好过珠江的”水，“赢过怡宝的”品质。这两组结果表明受调查者还是比较了解水类市场的，并且地域感比较强，可以拿广州的珠江作比较，很贴近当地人生活，使当地人看了会有亲切感。这种广告语言的设计也值得借鉴，但是后面的“赢过怡宝的”品质就欠妥，单纯作为语言来设计是没问题的，但是不适合应用于市场，因为此广告语言设计违反了市场公平竞争的商业原则。而“超级无敌霸王”是一则偏正短语，可以作为消费者本体评价词来看，表示了消费者的“追求第一，称霸”诉求，其关联模式为：“喝了这种水→体质强壮→可以称霸。”但是此短语的位置在商品本体评价词上，这样的多变形式可以出现，但是寥寥无几。

二、饮品广告语言形容词关联模式及变体小结

1. 饮品广告语言形容词关联模式小结

通过以上个案研究，我们总结出形容词的几种关联模式：一种为“消费行为→消费结果 1→消费结果 2”的关联模式，这种模式在广告语言中经常出现，调

查统计表明，形容词较多强调消费结果，因此关联模式常常省略了消费行为这个环节。具体到饮品广告语言形容词研究中，我们又定义了“整体评价→局部表征”、“局部表征→整体评价”的关联模式。其中，受众比较倾向于强调消费结果中的整体表征，即出现表示消费者体质状态的形容词较多。同时，关联模式越长，则消费结果中多为表示局部表征的形容词；关联模式越短，则消费结果中多为表示整体评价的形容词。在表示局部表征的形容词中，受众比较侧重于选择关于消费者自身容貌、味觉的形容词；而在表示整体评价的形容词中，则表示商品品质、消费者心情的形容词居多。

2. 饮品广告语言形容词变体小结

（1）品牌名逆转现象。

在调查中出现了品牌逆转现象，即广告语言中形容词缺位时，受众更倾向于填写与品牌名相关的词语，这种现象在统计中出现率较高。问卷结果表明，绝大多数受调查者还不能完全没有差异地填写出原广告语言中所使用的形容词，但是能够用相似或相关的品牌名称或类名来替代缺位的形容词。

例如“好水好品质，我要乐百氏——乐百氏纯净水”。对“好”的缺位填写情况统计，结果如下：能写出形容词词种的占 51%，其中能写出原广告语言的占 27.2%，其中变异率较高的为“纯净水好品质——我要乐百氏”。这个高变异率的组合表明，受众虽然记不清原广告语言，但是能把原品牌名称中的词移位到广告语言中，如“纯净”属于品牌的类名，但是在调查中 12.25% 的受众把其移位到广告语言中，出现了品牌名逆转这种在广告语言调查中经常出现的状况。

（2）变异率随广告语言复杂程度的增加而增加。

在调查过程中我们发现，变异率与广告语言的复杂程度成正比，即广告语言越长，使用形容性词种越多，或者是使用复杂形容词越多的广告语例，其形容词变异率就越高；相反，在一则广告语言中，使用的形容性词种为单纯词，则其变异率就小很多。在个案分析中，“康师傅橙汁饮品”的广告语言“嗯，好喝”仅三个字，形容词只有一个“好”字，其变异率是所调查广告语言中最小的，为 32.58%。相比较“统一茶里王——纯正甘甜，就像现泡”、“康师傅鲜之美味C——自然健康每一天”、“统一鲜橙多——活得多漂亮”、“新奇士橙汁饮品——百分百加州精华”，这几则广告语言形容性词种的复杂程度就高许多，变异率都超过 80%。

（3）数词式形容词变异率大于其他形式的形容词。

在统计结果中，饮品广告语言中数词式形容词的变异率高于联合式形容词、AABB 式形容词、单一式形容词及双现形容词，即这几类形容词变异率由大至小排序为：数量词式形容词 > 联合式形容词 > AABB 式形容词 > 单一式形容词 > 双现形容词。

例如，调查结果显示，使用形容词“好”的广告语言变异率相对较低，这是因为受众比较容易接受简单且常用的形容词，而其他形式的形容词或者比较不常见的形容词广告语言，其受众的记忆率就相对较低，这和受众认知特点中的整体性、理解性及选择性有关。如“嗯，好喝——康师傅橙汁饮品”，“好”字是形容词，通过缺位统计，它的变异率为 32.58%；“正宗椰树牌椰汁，每天一杯，白白嫩嫩——椰树牌椰汁”的变异率为 71.43%；“百分百加州精华——新奇士橙汁饮品”的变异率就为 93.53%。

（4）形容词的变性。

这种现象在所有个案研究中都出现，即原本缺位的形容词被动词、名词或者各种短语替代，从而使原本简单的形容词或者形容性词种复杂化，对整个广告语言的意义结构也产生了影响，这种现象与广告品牌名的牵引、句式结构和关联模式密切相关，要具体个案具体分析。如“好水好品质”在受众调查问卷中变成了“喝水要品质”。原广告语言中的两个形容词缺位处被填上了两个动词，并且构成正确的结构。

以“统一茶里王”的调查问卷结果为例来进行说明。在这个调查问卷中，我们使形容词“纯正甘甜”缺位，请受调查者填写缺位处的词语。调查结果显示，出现词性变化的占 7.4%，分别为“喝茶里王、饮茶、饮茶里王、品尝茶里王、好喝、不喝不知道、开瓶”。观察这几个变体，其中动宾结构中的动词有“喝、饮、品尝、开”，表明受众对此广告语言的主体是茶已有所了解，因为“饮、品尝”都是与茶联系较密切的动词，而“不喝不知道，开瓶”则明显是以短语置换了原广告语言中的缺位形容词位置。“喝茶里王、品尝茶里王、饮茶里王”与后半句的广告语言“就像现泡”仍然构成结构完整的句子。这种现象表明了原广告语中形容词的位置可以填写不同的词种类型，有可选择余地，但是若让受众接受则需要更完备的广告语言结构。

（5）形容词的变形。

这里指形容词原本的形式被其他形式取代，如原广告语中形容词由单一的形容词变为联合式形容词或形容词短语，原广告语中为 AABB 式的形容词变为单一形容词或者联合式形容词、形容词短语，这些变了形的形容词与原广告语言组成了完整的句子。其主要转变类型有以下两种：

第一种，形容词转变为偏正式形容词短语，简称“状 A”式，如“很高兴”，也可以是短语，如“如阳光一样灿烂、一寸长、比可乐好喝”。

第二种，形容词转变为后补式形容词短语，简称“A 补”式，如“冰爽十足”，短语如“好喝看得见”。

相对于单一的形容词，形容词短语因为其表达多样化、信息量大，自然更容易出现在广告语言中，因此在调查问卷中出现了形容词转变为形容词短语的情况。而对于联合式形容词，其变体类型主要为变成单一式形容词或变体为 AABB 式形容词。

（6）联合式形容词的同类置换现象。

此种情况主要出现在原广告语言的形容词为联合式形容词的广告语言中，这种非词语之间的置换而是词语位置顺序的变化在形容词调查问卷结果中是常见的。联合式形容词短语，我们将其简称为“AB”式，如“纯正甘甜，自然舒畅，清凉滋润”，它还可以分为带关联词的和不带关联词的模式。（邢福义，1990：28）

不带关联词的模式可以分为：离析性较强的 AB 式，指 A 与 B 的结合在语义上的关系不是很密切，如“自然健康”，中间可以加上“而”这个关联词；凝结性较强的 AB 式，中间不能加上关联词，如“爽甜可口”。

带关联词的模式，是指 AB 中间有关联词“A 而 B、又 A 又 B，A 而又 B，A 和 B”等类型，如“好喝又补钙，新鲜和美味，更纯更好味”等。

这种联合式形容词短语的变异情况主要是两个形容词位置的置换。我们简称其为“同类项置换规律”。如“清凉滋润”在受众调查结果中变异为“滋润清凉”，“自然健康”变异为“健康自然”，这种变异仅仅出现在联合式形容词中，因此不是很常见。

出现这种同类项置换的原因有以下几种：一是两个同类项具有相同的意义，但是受众对其中一个词语比较偏爱，所以放在前面；二是出于音节上押韵的考虑而产生的置换；三是为了与品牌名产生逆转效应而与品牌名呼应从而产生了位置变换。

（7）饮品广告语言形容词的超常搭配现象。

词与词的搭配除了语法上的制约，还决定于概念间的关系能否成立，意义的搭配必须具有现实的可接受性。然而，值得注意的是，在所做的广告语言形容词个案研究中，出现了许多“超常”的搭配，即违反了上述的搭配规则，将不能搭配的词语组合在一起。有以下几种情况：

①形容词语义范围变化的超常搭配组合。

这里的语义范围变化是指形容词本义有一定局限性，但是和一些词语搭配后意义扩大或者缩小。如“心情冰，一切都爽”这则变体广告语的原形为：“心情好，一切都美好——康师傅绿茶。”“冰”形容的一般是口感或者体质感觉，很少修饰心情，在这里，受众可能想表达的是喝了绿茶后的一种“冰凉”感觉，把“冰”这个词语语义范围扩大，即表示“局部表征”的“冰”转化为表示“整体状态”，原本形容口感这个局部表征的形容词“冰”用来形容了整体状态心情。在这里我们也要考虑到受调查者的身份是中学生，比较能够接受新奇的事物。因此，出现“心情冰”也可以解释为与受调查者的理念有关。

②形容词变性的超常搭配组合。

这里主要指形容词词性发生变化与修饰的中心语仍能够进行搭配。例如，在“好水好品质——我要乐百氏”的广告语变体中出现了“清水A品质”的超常搭配。“A”是一个字母词，表明受众比较能够接受与众不同写法的词语，“A”表达的是一种最好的状态，在学习中，“A”也是成绩评价等级常用的字母，因此，在调查中出现了以字母词代替形容词与“品质”进行搭配的情况。一般而言，品质用形容词“优、良”来修饰，这里的“A”即隐含了“优秀、最好”的意思。此情况出现也可能与受调查者都是学生，比较重视成绩的评定有关。

③联合式形容词移位搭配组合。

在含有联合式形容词的广告语言中，受众较为接受商品评价词在先、消费者评价词在后的广告语言形容词模式，因为这更符合心理预期和“产品特点——消费者评价”的关联模式。如“泰国木瓜，更纯更好味——香满楼木瓜牛奶饮品”广告语，该广告语的形容词为“纯”和“好”两个，“纯”属于商品的品质项目评价词，“好”属于消费者口感项目评价词，而“纯”与“好”的位置表明，广告设计者趋向于将商品评价词放于消费者评价词之前。在100份调查问卷结果中，72%的受调查者选择将商品评价词放于消费者评价词之前。这和人们的关联模式相似。一个产品自然是从“产品自身特点→消费者享用后评价反映”的模式，故如果此广告语的形容词位置调换为“更好味更纯”，则是一种关联模式的逆转，表达效果不如“更纯更好味”明显。

（8）饮品广告形容词中的极致形容词频现。

我们把饮品广告语言中表示极致数量或者极致次序的数词，表示极致的名词、副词统称为极致形容词。在饮品广告语言形容词中具体有以下几种情况：

1）夸饰词作极致形容词。

① 夸饰数词作极致形容词。

作为表示极致数量或极致次序的数词，在广告语言中根据不同情况以极大量或极小量的形式出现。在所统计的饮品广告语言中，“100%”的使用率较高，表示质量的足够优秀或味道的足够浓厚，属于商品品质评价词。在饮品广告语中，数词式的形容性词种有以下几例：

100%葡萄汁——汇源葡萄汁饮品

100%果汁——邦乐橙汁
百分百加州精华——新奇士橙汁饮品
100%顶级乌瓦红茶本味——立顿金色红茶
慢火烘焙，茶香醇厚，茶味满分100%——立顿炭焙奶茶

前三则广告语言都是果蔬汁类的广告，强调的是果汁的纯度，用数词表示更加量化和形象化。后两例则属于茶类广告语，表示了茶的口味纯正。

② 夸饰名词做极致形容词。

在本节中，极致形容词也包含一些带有夸饰作用的名词，（钱书新，2007）按照语义指向的不同，我们分为以下几类：

一是表示等级、身份、地位的夸饰名词。

“杂粮中的黄金食品（李子园玉米汁饮料）”，其中，“黄金”在广告语中做“食品”的修饰语，“黄金”在生活中是一种珍贵、少见、价值高的东西，在这里则形容食品的珍贵与少见。“百果之香，皇家之欢（西番莲系列果汁饮料）”中，“皇家”表示物品是在皇家使用的，以“皇家”这个地位充分说明了其品位及价值，其实此果汁饮料在现实生活中可能并非仅仅在皇家存在，在这里用“皇家”修饰果汁，只是表示其珍贵性及独特性，并且此广告语的前半句“百果之香”也有夸饰的意味。

二是表示时间地点的夸饰名词。

太空时代的饮品——果珍饮料
盛世有我，健力宝，开启健康快乐——健力宝
做中国最好的健康养生饮料——邓老凉茶
迎接新世纪的换代饮料珍品——百龙六珍果汁
佛罗里达橙汁，为了您的健康——佛罗里达橙汁广告
豪门果茶新一代，人人喝了人人爱——豪门果茶
百事可乐，新一代的选择——百事可乐

在以上几个语例中，“太空时代、盛世、新世纪、换代、新一代”都是表示时间的夸饰名词，表明了商品的一种状态，就是在生活质量比较高、比较先进的时代才会出现，说明了商品品质的独特与新颖，“新世纪、盛世、新一代”这些词语的出现也给受众“生活在这个时代很自豪，舍我其谁，这个时代是最好的”感觉。

③ 夸饰副词作极致形容词。

表示程度的副词作极致形容词。如“味道好极了（雀巢咖啡）”中的“极”，

“冰力十足，无可替代（康师傅冰红茶）”中的“十足”都表明程度到了一种无以复加的地步。

表示范围的副词作极致形容词。如“我们都爱娃哈哈（娃哈哈AD钙奶）”、“心情好，一切都美好（康师傅绿茶）”。在饮品广告中使用“我们……都……”这种句式的比较多，广告代言人站在消费者的角度，以切身经历为证，并“代表”所有电视观众表明消费观点，以说明这种商品的普适性。“我的眼里只有你（娃哈哈纯净水）”，“感悟纯净只有水，纯净、健康、安宁（润田纯净水）”，“只为优质生活（蒙牛牛奶）”，使用表示条件唯一性的“（只要）……就（Just）……”的句式，将拥有某种商品或因之带来的感觉作为购买商品的充要条件。“享不尽的浪漫滋味（伊利大果粒饮料）”中的“尽”传达了拥有某种商品就可以获得话语权力甚至所有自己想要的东西的含义。“冠菌在里面，顺畅每一天（蒙牛冠益乳酸牛奶）”、“健康伴你每一天（小洋人乳饮料）”、“每天喝瓶太子奶，天天补充乳酸菌（太子奶）”中的“每”泛指所有的时间。它有始无终，直到永远，中途不会停息，用时间的永续性说明了商品效果之优。“激发潜能，活力无限！（娃哈哈激活活性维生素水）”、“年轻无极限（统一冰红茶）”、“自由空间，活力无限（怡冠运动饮料）”，这里“无限、极限”表达了一种最高、最广的范围，时间与空间的无边放大，表明了商品能使消费者“年轻”永远保持，“活力”永远不断。

表示时间、频率的副词作极致形容词。“总是给你多一点，完达山（完达山牛奶）”，“总”是一个表示频度的词语，“为爱珍选，唯有金典（伊利金典牛奶）”中的“唯”表示独一无二，“卡夫牛奶，不同凡响（卡夫牛奶）”中的“不同凡响”也表示独一性。“天天益生菌，天天爽歪歪（爽歪歪乳饮料）”，“天天天然，伊利纯牛奶（伊利纯牛奶）”，“每天喝瓶太子奶，天天补充乳酸菌（太子奶）”、“年年鲜橙多，家家欢乐多（鲜橙多饮料）”中“天天、年年、家家”都是表示频度的词语，在这些语带频率的广告中，商品对消费者的重要性隐含其中，以至每时每刻都少不了。

2）与副词“最、更”连用的极致形容词。

程度副词尽管数量不多，但在广告语言中出现的频率很高，尤其是“最”和“更”。举例如下：

做中国最好的健康养生饮料——邓老凉茶

出自最佳生态环境，带来最强生命活力——西番莲系列果汁饮料

一天中最美的时刻是泡一壶最美的茶——约瑟夫·塔特林茶叶公司广告

新口味，更营养，更健康——农夫果园混合果蔬汁饮料

清凉滋润更健康——潘高寿凉茶

让您营养更均衡——华旗果茶

健康添活力，肌肤更美丽——小洋人妙恋大果粒

泰国木瓜，更纯更好味——香满楼木瓜牛奶饮品

新型早餐饮料，给您带来比橘子汁更多的维生素 C 和维生素 A ——Instant TANG 果珍

多喝多健康——呦呦蜂蜜柚子茶、柠檬茶

为了进一步了解“最”与“更”在广告语言中的运用情况，我们还做了一个调查对象为200人的专项问卷调查，题目如下：

以下是为某果汁拟写的广告语，你觉得最佳的是：

A. 出自最佳生态环境，带来最强生命活力。

B. 出自更佳生态环境，带来更强生命活力。

选择 A 答案的占39%，选择 B 答案的占61%。

在广告语言中，“最”与“更”有什么样的区别呢？“最”表示超过所有，“更”表示程度上的进一层。（朱德熙，1982：196）那么到底用“最”好还是用“更”好呢？这需要视语境而定。消费者在使用某种商品之前对该产品的态度及评价怎样，广告主其实是不了解的，所以为消费者规定一种利益方向（如“健康”、“好”、“漂亮”、“味道美”等）后，再实行一种“水涨船高”的策略（“更健康”、“更好”、“更漂亮”、“更味美”等），这就用上了“更”。“最”传达的是“第一”的意思，其他商品再好也没有我的好，这会在一定程度上吸引消费者。

当然，用“最”还是用“更”并不是那么简单，它要受产品的质量、消费者对同类产品的了解程度、市场现有状态等多方面因素的制约。（屈哨兵，1997：196）但从我们所做的专项问卷调查来看，喜欢“更××”的要远远多于“最××”。这也许说明，消费者对“最××”的表达已司空见惯。他们认为，在商品竞争激烈的今天，任何产品都可以不顾质量而号称“最××”，“最××”可能已经带来了一定的负面效应，这对广告设计者也有一定的启发。

第三节 汽车广告形容性谱系[①]

一、形容义词语的界定

形容义词语，顾名思义，即是指具有形容意义，具有形容作用和功能的词语。我们对它的理解有狭义和广义之分。

狭义上的形容义词语我们可以把它直接理解成是现代汉语中的形容词这一种词类。当今语法学界关于汉语形容词的争论和归属分歧从未间断。现今，我们对其的认识也趋于达成一种共识。形容词就是指表示事物的形状、性质和状态等的一种词类。我们对其的判断依据主要是词的语法功能、形态和意义。朱德熙先生对形容词的判断标准为：凡受“很”修饰而不能带宾语的谓词是形容词；凡不受“很”修饰或可带宾语的谓词是动词；能够受“很”修饰，也能够带宾语，但不能既受“很”修饰又带宾语的，如“委曲”，带宾语的时候是动词，不带宾语的时候是形容词；既可以按照动词重叠式“ABAB”重叠，又可以按照形容词重叠式“AABB”重叠的，兼属动词和形容词，如“高兴、舒服、漂亮、热闹”。(朱德熙，1984)

广义上的形容义词语不仅限于以上所说的形容词，还包括其他一些词语，但其主要承载者还是形容词。唐作藩在其写的一篇序里说道：“形容词语不限于形容词，普通名词、动词、数词、象声词甚至某些虚词，在语言文字运用中也能发挥形容的作用。”（倪文杰，1991：2）可见，具有形容义的词语是非常广泛的。“在现有的词类划分中，主要考虑的是它们的句子功能，而忽略了它们的表意形象与表意效果。其实，无论是在动词还是名词等其他词类中，除了表单纯动作、单纯名物的动词和名词等外，还有着富于形容、夸饰、渲染功用的动词、名词等。”（苏新春，2005：149）有的是本身固有的，有的是在语境中临时具有的。除了上面提到的各种词类外，具有形容义的词语或起形容作用的词语还包括其他许多形容词短语或非形容词短语、词组、成语、惯用语等。我们采取的正是一种比较宽松的态度。朱德熙先生也曾表达过类似的观点，如在《语法讲义》中，他把形容词分为性质形容词和状态形容词，状态形容词又包括以下五种形式：①单音节形容词重叠式，如“小小儿的”；②双音节形容词重叠式，如“干干净净（的）”；③偏正式形容词，如“煞白”、“冰凉”；④带后缀的形容词，如

① 本部分作者曾超文，摘自曾超文硕士学位论文（2011）《汽车广告语中形容义词语语义谱系及其价值诉求研究》，章节标号有改动。

“黑乎乎”、“绿油油”；⑤“副词+形容词+的”形式的合成词，如“挺好的”、“很小的”、“怪可怜的”。而多数语法论著中的形容词并不包括①、②、⑤三类。人们普遍认为，重叠形式是构形法问题，与原形并不是两个不同的词，①、②两类并不属于形容词，而是形容词的重叠形式；至于⑤类则已超出了词的范畴，应看作形容词性短语。

因此，我们所说的形容义词语是在语义基础之上的广泛词语群体，而本节所要研究的对象正是这种广义的形容义词语。

二、语义谱系的层级分类和语义关系

前面我们简要介绍了谱系的一些相关思想、理论和特征，下面将详细阐述汽车广告形容义词语语义谱系的层级分类以及在最底层的各个形容义词语之间语义关系类型的界定。

1. 语义谱系的层级分类

对于汽车广告形容义词语语义谱系，我们可以分别从它的纵向与横向两方面来看待。

首先，在纵向方面，从上往下大致分为四个层面：形容义词语层面、修饰主体层面、语义类层面、语义成员层面。它们之间的关系基本上是包含与被包含的关系，环环相扣。

其次，在横向方面，在各个层面中依据词语的语义特征又分为若干不同的类别。形容义词语层面作为整个语义谱系的最高层面，我们没有在这个层面再作区分。接下来是修饰主体层面，分为商品（汽车）语义系统和消费者（受众）语义系统。它们各自再往下一个层面就到了语义类层面，其中商品（汽车）语义系统下面大致分为：[速度]、[动力]、[能耗]、[操控性]、[外形]、[空间]、[价格]、[制造质量]、[制造工艺]、[功能技术]、[身份象征]、[市场形象]和［品质］十三个语义类；消费者（受众）语义系统下面大致分为：［心情]、[心态]、[生活体验]、[消费行为]、[地位］和［品性］六个语义类。最后是语义成员层面，属于底层语义场，由于数量原因就不在此罗列。但是各成员之间也分为核心词语和非核心词语，语义关系由核心词语向非核心词语辐散。

当然，在语义类的划分方面，由于语义的模糊性，有一些词语的划分是缺乏严谨性的。为了更为直观地看到汽车广告中形容义词语语义谱系的整体面貌，现绘制示意图如下（见图3-1）：

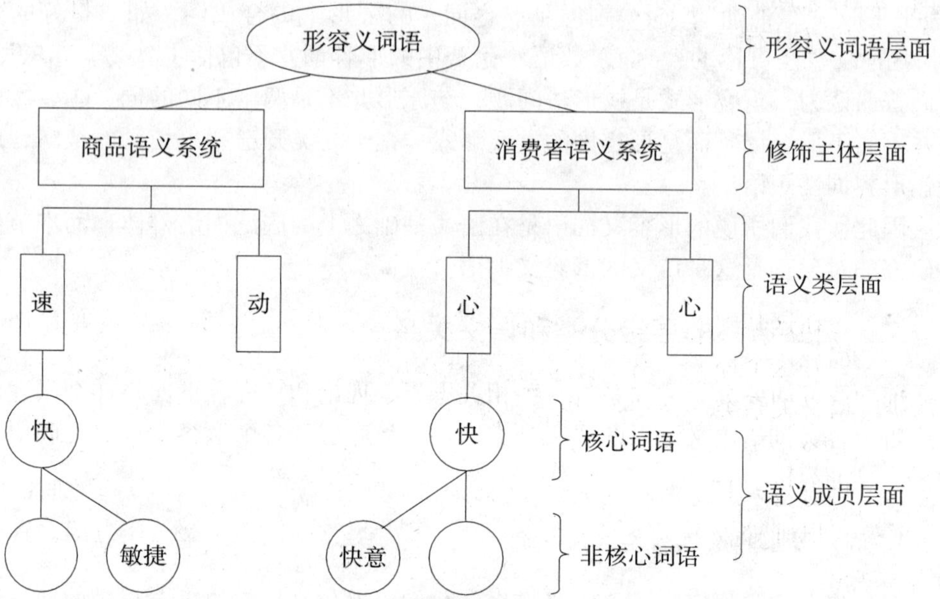

图 3-1　汽车广告形容义词语语义谱系层级分类示意图

2. 语义关系类型的界定

对于整个汽车广告形容义词语语义谱系的建构来说，最为重要的不在于语义分类层级的划分，而是在于作为底层义场的各形容义词语的语义关系描写。只有深入地描写好底层义场，理清各语义成员之间的语义关系，才能确定其在语义谱系中的价值。在各个底层义场中，形容义词语的数量或多或少，成员之间在意义上都有一定的共同点，有着密切的联系。它们或是因表达的角度不同而语义程度不同，或是有着其他的相关意义。正是这些语义关系才勾勒出语义谱系的价值。

"同一语义场中，词汇成员间的聚合关系细分起来有同义关系、反义关系、上下位关系等，实际上这几种关系都可以归结为两种基本关系，即对比（contrast）关系和相似（affinity）关系。"（李红印，2007：108）因此，我们需要在各个底层义场中寻找到形容义词语之间的对比点和相似点，才能最终确定它们之间的各种语义关系。然而，据我们的观察，所属同一义场的形容义词语之间基本上是语义相似的关系，只有少数几个是表示对比关系的，在语用上也是为了使前后形成对比，形成烘托的表达效果。

为了更为直观地描述形容义词语在语义谱系中的关系，我们可以用有向图加上符号、文字说明等来阐述它们之间的语义关系。我们以一个有向的箭头符号连接两个形容义词语，而这根连线则代表了二者之间的语义关系，连线上标示一些语义符号以及具有语义区别特征的文字说明等。如图3－2所示：

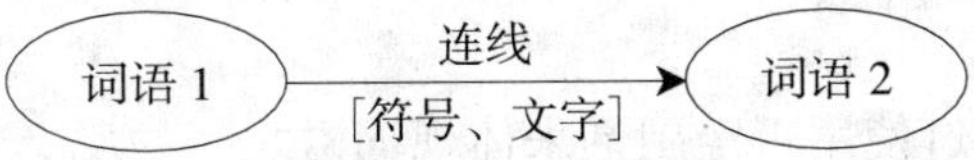

图3－2

那么，在这其中，界定词语之间连线的语义关系自然显得十分重要并且关键。为了做好这个环节，满足语义谱系建构的需要，下面我们将逐一界定一些主要涉及的语义关系类型。

(1) 同义关系。

以字母符号"T"表示。同义关系即是指"词语1"和"词语2"之间的关系基本上可以画等号，属于同义关系。以"强劲"和"强有力的"为例，其释义模式为：

强劲（强有力的）：[汽车][动力][强大][有力]

它们二者基本上可以互为各自的解释，释义模式也是一样的。那么二者之间的语义关系用图式就表示为（见图3－3）：

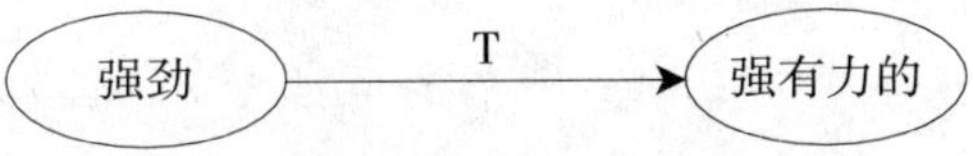

图3－3

(2) 反义关系。

以字母符号"F"表示。在同一义场中也有意义相对或相反的情况。尽管意义相对或相反，但是它们也有着某些共同的语义成分。例如在[空间]义场中有"大"和"小"，它们的释义模式分别为：

大：[汽车][空间][大][超过一般]

小：[汽车][空间][大][不及一般]

由此看来，它们二者可以作为义场中一对语义相对的核心词语，那么它们之间的语义关系用图式就表示为（见图3－4）：

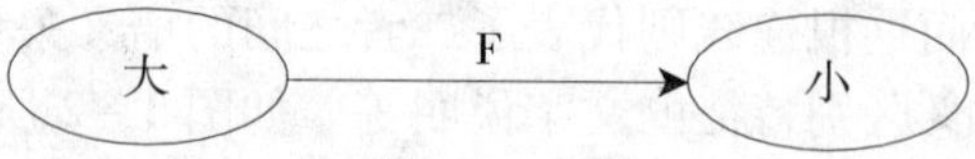

图 3－4

另外，如果是通过使用否定副词来体现词语之间的反义关系，我们则会在相关地方标示出“＋［否定副词］”。

（3）增义关系。

以字母符号“Z”表示。也就是说，“词语 1”作为基础，通常是义场中的核心词语，而“词语 2”则在“词语 1”的核心语义基础上增加某一其他区别特征语义成分。我们以［速度］义场中的“敏捷”为例，义场中的核心词语为“快”，“敏捷”的释义模式是：

敏捷：［汽车］［速度］［快］［灵敏］

因此，我们可以看出，“快”与“敏捷”之间的语义关系为增义关系，“敏捷”只是在“快”的基础上增加了［灵敏］这个区别性语义成分。那么它们二者之间的语义关系我们就可以用以下图式来表达（见图 3－5）：

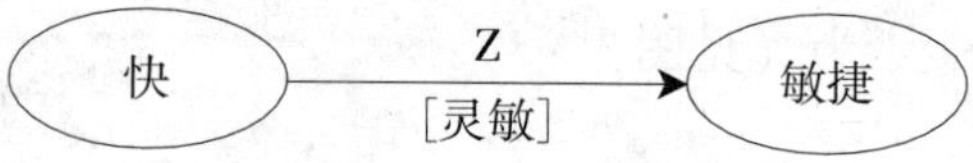

图 3－5

（4）程度关系。

以字母符号“C”表示。在同一义场中，许多词语会表现出语义表达程度上的变化。我们以核心词语的语义程度作为原始程度量，如无明显程度变化，则不作标示；如有程度上的明显变化，相比较程度有所加强的，标示为“C^{+}”，更强的标示为“C^{++}”。下面我们以“快”、“惊人”、“飞一般的”为例，“惊人”和“飞一般的”释义模式为：

惊人：［汽车］［速度］［快］s［吃惊］［语义量＋］

飞一般的：［汽车］［速度］［快］［语义量＋＋］

在这里，其他的语义成分先不作考虑，单独就“程度”而言，它们之间在表达的语义程度上呈现出不断加强的趋势。那么，三者之间的语义关系用图式的方式就应表示为（见图 3－6）：

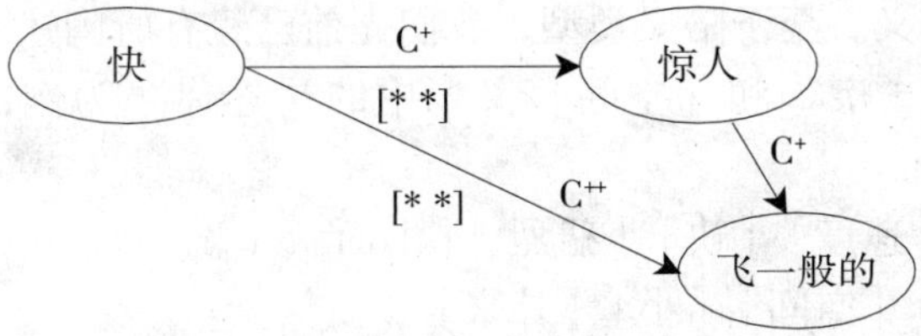

图 3－6

另外，有部分词语为了增加其语义程度，通过在词语前面使用程度副词来实现，如“很”、“更”、“最”等。例如［价格］义场中的“最低”，其释义模式为：

最低：［汽车］［价格］［低］［语义量＋］ ＋ ［最］

用图式表示如图 3－7 所示：

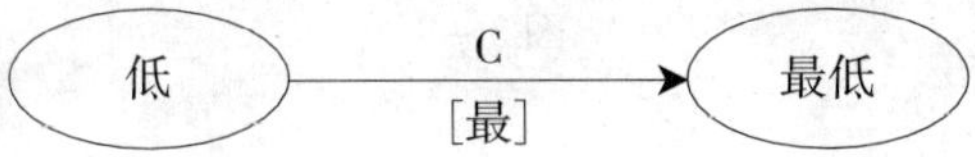

图 3－7

（5）比喻关系。

以字母符号“X”表示。为了表达一种形容义，我们常常运用一些修辞手法来达到目的，最为常见的就是运用比喻来进行修饰。下面我们以“快”和“疾如风”为例，“疾如风”的释义模式为：

疾如风：［汽车］［速度］［快］［猛烈］ x ［风］［比喻］［语义量＋＋］

由此可见，该词是通过把速度比喻成“风”来表达速度之快。那么，二者之间的图式关系就应该表示为（见图 3－8）：

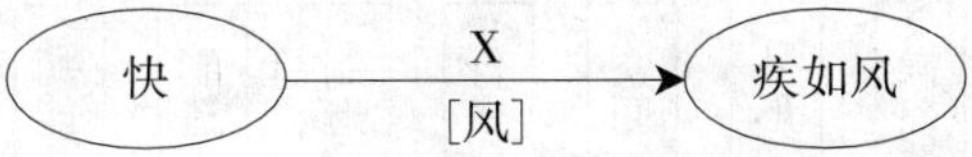

图 3－8

（6）语体关系。

以字母符号“S”表示。语体关系即是指部分词语体现出来的各种色彩义、附属义，也属于陪义。至于陪义类型，我们先前已经有所阐述。下面我们分别以［速度］义场中的“疾”和［空间］义场中的“迷你”为例，它们各自的释义模式分别为：

疾：［汽车］［速度］［快］［猛烈］［书面］

迷你：［汽车］［空间］［小］［外来］

那么，它们二者分别都带有［书面］色彩和［外来］色彩，所以用图式就应该表示为（见图 3－9）：

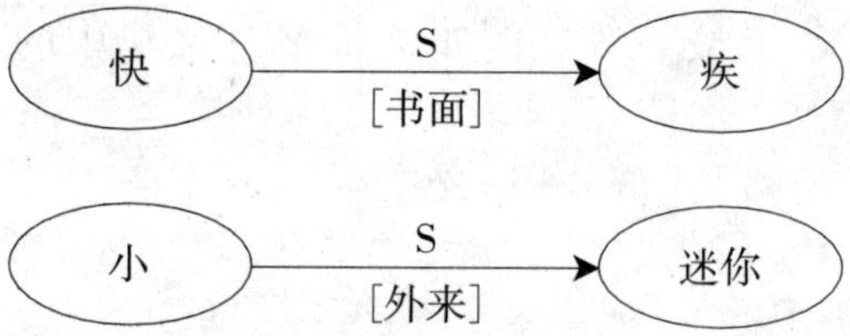

图 3－9

三、商品（汽车）语义谱系

在商品（汽车）语义系统下，根据语义类的不同，主要分为［速度］义场、［动力］义场、［能耗］义场、［操控性］义场、［外形］义场、［空间］义场、［价格］义场、［制造质量］义场、［制造工艺］义场、［功能技术］义场、［身份象征］义场、［市场形象］义场、［品质］义场共十三个义场，如图 3－10 所示：

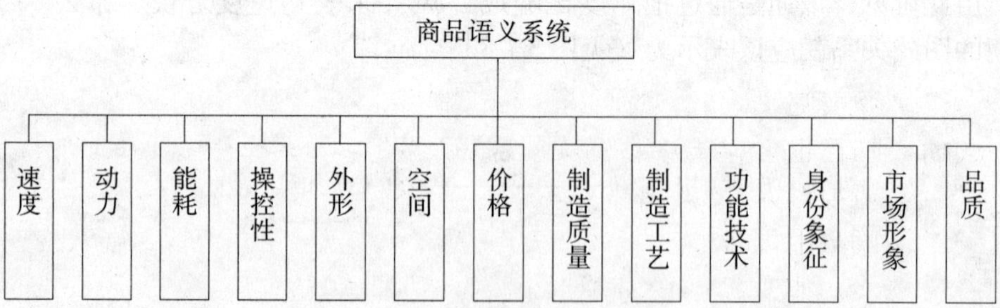

图 3－10

1. ［速度］义场图式

在现有的［速度］义场中，主要包括“快、疾、敏捷、高速、惊人、疾如风、飞一般的、和火箭最相似的、驾驶飞机的感觉”9 个词语。相比较而言，我们选取“快”作为其核心词语，那么其语义关系图式表示如下（见图 3－11）：

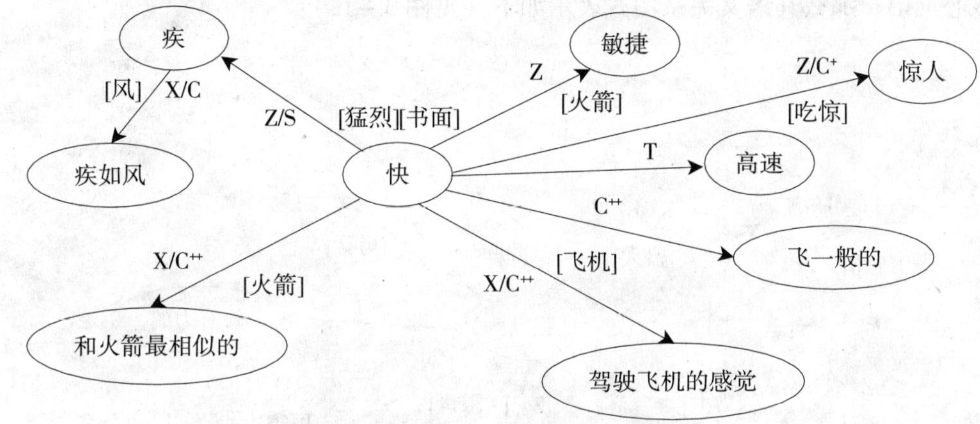

图 3－11

为了使大家能结合具体的广告语言来观察［速度］义场的情况，下面我们把该义场的成员所属的汽车广告语列举如下：

（1）驾驶者之车快并快乐着。
（2）旅行——随时准备好上路疾驶。
（3）疾如风，攻无不克。
（4）敏捷灵活，动静之间尽显卓越风范。
（5）从雄壮潇洒的英姿，到强有力的高速行驶。这就是“皇冠”的主张！
（6）在郊外宽阔的公路上，您将发现“桑塔纳”的速度惊人！
（7）飞一般的驾驶感受。
（8）“富兰克林”会给你驾驶飞机的感觉。
（9）你会和“雷诺”一见钟情的，这是和火箭最相似的汽车。

由此可见，在不同的广告语中，尽管选用了不同的词语来体现我们对事物的诉求，但是只要其修饰的事物相同，那么各词语间必然会存在某种相关联系。以下各义场我们就不再列举具体的广告语了。

2.［动力］义场图式

在现有的［动力］义场中，主要包括“强劲、强悍、磅礴、澎湃、千钧、无限、强有力的、来势汹汹”8 个词语。相比较而言，我们选取“强劲”作为其核心词语，那么其语义关系图式表示如下（见图 3－12）：

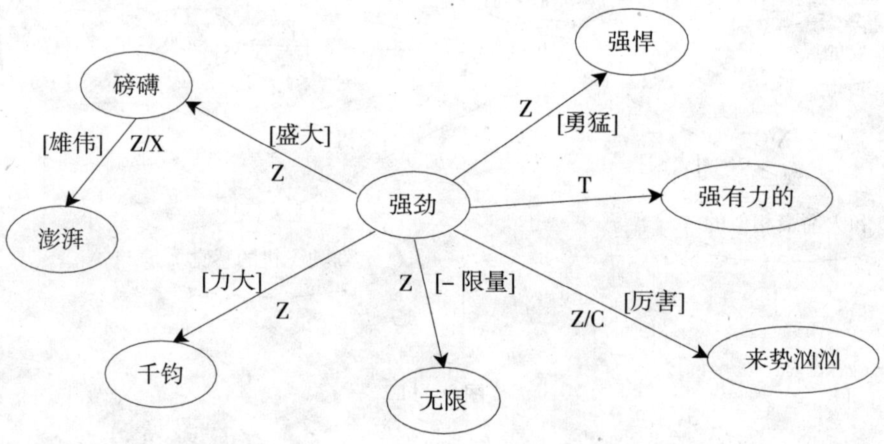

图 3－12

3.［能耗］义场图式

在现有的［能耗］义场中，主要包括“低耗、节能、高效、有限、环保、绿色、更轻省、超节能、低耗如驼”9 个词语。相比较而言，我们选取“低耗”作为其核心词语，那么其语义关系图式表示如下（见图 3－13）：

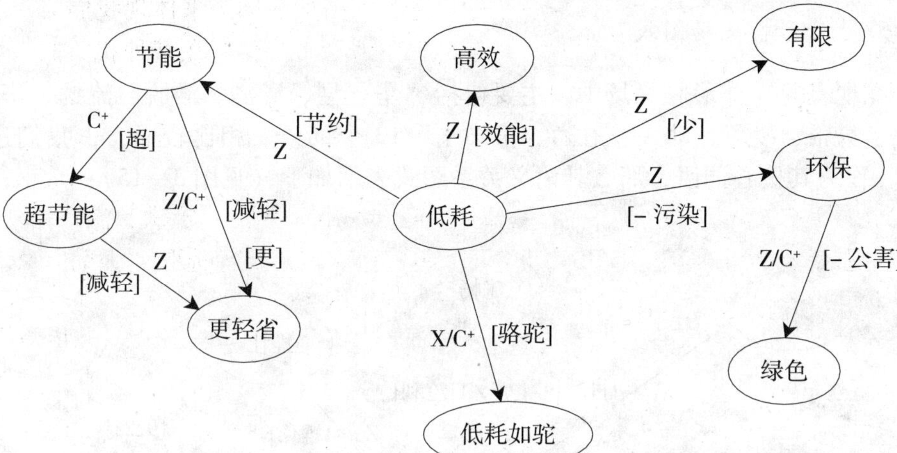

图 3－13

4.［操控性］义场图式

在现有的［操控性］义场中，主要包括“顺畅、顺滑、灵活、灵敏、更舒服、得心应手、如丝般的、行云流水般的”8 个词语。相比较而言，我们选取“顺畅”作为其核心词语，那么其语义关系图式表示如下（见图 3－14）：

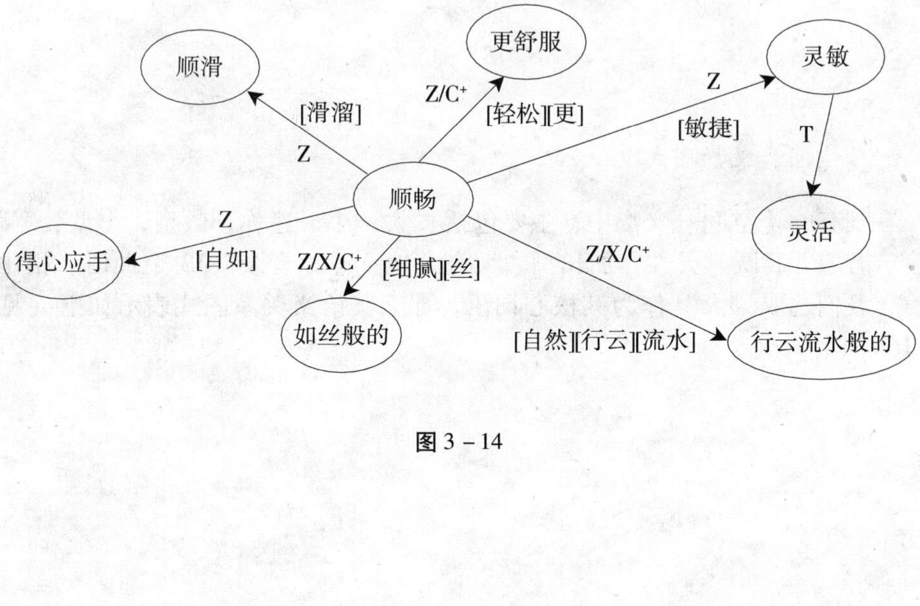

图 3－14

5. ［外形］义场图式

在现有的［外形］义场中，主要包括“华、型、潇洒、洒脱、流畅、华美、雄壮、隽雅、凌厉、动人、丑陋、很绅士”12 个词语。相比较而言，我们选取“华”作为其核心词语，那么其语义关系图式表示如下（见图 3－15）：

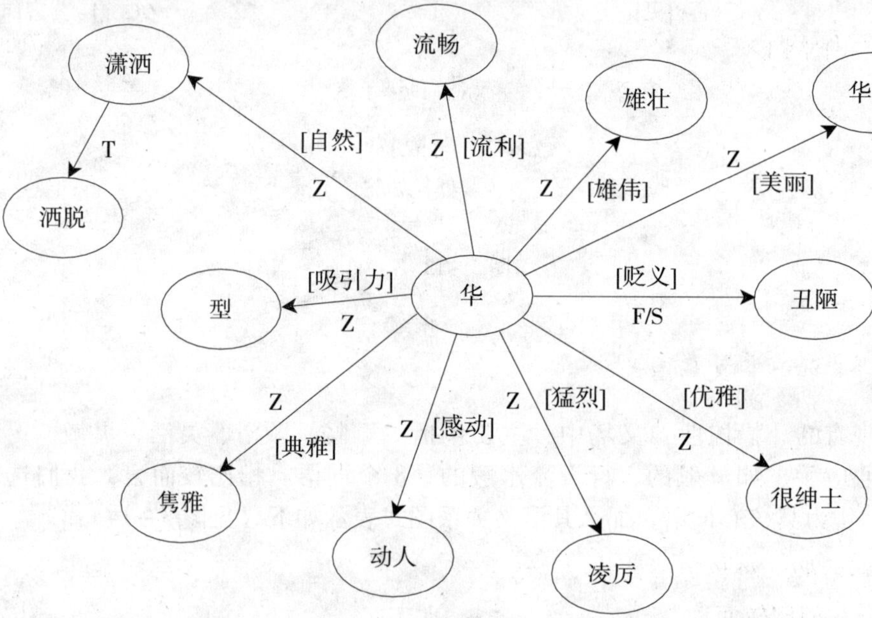

图 3－15

6. ［空间］义场图式

在现有的［空间］义场中，主要包括“大、小、迷你、微型、小型、宽敞、从容、有容、腾跃、灵性、加长型、大有余地、绰绰有余”13 个词语。相比较而言，我们选取“大”作为其核心词语，那么其语义关系图式表示如下（见图 3－16）：

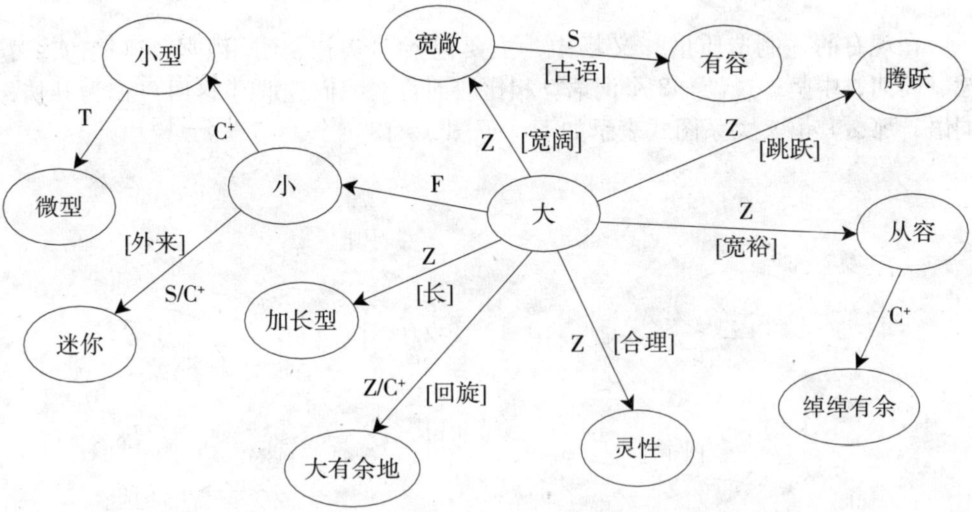

图 3－16

7. ［价格］义场图式

在现有的［价格］义场中，主要包括“低、最低、实惠、老百姓买得起的”4 个词语。相比较而言，我们选取“低”作为其核心词语，那么其语义关系图式表示如下（见图 3－17）：

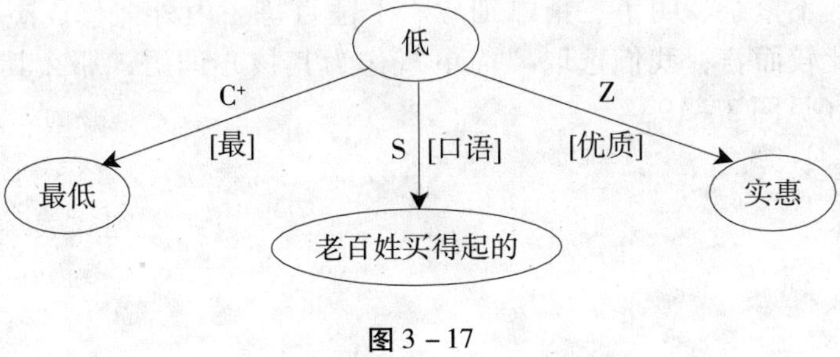

图 3－17

8. ［制造质量］义场图式

在现有的［制造质量］义场中，主要包括“实在、耐用、平实、结实、稳健、硬朗、中坚、过硬”8个词语。相比较而言，我们选取“耐用”作为其核心词语，那么其语义关系图式表示如下（见图3－18）：

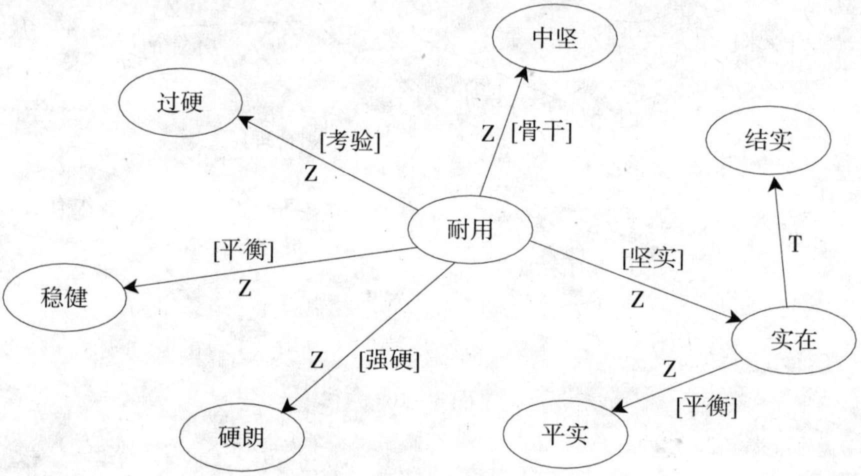

图3－18

9. ［制造工艺］义场图式

在现有的［制造工艺］义场中，主要包括“精、精致、精美、精良、精湛、简单、简约、不繁杂、明了、精雕细琢、千锤百炼、内外兼修、杰作天成”13个词语。相比较而言，我们选取“简单”作为其核心词语，那么其语义关系图式表示如下（见图3－19）：

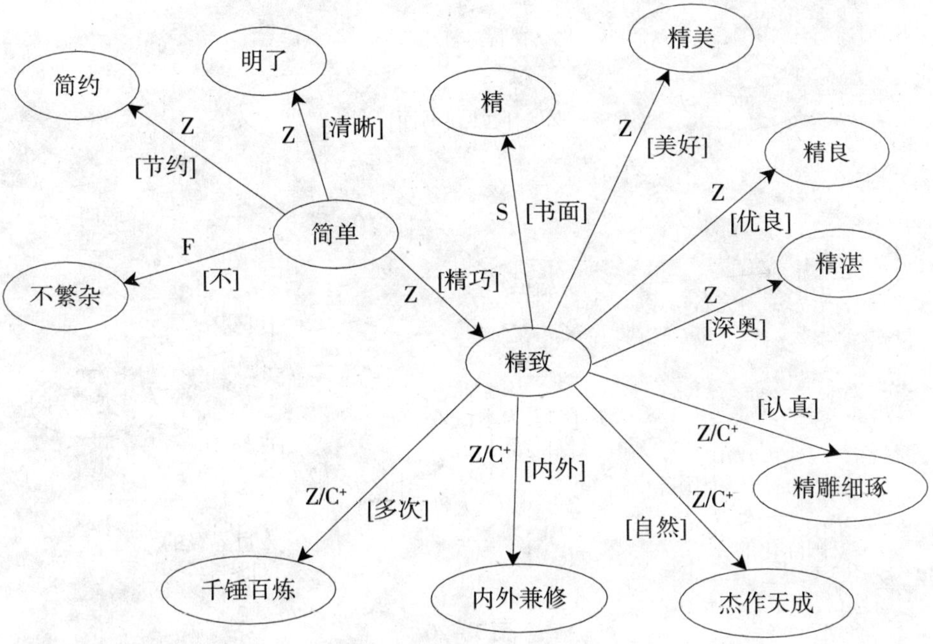

图 3－19

10. ［功能技术］义场图式

在现有的［功能技术］义场中，主要包括“高、领先、智能、聪明、睿智、完美、人性化、国际化的、世界级的、百变多用”10 个词语。相比较而言，我们选取“领先”作为其核心词语，那么其语义关系图式表示如下（见图 3－20）：

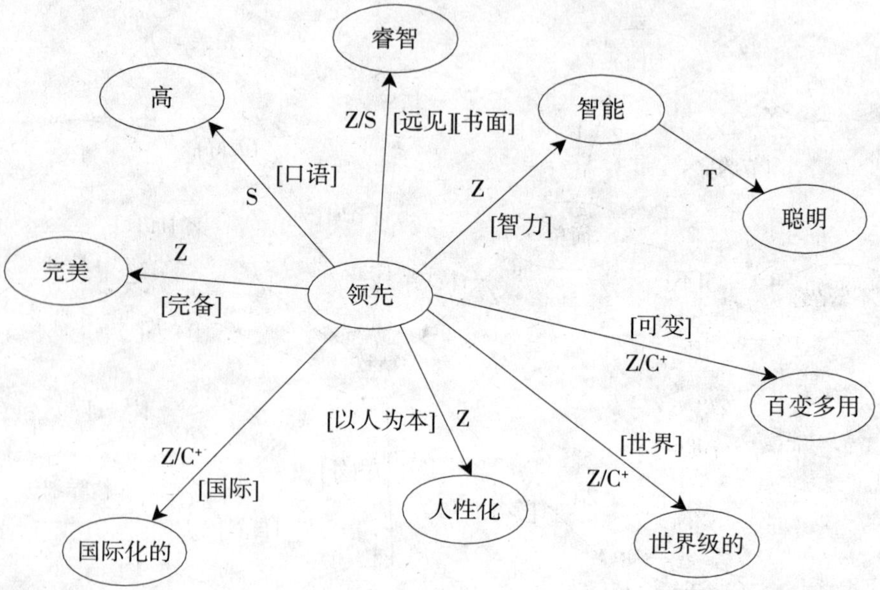

图 3－20

11. [身份象征] 义场图式

在现有的 [身份象征] 义场中，主要包括“贵、尊、豪华、尊贵、尊崇、高级、高档、奢华、显赫、钻石、最豪华、国家级、总统级、至上豪华”14 个词语。相比较而言，我们选取“高级”作为其核心词语，那么其语义关系图式表示如下（见图 3－21）：

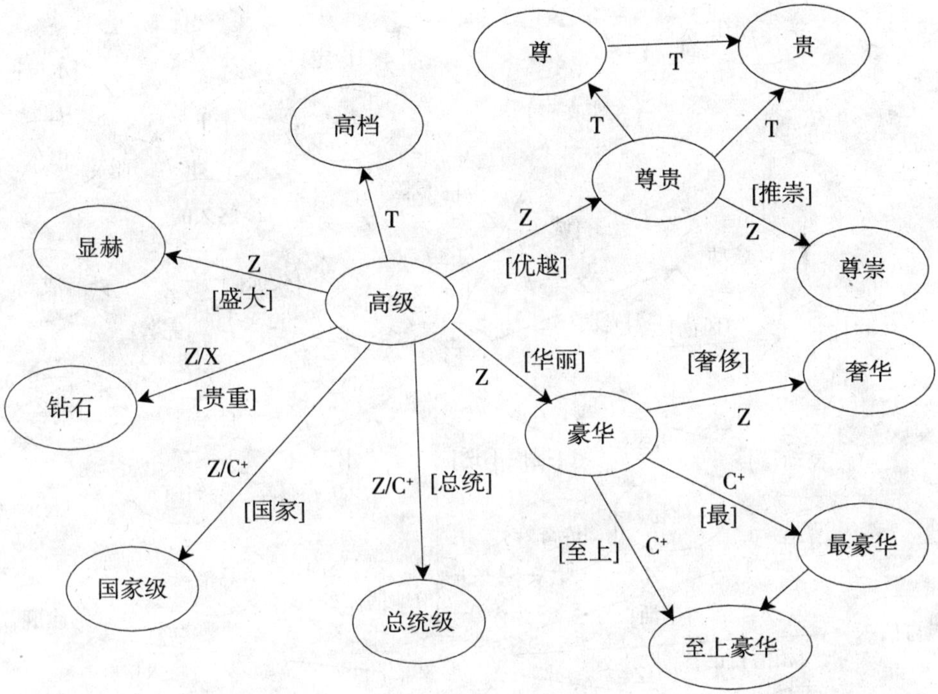

图 3－21

12. ［市场形象］义场图式

在现有的［市场形象］义场中，主要包括“神秘、传奇、璀璨、雄伟、酷炫、自信、成熟、高洁、宁静、和谐、灵动、炫动、时尚、可爱、精明、实在、平稳、安全、可靠、质朴、旗舰、很生活、很淑女、勇往直前、实实在在、悠久的、百年、恒久、古怪精灵”等词语。由于该义场中成员之间的语义联系较为离散，我们无法提取合适的核心词语。为此，我们在此就简单地将各成员之间的语义关系图式表示如下（见图 3－22）：

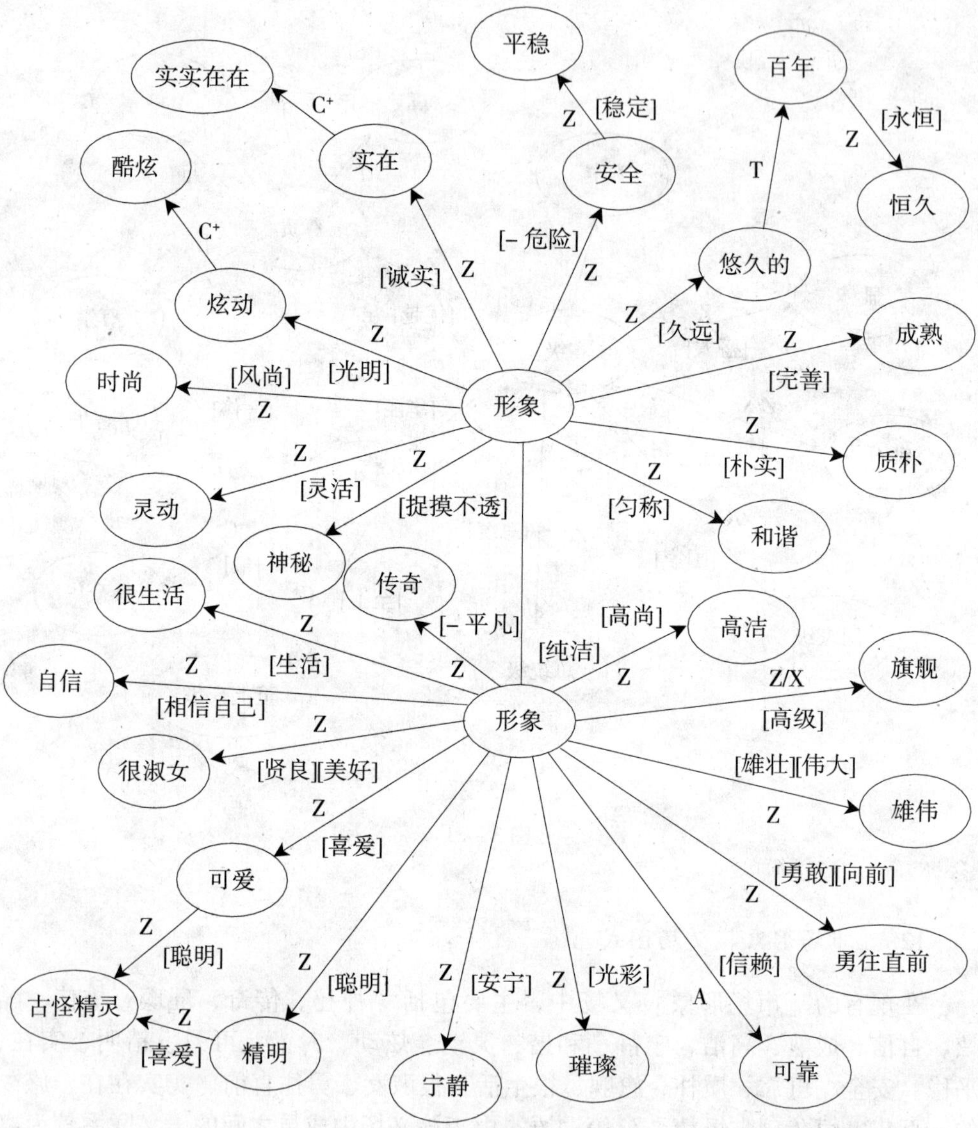

图 3－22

13. ［品质］义场图式

(1)［品质—好］义场图式。

在现有的［品质］义场中属于［好］义场的，主要包括“好、美、靓、名、高、更好、最好、最美、完美、优良、卓越、优尚、金牌、经典、动心、诱惑的、不简单、秀外慧中、无与伦比”19 个词语。相比较而言，我们选取“好”作为其核心词语，那么其语义关系图式表示如下（见图 3－23）：

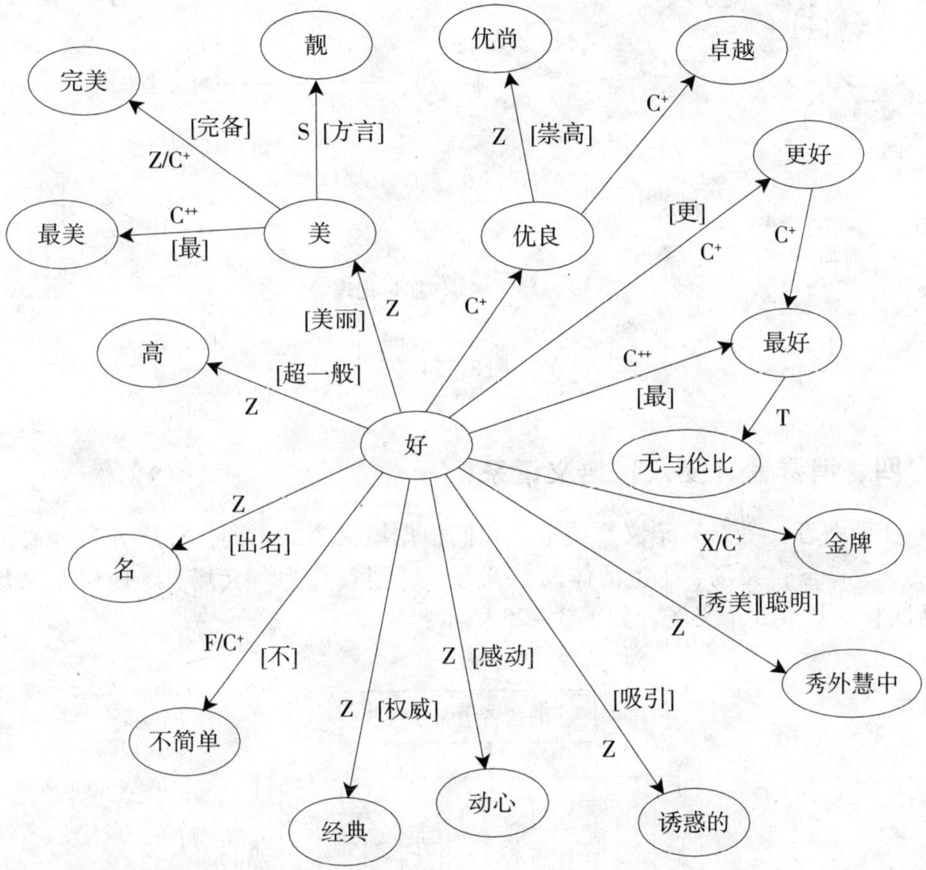

图 3－23

（2）［品质—新］义场图式。

在现有的［品质］义场中属于［新］义场的，主要包括“新、全新、崭新、特别、独特、不凡、不寻常、如蛹化蝶、脱胎换骨、与众不同”10 个词语。相比较而言，我们选取“新”作为其核心词语，那么其语义关系图式表示如下（见图 3－24）：

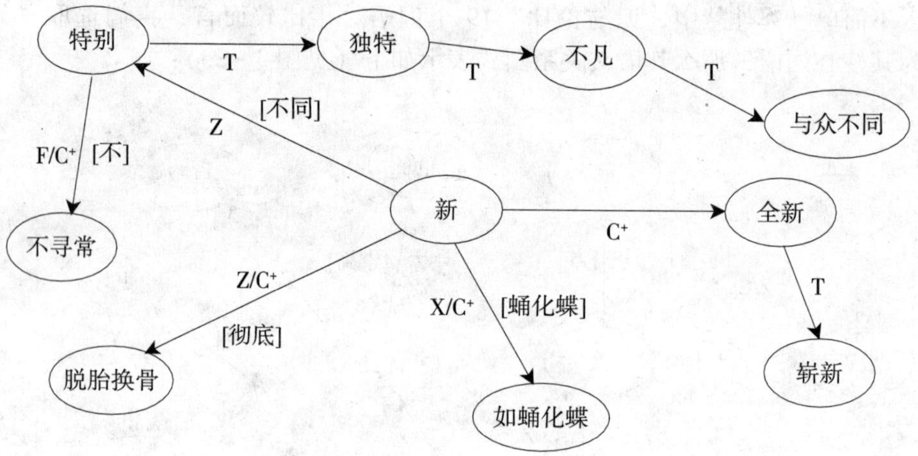

图3－24

四、消费者（受众）语义谱系

在消费者（受众）语义系统下，我们根据语义类的不同，主要分为［心情］义场、［心态］义场、［生活体验］义场、［消费行为］义场、［地位］义场、［品性］义场共6个义场，如图3－25所示：

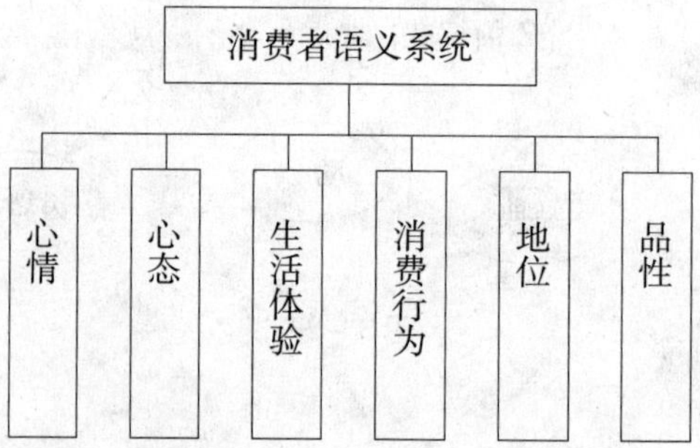

图3－25

1．［心情］义场图式

在现有的［心情］义场中，主要包括“快、悦、美、开心、安心、更安心、放心、快乐、惊喜、快意、得意、惬意、自在、赏‘芯’悦目、欣赏不已”15个词语。相比较而言，我们选取“快乐”作为其核心词语，那么其语义关系图式表示如下（见图 3 – 26）：

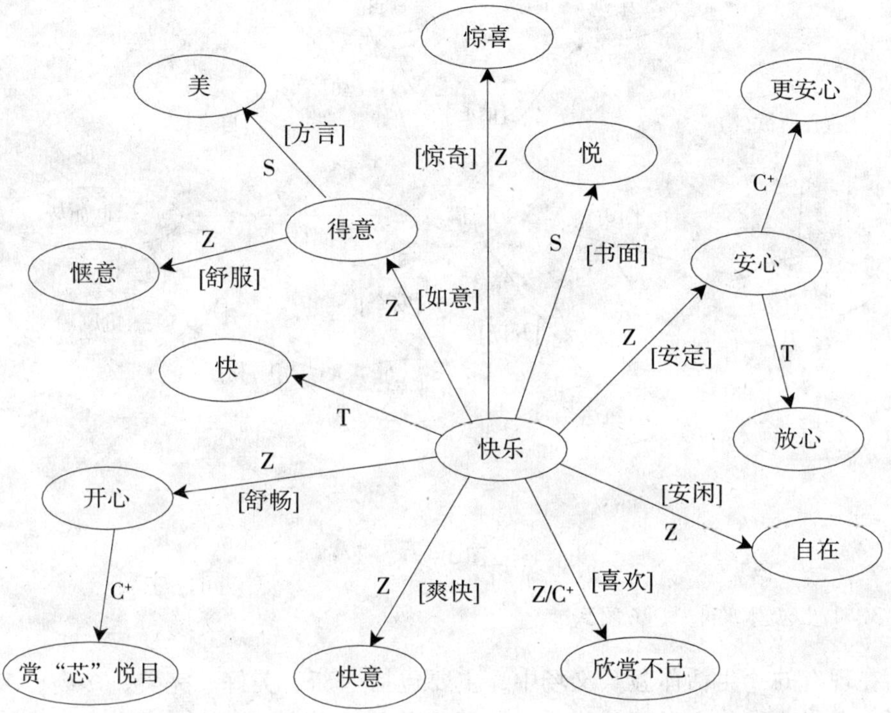

图 3 – 26

2. ［心态］义场图式

在现有的［心态］义场中，主要包括“野、平安、满意、乐观、自由、震撼、豁达、最骄傲、随心所欲、一见如故、一帆风顺”11 个词语。相比较而言，我们选取“满意”作为其核心词语，那么其语义关系图式表示如下（见图 3 – 27）：

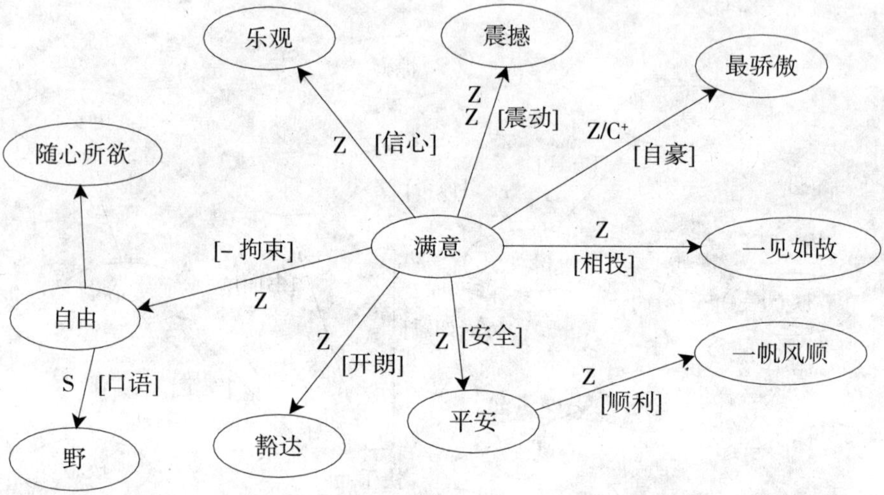

图 3－27

3. ［生活体验］义场图式

在现有的［生活体验］义场中，主要包括“新、美好、完美、多姿、多彩、精彩、七彩、唯美、亮丽、优质、优逸、优雅、优越、逍遥、阳光、和谐、舒适、实在、自立、不简单、最完美、无忧无虑”22 个词语。相比较而言，我们选取“美好”作为其核心词语，那么其语义关系图式表示如下（见图 3－28）：

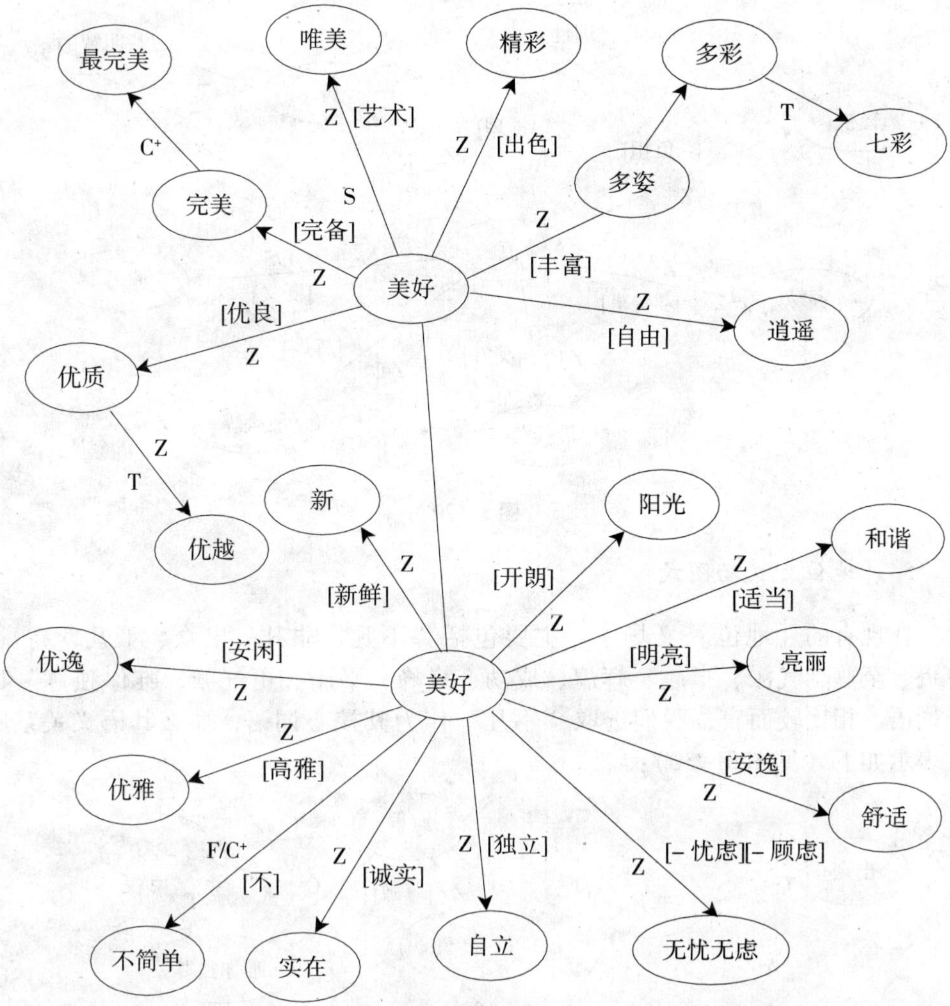

图 3－28

4. ［消费行为］义场图式

在现有的［消费行为］义场中，主要包括“值、智、理性、轻松、容易、明智的、最佳美、最辉煌、吃亏”9 个词语。相比较而言，我们选取“值”作为其核心词语，那么其语义关系图式表示如下（见图 3－29）：

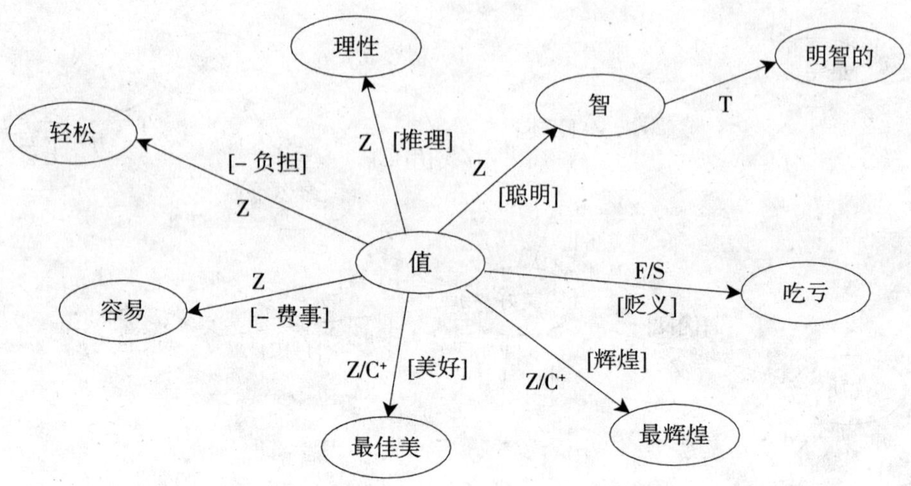

图 3－29

5. ［地位］义场图式

在现有的［地位］义场中，主要包括“不凡、非凡、出众、平凡、高贵、尊贵、至尊、气派、卓越、辉煌、成功、巅峰、平庸、更气派、唯你独尊”15个词语。相比较而言，我们选取“不凡”作为其核心词语，那么其语义关系图式表示如下（见图 3－30）：

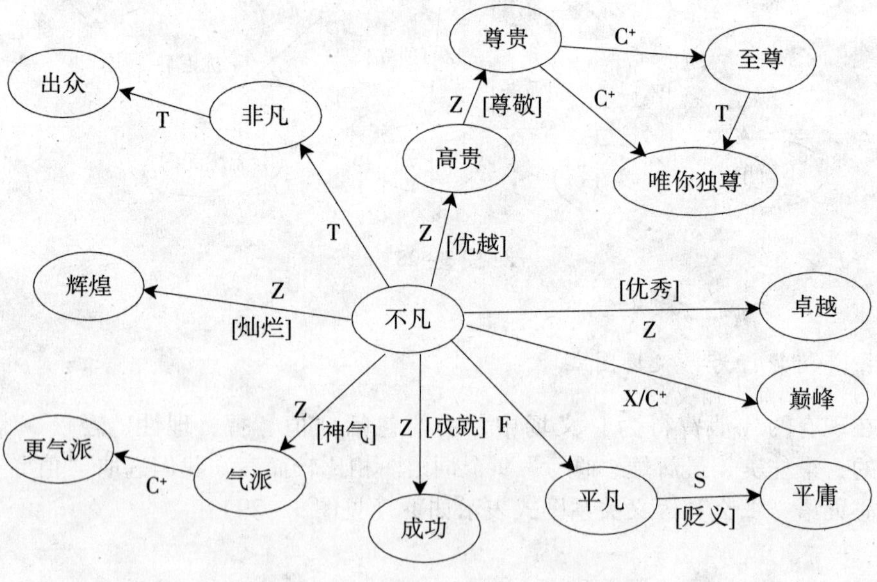

图 3－30

6. ［品性］义场图式

在现有的［品性］义场中，主要包括“强、沉稳、豪迈、傲然、奔放、进取、从容、更从容、胸罗万象、波澜不惊、不怒自威”11个词语。相比较而言，我们选取“强”作为其核心词语，那么其语义关系图式表示如下（见图3－31）：

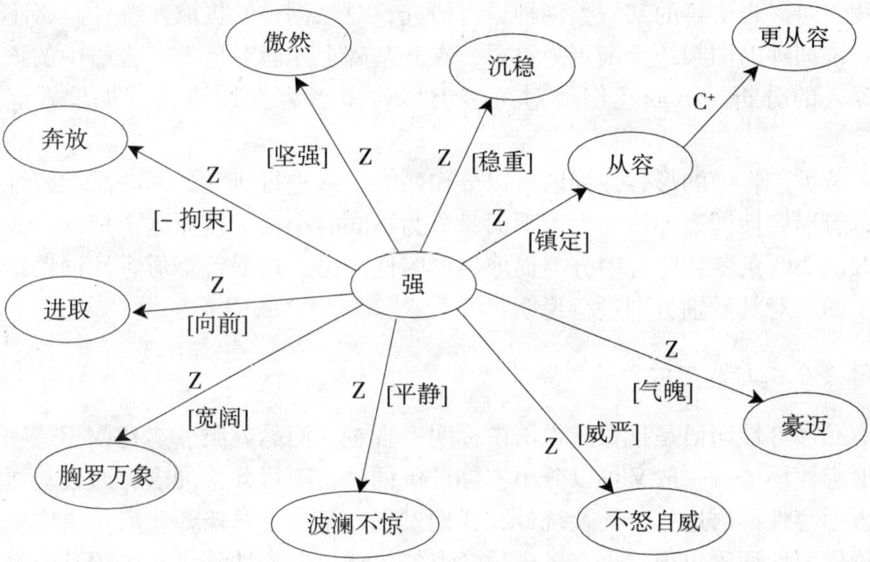

图3－31

第四节　冬装广告形容性谱系①

一、冬装现有的形容性词语界定

本节中我们所提及的冬装“现有”形容性词语即报刊、网络、图书、杂志上的冬装广告语言中已经出现或是已经使用的形容性词语，通俗地说即是现在已经出现的形容性词语。它的概念与我们后文要提及的“潜在”形容性词语是相对的。根据广告语言谱系研究的思路，我们通常是先从“现有”的形容性词语

① 本部分作者逄立伟，摘自逄立伟硕士学位论文（2012）《冬装广告中形容性词语谱系研究》，章节标号有改动。

中做调查研究开始，发现和分析问题并从语义学的角度进行阐释，再根据语义空位挖掘广告语言中可能存在的“空位词语”，来充实现有的形容性词语库，给广告商或是创作者的广告语创作时提供或多或少的借鉴，达到语言研究服务于市场、服务于社会的最终目的。（屈哨兵，2010）

二、冬装类广告中形容性词语的提取和分析

我们对广告语言的某一类词种进行研究，对该词种的提取及统计是必不可少的，对该词种的词频统计则更为重要，在此基础上才能对该类广告语中的该词种进行深入的分析。下面我们就对冬装类广告中形容性词语进行提取、统计和分析。

服装类广告中的形容性词语可以分作两大类来进行研究，即商品形容性词语和消费者形容性词语，每一大类下面又分为不同的小类。按照这个标准，我们从所选取的290条冬装广告中分类提取出形容性词语，根据每个形容性词语形容对象的不同，对其类别分别进行说明。

1. 冬装类广告中的商品形容性词语

商品形容性词语是指在广告语中标明广告主、商品或服务本身或相关项目评价的形容性词语。一般又可以分出本体评价词语、项目评价词语。通过对所选冬装广告形容性词语进行分类及统计，我们发现，基本上每条冬装广告语中都有项目评价形容性词语出现，也有极少数含有整体评价形容性词语，鉴于其数量上的差别，我们重点分析服装广告中的项目评价形容性词语。

（1）冬装类广告中的项目评价形容性词语。

如今受“休闲穿”潮流的影响，人们穿休闲装的频率增加。休闲装可以突破特定职业和特定身份消费者的限制，在工作之余，大家都会选择休闲装，冬装同样如此，趋于休闲潮。由于不同的冬装款式大同小异，加上激烈的市场竞争，冬装的销售已经让很多品牌感到无奈。对于消费者来说，选择冬装也并非容易之事，每个品牌所关注的基本卖点不一样，但是消费者关注的通常是冬装的面料、工艺、版型等。结合改革开放以来我国服装诉求的变化，（唐蓓芳，吴辉，2010）下面我们根据搜集的语料选取了四个典型的冬装卖点来进行分析。

在冬装广告中，我们一共提取出了142个冬装各项目形容性词，这142个冬装项目形容性词语所指向的形容对象各不相同，在这里主要选取四类最有代表性的项目来进行分类统计。这四类项目是：描述冬装颜色的形容性词语、描述冬装质地材料的形容性词语、描述冬装外观的形容性词语以及描述冬装风格的形容性词语。根据以上标准，我们对四类冬装项目形容性词语进行了分类统计，下面分

别对其进行描述。

冬装颜色项目形容性词语，即用来形容冬装本身的颜色词语。这类形容性词语在冬装广告中出现了 29 个，共出现了 34 次，基本上没有出现纯粹的颜色词语。

冬装质地材料项目形容性词语，即用来形容冬装本身所用的材料及其质地感受的词语，主要是对冬装的触觉方面进行形容，在冬装广告语中这类形容性词语一般其明确的修饰对象为“质料”、“面料”、“手感”等方面。这类形容性词语在广告中只出现了 30 个，共出现了 89 次。

冬装外观项目形容性词语，即用来形容冬装本身外观及外表类的形容性词语，主要是从视觉角度来对服装的外观、款式及其设计进行说明，在冬装广告语中这类形容性词语明确的形容对象为“款式”、“设计”、“造型”、“结构”、“搭配”等方面。此类形容性词语在冬装广告中出现了 52 个，共出现了 173 次，其数量和出现的频率相对于其他项目的形容性词语出现的数量和频率比较多，比较高。

冬装风格项目形容性词语，即用来形容冬装本身所富有的以及蕴含内在气质的形容性词语，这类形容性词语在冬装广告中明确地指出了其本身的风格，其形容对象都明确是“风格”。此类形容性词语出现了 26 个，共出现了 41 次。

通过对冬装广告中商品本体项目评价形容性词语的出现数量及其出现频率的统计数据，我们发现所提取的形容性词语，总体上数量较多，出现的频率也很高，但是值得我们注意的是，这些形容性词语中有的是高频词，有的只是出现了几次或是一次的低频词。所以我们在对其进行研究时，按照以下思路来进行：首先，重点对已经出现的各个项目的形容性词语进行使用频率的统计，找出高频词；其次，对这些高频词语作消费者接受度调查；最后，找出两者之间的差异，分析出现这种现象的原因。

（2）冬装项目形容性词语使用频率统计。

鉴于冬装中各个项目的形容性词语比较多，我们遵循最优原则，所以只选取统计频率相对较高的词语来进行观察，其他的低频词语在这里就不作列举研究。我们首先对这些已经出现的项目形容性词语作一个现阶段使用度的调查。

①冬装颜色项目形容性词语。

冬装颜色项目形容性词语共有 29 个，按照我们统计的使用频率高低，其词语使用频率分列如下：

经典（3 次）、自然（2 次）、丰富（2 次）、时尚（2 次）

其他的 25 个颜色项目形容性词语只出现了一次。其使用频率按照由高到低的顺序排列为：

经典 > 自然 > 丰富 > 时尚

②冬装质料项目形容性词语。

冬装质料项目形容性词语共出现了 30 个，按照我们统计的使用频率高低，其词语使用频率分列如下：

舒适（32 次）、柔软（15 次）、透气（5 次）、轻柔（4 次）

优质（3 次）、细腻（3 次）、厚实（2 次）

其他的 23 个质料形容性词语仅出现了一次。其使用频率按照由高到低的顺序排列为：

舒适 > 柔软 > 透气 > 轻柔 > 优质 > 细腻 > 厚实

③冬装外观项目形容性词语。

冬装外观项目形容性词语共出现了 52 个，是所选取的项目形容性词语中数量最多的一类，按照其使用频率高低，具体词语使用频率分列如下：

简约（18 次）、大方（17 次）、时尚（14 次）、简洁（12 次）

修身（10 次）、经典（9 次）、简单（7 次）、宽松（7 次）

流畅（6 次）、不臃肿（5 次）、别致（5 次）、美观（5 次）

宽大（3 次）、高贵（3 次）、休闲（3 次）、实用（2 次）

个性（2 次）、飘逸（2 次）、朴实（2 次）、利落（2 次）

高雅（2 次）、干练（2 次）、新颖（2 次）、大气（2 次）

剩余的 28 个外观形容性词语仅出现了一次。其使用频率按照由高到低的顺序排列为：

简约 > 大方 > 时尚 > 简洁 > 修身 > 经典 > 简单 > 宽松 > 流畅

④冬装风格项目形容性词语。

冬装风格项目形容性词语一共出现了 26 个，按照我们的统计结果，其使用频率分列如下：

时尚（6 次）、独特（4 次）、飘逸（3 次）、经典（3 次）

洒脱（2 次）、典雅（2 次）、粗狂（2 次）、休闲（2 次）

剩余的 18 个风格形容性词语仅出现了一次。其使用频率按照由高到低的顺序排列为：

时尚 > 独特 > 飘逸 > 经典 > 洒脱 > 典雅 > 粗狂 > 休闲

以上是我们对现有的各个冬装项目形容性词语在已经出现过的冬装广告中使用频率进行的统计，可以说这些项目形容性词语出现的频率实际上也是广告创作人使用它们的频率，其也代表了广告商对这些形容性词语的使用度，哪些是高频词，哪些是低频词，我们一目了然。但是，广告商或是广告创作者使用的形容性词语有的未必在消费者中引起共鸣，一则好的广告语必须站在消费者的角度，让消费者去接受，这就需要我们进一步进行研究。为此，我们站在消费者的角度对这些冬装各个项目形容性词语的接受度做了一个调查，以期得知消费者对这些形容性词语的接受度。

（3）冬装项目形容性词语消费者接受度调查。

进行冬装广告中各项目形容性词语消费者接受度的调查，我们采用的方法是封闭式调查问卷法，鉴于现有的调查条件及现有的受众，我们选取的受众为18到30周岁的具有自主认知购买能力的学生或社会人员，共200人。在调查时，我们首先在调查问卷中出示冬装各个项目现有语料中被使用的高频形容性词语，接下来让消费者进行选择，最后统计选择该词语的消费者的人数，算出各个形容性词语所占的百分比，通过数据来说明某一词语接受度的高低，毕竟消费者对某一词语的选择度从某种程度上就代表了其对现有的各个冬装项目形容性词语的接受度。针对每个项目的形容性词语，在问卷中我们所做的调查如下：

调查一，冬装颜色项目形容词：

在现有的冬装广告语中，含有以下关于服装颜色项目的形容性词语，您会倾向于选择以下哪几个？（可多选）

A. 经典　B. 自然　C. 丰富　D. 时尚

调查统计结果如表3－7所示：

表3－7　冬装颜色项目形容性词语调查结果

颜色形容性词语	选择人数	所占百分比
经典	27	13.5%
自然	189	94.5%
丰富	58	29%
时尚	96	48%

通过上述调查统计，我们可以看到提及关于冬装颜色的形容性词语，有94.5%的消费者选择“自然”，有48%的消费者选择“时尚”，这两个形容性词语占有最高选择率，剩余的两个词语选择度比较低。按照上表的调查数据，我们可以把消费者对关于冬装颜色类的项目形容性词语的接受度从高到低排列：

自然 > 时尚 > 丰富 > 经典

调查二，冬装质地材料项目形容词：

在现有的冬装广告语中，含有以下有关对服装质地材料项目描述的词语，您会倾向于选择以下哪几个？（可多选）

A. 舒适 B. 柔软 C. 透气 D. 轻柔 E. 优质 F. 细腻 G. 厚实

调查统计结果如表 3－8 所示：

表 3－8 冬装质地材料项目形容性词语调查结果

质地材料形容性词语	选择人数	所占百分比	质地材料形容性词语	选择人数	所占百分比
舒适	200	100%	优质	198	99%
柔软	193	96.5%	透气	12	6%
轻柔	189	94.5%	细腻	162	81%
厚实	62	31%			

通过上述调查结果，我们可以看出，提到冬装的质地和材料的形容性词语，消费者选择度最高的是“舒适、柔软、轻柔、优质和细腻”这五个词语，只是这五个词语之间的选择人数稍有差异，“透气”一词是比较被消费者冷落的选择，只有 6% 的受调查者选择了该词语。按照调查结果所分析的数据，我们可以把消费者对现有的冬装质地类项目形容性词语的接受度从高到低排列为：

舒适 > 优质 > 柔软 > 轻柔 > 细腻 > 厚实 > 透气

调查三，冬装外观项目形容词：

在现有冬装广告中，含有以下对服装外观项目描述的形容性词语，您会倾向于选择以下哪几个？（可多选）

A. 简约 B. 大方 C. 时尚 D. 简洁 E. 修身

F. 经典 G. 简单 H. 宽松 I. 不臃肿 J. 流畅

鉴于冬装外观项目评价形容性词语较多，我们不一一列举，在这里仅选取使用频率居前十位的词语来进行统计，调查统计结果如表 3－9 所示：

表 3－9　冬装外观项目形容性词语调查结果

外观形容性词语	选择人数	所占百分比	外观形容性词语	选择人数	所占百分比
简约	156	78%	不臃肿	120	60%
大方	163	81.5%	简单	103	51.5%
流畅	138	69%	宽松	94	47%
时尚	179	89.5%	经典	89	44.5%
修身	159	79.5%	简洁	146	73%

调查结果表明，涉及冬装外观的项目评价形容性词语，大部分消费者都选择了“时尚”、“大方”、“简约”等词语，与其他的外观项目形容词作比较，它们之间的选择度区分明显。对此，我们将消费者对现有的冬装外观项目形容性词语的接受度按照从高到低的顺序排列为：

时尚 > 大方 > 修身 > 简约 > 简洁 > 流畅 > 不臃肿 > 简单 > 宽松 > 经典

调查四，冬装风格项目形容词：

在现有的冬装广告中，含有以下对服装风格项目描述的形容性词语，您会倾向于选择以下哪几个？（可多选）

A. 时尚　B. 独特　C. 飘逸　D. 经典

E. 洒脱　F. 典雅　G. 粗狂　H. 休闲

鉴于冬装风格项目评价形容性词语较多，我们依然选取消费者接受度最高的前十位词语来进行统计研究，调查统计结果如表 3－10 所示：

表 3－10　冬装风格项目形容性词语调查结果

风格形容性词语	选择人数	所占百分比	风格形容性词语	选择人数	所占百分比
时尚	189	94.5%	休闲	173	86.5%
洒脱	169	84.5%	独特	87	43.5%
经典	96	48%	粗狂	67	33.5%
典雅	163	81.5%	飘逸	69	34.5%

通过上表的调查结果，可以看出在冬装风格项目形容性词语中，明显出现了高频接受度词和低频接受度词，分别以“时尚”和“粗狂”为代表。我们把冬

装风格项目词语按照消费者接受度的高低排列如下：

时尚＞休闲＞洒脱＞典雅＞经典＞独特＞飘逸＞粗狂

（4）项目词：高频词与接受度调查对比。

以上我们统计调查了现有冬装各个项目形容性词语在广告语中的使用频率以及消费者的接受度，下面我们对其结果作一个对比，以便更清晰地认识冬装各个项目形容性词语在现有广告语中的使用频率及其消费者接受度之间的差异。

① 冬装颜色项目形容性词语。

使用频率：经典＞自然＞丰富＞时尚

接受度：自然＞时尚＞丰富＞经典

② 冬装质料项目形容性词语。

使用频率：舒适＞柔软 ＞透气＞轻柔＞优质＞细腻＞厚实

接受度：舒适＞优质 ＞柔软＞轻柔＞细腻＞厚实＞透气

③ 冬装外观项目形容性词语。

使用频率：简约＞大方＞时尚＞简洁＞修身＞经典＞简单＞宽松＞流畅

接受度：时尚＞大方＞修身＞简约＞简洁＞流畅＞不臃肿＞简单＞宽松

④ 冬装风格项目形容性词语。

使用频率：时尚＞独特＞飘逸＞经典＞洒脱＞典雅＞粗狂＞休闲

接受度：时尚＞休闲＞洒脱＞典雅＞经典＞独特＞飘逸＞粗狂

透过以上排列对比，我们可以发现广告商对冬装各项目的使用度与消费者接受度的频率高低是有差异的。总体上说广告商的使用度与消费者的接受度有点类似，那就是大部分形容性词语中使用度较高的词语，一般其消费者接受度也相对高；广告商使用度低的词语，其消费者的接受度也相对较低，但是个别词语的使用度与消费者的接受度是有差距的，如在质地材料项目形容性词语中的“透气”一词，现有广告语中的使用频率和消费者的接受度的差异是很大的。

2. 冬装广告中现有的消费者形容性词语

消费者形容性词语是指在广告语言中对消费者进行评价导使的形容性词语。在服装广告中这类词语主要是用来对消费者在即将购买或购买该服装后穿在身上的效果进行的描述。在冬装广告中，我们一共提取了 72 个消费者形容性词语并将其主要分为两大类：一类是消费者购买冬装后对实际功能进行描述形容的形容性词语，即说明消费者购买冬装后对其功能的形容；另一类是消费者着装后的心理感受形容性词语。现在我们根据分类来对现有的消费者形容性词语进行使用度和接受度的调查并作对比。

同样，首先对这些消费者形容性词语在冬装广告语中的出现频率即使用频率作一个统计，找出高频词，然后针对高频形容性词语做消费者受众度的调查，按照消费者对该词语接受度的高低进行排列，再将广告商的使用度和消费者的接受度作比较，最终探讨出现这种不平衡现象的原因。

（1）冬装消费者形容性词语使用频率统计。

①冬装消费者功能形容性词语。

形容冬装功能形容性词语，即对冬装带给消费者的功能的形容。我们一共提取了6个功能形容性词语，出现的频率共为35次，按照其出现使用频率的高低，分列如下：

保暖（17次）、温暖（7次）、防风（6次）、防水（4次）、透气（1次）

按照使用频率的高低，由高到低排列为：

保暖 > 温暖 > 防风 > 防水 > 透气

②冬装消费者心理形容性词语。

冬装消费者心理形容性词语主要用来说明消费者穿上冬装后的心理感受，这类形容性词语一共提取了67个，出现的频率共为132次。鉴于该类形容性词语的数量比较多，按照使用频率的统计，我们只选取前8位来进行分列，剩余的词语只出现了1次，这里我们不作陈述。分列如下：

潇洒（10次）、时尚（8次）、高贵（7次）、帅气（7次）

休闲（5次）、洒脱（4次）、温馨（4次）、美丽（4次）

按照使用频率的高低，由高到低排列为：

潇洒 > 时尚 > 高贵 > 帅气 > 休闲 > 洒脱 > 温馨 > 美丽

以上是我们对现有的消费者形容性词语在冬装广告中的出现数量及频率进行的统计，它向我们展示了广告商对这些形容性词语的使用度。接下来我们站在消费者的角度对这些冬装消费者形容性词语的接受度做一个调查。

（2）冬装消费者形容性词语受众接受度调查。

对于冬装消费者形容性词语接受度的调查，我们依然采取封闭式调查问卷的方式来进行。按照原有的调查条件，我们在调查问卷中设计的问题如下：

调查一：冬装消费者功能形容性词语。

在现有的广告语中，对于冬装功能形容的词语，您会选择以下哪些形容性词语？（可多选）

A. 保暖　B. 温暖　C. 防风　D. 防水　E. 透气

调查统计结果如表3－11所示：

表 3－11　冬装功能形容性词语调查结果

功能形容性词语	所选人数	所占百分比
保暖	200	100%
温暖	200	100%
防风	200	100%
防水	76	38%
透气	2	1%

上述消费者调查显示，“保暖”、“温暖”和“防风”3 个词语具有极高的消费者接受度，占有绝对的优势，所占百分比为 100%，即基本上每个受调查者都选择了这三个词语；而“透气”一词的消费者接受度则极低，按照消费者接受度的高低，我们按照其接受度从高到低的顺序进行排列如下：

保暖＝温暖＝防风＞防水＞透气

调查二：冬装消费者心里形容性词语。

在现有的冬装广告中，对于消费者着装后心理感受描述的形容性词语，您会选择下列哪些词语？（可多选）

A. 潇洒　B. 时尚　C. 高贵　D. 帅气

E. 休闲　F. 洒脱　G. 温馨　H. 美丽

调查统计结果如表 3－12 所示：

表 3－12　冬装心理形容性词语调查结果

心理形容性词语	所选人数	所占百分比	心理形容性词语	所选人数	所占百分比
潇洒	198	99%	洒脱	167	83.5%
时尚	200	100%	休闲	153	76.5%
美丽	186	93%	温馨	189	94.5%
高贵	94	47%	帅气	193	96.5%

上述调查统计显示，在我们所选取的冬装消费者心理形容性词语中，“时尚”和“潇洒”两个形容性词语的消费者接受度最高，“温馨”、“帅气”和“美丽”次之，我们按照消费者的接受度对这些词语进行由高到低的排列如下：

时尚＞潇洒＞帅气＞温馨＞美丽＞洒脱＞休闲＞高贵

（3）消费者形容性词语：高频词与接受度对比。

以上我们统计和调查了在冬装广告语中冬装消费者形容性词语的使用频率和消费的接受度，下面我们把两个方面放在一起作一个对比，看看其中的异同点：

①冬装消费者功能形容性词语。

使用度：保暖 > 温暖 > 防风 > 防水 > 透气

接受度：保暖 = 温暖 = 防风 > 防水 > 透气

②冬装消费者心理形容性词语。

使用度：潇洒 > 时尚 > 高贵 > 帅气 > 休闲 > 洒脱 > 温馨 > 美丽

接受度：时尚 > 潇洒 > 帅气 > 温馨 > 美丽 > 洒脱 > 休闲 > 高贵

通过以上对比我们发现，对于冬装广告语中的功能形容性词语，其广告商的使用度和消费者对其的接受度基本上是一致的；对于消费者心理形容性词语，有些形容性词语使用度和消费者的接受度基本上一致，但是有些词语的使用度和接受度则出现了一定的差异，有待作进一步的分析。

三、冬装广告中的形容性词语使用不均衡成因

广告的目的就是要劝导消费者购买该产品，因此想要制作出成功的广告语，广告主就必须重视消费者的作用，要站在消费者的角度审视自己的广告语，认真地去研究消费者的心理，探讨如何才能引起消费者的注意，得出最佳的诉求点，进而让消费者最终实施行动购买该产品。只有这样，才能在当今浩瀚商海的激烈竞争中生存下去。

根据上文的统计和分析，我们拟从语言学的角度和消费者的心理角度出发，逐步揭示上文中不平衡现象背后的动机和原因，并给出适当的建议。根据调查分析，我们总结出其不平衡的原因有以下几点：

1. 词语的消费者熟悉度

广告语在创作之初首先要保证其中的字词通俗易懂，使消费者第一时间理解并找到相关的信息，找到商品诉求点。上述调查中消费者接受度高的形容性词语全部是日常生活中常见的使用频率高的词语，基本上没有出现生僻词语。相反，有些广告商可能会为了求新求异而使用了一些生僻词语，但是这些词语不易为消费者所理解，如在冬装商品形容性词语中，“自然”、“舒适”、“简约”、“大方”等词语；在冬装消费者形容性词语中，“保暖”、“温暖”、“潇洒”、“时尚”等词语。消费者对这些词语的接受度相对其他词语的接受度是非常高的；对于新造词和生僻词语，消费者的接受度较低。广告商可能有时候在做该产品的广告时，往往想使用特殊的词语以及新造词语来使自己的广告显得新异，吸引消费者，但

是站在消费者的角度，这些词语可能会显得非常“陌生”，无法达到自己的心理契合点，以至于不敢去说服自己购买该产品，如“不臃肿”、“粗狂”、“透气”等词语，消费者对其接受度相对于其他词语是偏低的。我们在做调查之时发现，对“透气”这个词语，许多消费者都持否定态度，都同样提出一个疑问：既然是冬装，应该要保暖舒适，为何还要“透气”？这就是消费者的疑问。站在广告商的角度去看，“透气”一词是积极的，是为了赞美该服装的质地材料透气性好，但忽视了消费者对其的理解，所以没有达到理想的效果。这就给广告商一个提醒，在创作广告语时，不可一味地求新求异，适合消费者的才是最好的，有些新词新语要取得消费者的高度接受，还需要一定的认知和接受过程。

2. 潜在的语义关联度

语义关联度在这里有两个方面，一是该词语本身与形容对象的关联度，二是该词语与冬季服装的关联度。我们先说明第一点，再说明第二点。本节主要研究的是冬装形容性词语，所以对有些形容性词语的考察，必须放在冬装这个大的语义圈中去考虑其与冬装的语义关联度如何，这是我们解释的重点。一般来说，该形容性词语与冬装的语义关联度越高，其消费者接受度便越高。

为了更好地说明语义关联的原因，对于第一点——形容性词语与形容对象的关联度，我们可以采用符淮青先生的“词义成分—模式”（符淮青，2006）来简要分析一下，虽不能完全说明，但是多多少少能证明。符淮青先生最早研究的对象是形容性词语的义位，对形容性词语释义模式的研究也最为详细深入，并且在其《词义的分析和描写》中指出了现代汉语词典中表示性状词语释义的三种模式，并指明“（适用对象）＋性状说明描写”式是表示性状词语的最主要的释义模式。符淮青先生对表示性状词语的释义理论解释为：若以（N）代表“（适用对象）”，以 t 代表性状特征，则可以把这个模式或是框架记为（N）t，即（适用对象）＋性状说明描写。可以用下图来对其进行简单的说明：

$$\text{健康}\quad \underset{N}{\underline{\text{（人体）}}}\quad \underset{t_1}{\underline{\text{生理机能正常}}}，\underset{t_2}{\underline{\text{没有缺陷和疾病}}}$$

$$\text{浮漂}\quad \underset{N}{\underline{\text{（工作或学习）}}}\underset{t}{\underline{\text{不踏实}}}$$

上述模式中 n 即代表适用对象，我们可以看出“健康”的适用对象是“人体”、生理机能，“浮漂”的适用对象是“工作或学习”；t 代表其所具有的特征，我们可以看出“健康”的特征为“正常”、“没有缺陷和疾病”，“浮漂”特征为

"不踏实"。鉴于此，我们可以观察一下消费者接受度高的词语与服装的关联程度，如果词典释义中指出了其适用对象，我们便可以直接加以运用，放在广告语言中来进行证明；如果词典释义中未指明其适用对象，我们就需要进行逻辑思考，根据其所指的特征来进行推测，进而转换到广告语言中来对其进行证明。需要注意的是，以下所释义的形容性词语，都是放在服装广告的语境中进行释义的，即仅选取与服装相关联的义项来进行释义，义项的单一性有助于我们进行科学的研究和分析。

在冬装项目形容性词语中，基本上高接受度的形容性词语都是与其所形容的项目有直接关联的，鉴于词语较多，我们不可能对其一一进行分析，这里只选取几个典型的高接受度词语分列如下：

	适用对象（N）	性状特征（t）
舒适	面料/手感	舒服安逸
大方	样式/颜色	不俗气
美观	形式	好看漂亮

上述分列即简单地说明了该形容性词语的形容对象与该形容性词语本身的关联度，这只是第一步，该理论更大程度上适用于冬装本体项目形容性词语的分析。接下来我们结合冬装的基本诉求点来进一步分析。

可以说，冬装和夏装是在春、夏、秋、冬四季中对比最鲜明的服装，这两类服装的首要诉求点是非常清晰的。夏装最基本的诉求点是穿着凉爽，冬装最基本的诉求点是穿着温暖，所以针对冬装这个最基本的诉求点，许多形容性词语都是围绕其来进行的。在我们所提取的形容性词语中，最能直接体现这一点的便是冬装功能形容性词语。冬装功能形容性词语中"保暖"、"温暖"、"防风"这三个高频词最直接地体现了消费者的内心诉求点，提及寒冬，我们可能就会在脑海中形成这样一种画面：北风吹，雪花飘，所以"保暖"、"防风"便是消费者最直接的选择。上文我们也提及过，在商品本体形容性词语中，"透气"一词在消费者接受度中非常低，是因为"透气"一词似乎有悖于冬装最基本的诉求点。

到这里，我们可能会发现一个新的问题：为什么有的词语与冬季的关联度并不是很大，但是接受度比较高呢？比如"时尚"、"简约"、"大方"等。对于此问题，我们的问卷中设计了以下问题：

您在选择冬装时是否首先关注该冬装的保暖性（是/否），在保证服装的保

暖性的同时您还会关注哪些项目_______?（可多选）

A. 颜色 B. 款式 C. 质料 D. 风格

我们调查的数据显示，94%的人首先关注冬装的保暖性，对于剩余的选项，选择人数各异，这就说明了消费者购买冬装诉求的多样性，在保证保暖性的基础上，还会有对于其他服装项目的诉求。为什么对于其他项目的形容性词语接受度比较高，我们认为这除了消费者自身的个性差异因素，还与形容性词语本身和其所形容的项目具有语义关联有关。

以上是我们从语义角度对消费者接受度高的形容性词语所作的分析，这里要说明的是每个形容性词语并不只是从某一单一的语义角度去考虑，而是我们需要综合地去考虑。比如“温馨”，该形容性词语不仅在语义形容对象上与着装后的心理感受有关联，而且与冬季这个义项保持关联。我们在提起这个词语的时候会感觉到在寒冷的冬季里内心所泛起的丝丝暖意。所以我们建议广告商在选择形容性词语时，首先要考虑该形容性词语与所形容服装项目的关联度，其次要考虑该形容性词语与冬季这一语义环境的结合度。只有两者有了很高的关联，才会创作出让消费者认同和接受的广告语，进而增加自己的销售终端量，提高自己的品牌形象。

3. 消费者使用的思维定式

通过上文的数据统计和分析，我们知道了消费者接受度高的词语，并且发现，其一，这些词语经常用于日常生活的口语表达，形成了一种思维定式；其二，当提及某些形容性词语时，消费者鉴于自己现有的经济条件或是状况，可能内心会对其产生抵触情绪，因而有的消费者形容性词语接受度也就低。只要提及服装的某一形容项目，消费者便会将自己在脑海中的词语赋予在该服装项目上，同现有的形容性词语形成了认识上的契合，如果两者契合度较高，那么消费者的接受度也比较高；反之，则不然。如“飘逸”可能对消费者而言是个很优雅的词语，但是“潇洒”一词对消费者来说就可能显得更亲近，所以相对“飘逸”其接受度较高。上面这两个词语对于普通消费者而言具有很高的接受度，说明消费者的心理也是与之相契合的。再如“高贵”一词，“高贵”对于部分现有的经济条件有限的普通大众消费者来说可能是“可望而不可即”的，消费者会这样认为：只有物质保证后才会产生更高的精神需求，何况冬装本身的第一诉求点是保暖，不必在意其高雅或不高雅，只要保暖，简简单单，大大方方就可。在此调查中的受众大多是低收入阶层，低收入阶层“理智”的生活方式是在选择产品时主动放弃纯粹的审美意图。人们选择必需品，因为某些产品所含的象征性收益在底层社会是无法实现的。有人曾通过实际调查得出结论，低收入阶层的人们在购买过程中所显示出来的自尊心和自我表现欲望不是很强烈，他们更多地遵循着一种趋同的从众原则。适合大众的才是最好的。所以，我们建议广告商在创作广告语时，亦要考虑消费者心理定式方面的因素，要多用消费者在日常生活中常用的且为大众所接受的富有语义美的形容性词语。

以上多方面的因素导致了现有的形容性词语在广告商的使用度和消费者接受度之间的不平衡现象，虽说是“众口难调”，但我们依旧希望广告商在做广告时，能结合上述因素及建议多从消费者的角度出发，创作出令消费者满意的广告语，实现自己企业的商业价值。同时，我们不禁要问，广告商在做广告时一定要从上面所提取的形容性词语中去选择吗？它们的数量有限，对于各类冬装形容性词语，我们还有挖掘其他新词语的可能吗？当然会有，此不一一论及。综上所述，现有冬装广告中的形容性词语谱系梳理，如图 3 – 32 所示：

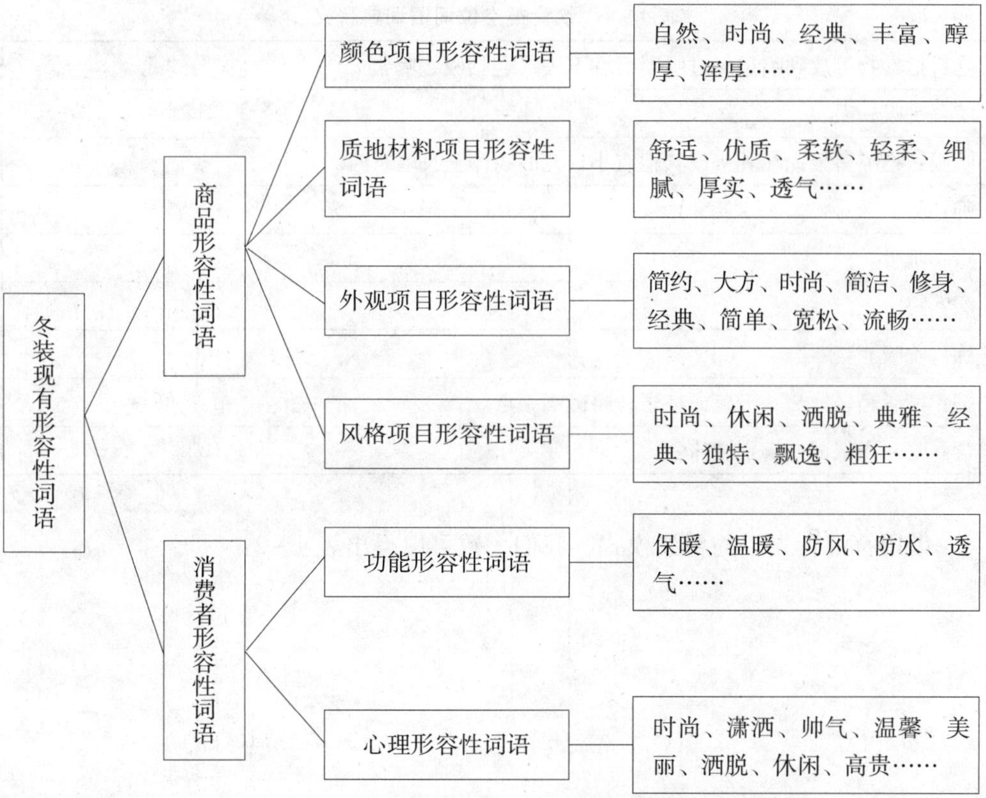

图 3 – 32　现有冬装广告形容性词语语义谱系表

第四章　动性序列的谱系

第一节　酒类广告动性谱系[①]

一、"饮食类"空位词语的挖掘

饮食类口部动性词语，根据我们已经作出的统计，除去已出现在广告中的动性词语，可以找出下面这些饮食类空位词语，如表4－1所示：

表4－1　饮食类空位词语词典释义

吃：把食物等放到嘴里经过咀嚼后吞下去（包括吸、喝）。
吮：吮吸；嘬。
吮吸：把嘴唇聚拢在乳头或其他有小口儿的物体上吸取东西。
呷：喝。
嘬：吮吸。
啜：喝。
嗍：吮吸。
抿：嘴唇轻轻地沾一下碗或杯子，略微喝一点。
尝：吃一点试试；辨别滋味。

借用符淮青先生的释义模式，我们大致可以得出表4－2：

① 本部分作者温小琴，摘自温小琴硕士学位论文（2010）《酒类广告中的口部和手部动性词语研究》，章节标号有改动。

表 4－2　饮食类空位词语的具体释义

	B	d_1	D_1	e	E	d_2	D_2	e	E
吃	人	用嘴	咽下		酒				
吮	人	把嘴唇	聚拢			用力	吸饮	酒	
吮吸	人	把嘴唇	聚拢			用力	吸饮	酒	
呷	人	用嘴	咽下		酒				
嘬	人	把嘴唇	聚拢				吸取	酒	
啜	人	用嘴	咽下		酒				
嘣	人	把嘴唇	聚拢				吸取	酒	
抿	人	用嘴唇轻轻地	沾		碗/杯子		喝	一点	酒
尝	人	用嘴	喝	一点	酒		辨别滋味		

从上面的释义，我们知道这些口部动性词语都有明显的口部活动特征，并且跟进食或者跟引入液体有关。“吃”在词典释义中的语义特征含有［＋固体食物］，然而，当它跟酒组合时，这个特征就消失了。“呷”和“啜”与酒搭配时是同义词，都是“喝”的意思，语义特征一样，因此，理论上，如果可以说“啜酒”，那么也应该可以说“呷酒”，至于能否被消费者接受就要进行调查才能知晓。“吮”和“吮吸”都有“用力吸饮”的语义特征，并且需要“聚拢”嘴唇，这说明“吮”和“吮吸”的关系对象必须是可以“吸饮”的，其器皿理应是管状、有小孔的物体。与此同时，“嘣”这个词语的要求和“吮”、“吮吸”一样，也需要聚拢嘴唇。“嘣”、“吮”、“吮吸”语义特征一样，所不同的是“嘣”是一个方言词汇，而“吮”和“吮吸”则是普通话词汇。“抿”的特点尤为突出，除了有“喝”的行为外，还有“用嘴唇”（身体部位）“轻轻地”（程度）“沾”“一下”（数量）“器皿”的行为，同时有数量“一点”的限制。“尝”和“抿”一样，有数量“一点”的限制，并且要“辨别滋味”。我们可以把“抿”和“尝”归为“品类”动性词语。

从数学的交集角度来看，以上语义的交集结果是｛［＋人］［＋嘴］［＋取］［＋液体］｝，其实我们可以将其理解为：词典中凡是具有这个交集结果中的所有语义项，都可以考虑用于与酒类搭配，都可以开发利用。当然，这只是我们的预测，我们将在后文对所挖掘出来的口部动性词语进行全面的可行性调查。

二、“言说类”空位词语的挖掘

除了出现在酒广告中的“言”、“谈”和“说”，我们还从词典中挖掘出下列

"言说类"动性词语，如表4－3所示：

表4－3　言说类动性词语释义

论：分析和说明事理。									
聊：闲谈。									
倾诉：完全说出（心里的话）。									
讲：说。									
	B	d_1	D_1	e	E	d_2	D_2	e	E
论	人	用嘴					分析/说明		事理
聊	人	用嘴				与别人随意地	交流	思想	
倾诉	人	用嘴				向别人	说	心中的	话
讲	人	用嘴				向别人	表达		意思

从上表我们得出"言说类"动性词语可以分为单向表达和双向表达两种。"聊"都属于双向表达，而"倾诉"、"讲"属于单向表达。当它们放在酒类广告中时，究竟是双向表达动性词语渲染气氛的效果比较好，还是单向表达动性词语的比较好呢？这个问题留在后文解决。

三、"饮食类"空位词语的调查和预测

我们的问卷囊括下列这些词语，一共发出250份问卷，收回225份。我们采用有效百分比来进行统计分析。所谓有效百分比是指除却没有选择答案的那些问卷，在答过问卷的这些数据中此选项所占的比例，更能反映出实际参与调查的受众情况。

我们列出9个挖掘出来的口部动性词语，直接把这些口部动性词语替换到广告语中，即把它们填补在一些含有饮食类动性词语的广告内。比如，原广告语为"喝点龙蝎酒，健康保长久"，为了调查"呷"的接受度，我们就把"喝"替换为"呷"，重组成这样的广告语："呷点龙蝎酒，健康保长久"，然后调查受调查者对它的接受情况。接受度越高，则该词被应用于酒类广告中的前景越乐观，调查结果如表4－4所示：

表 4-4　饮食类空位词语的调查

		有效百分比			有效百分比
吃	可以接受	42.4%	抿	可以接受	54.0%
	勉强接受	40.6%		勉强接受	34.4%
	不能接受	17.0%		不能接受	11.6%
呷	可以接受	34.2%	吮吸	可以接受	11.3%
	勉强接受	42.8%		勉强接受	34.8%
	不能接受	23.0%		不能接受	53.8%
嘣	可以接受	18.4%	啜	可以接受	26.9%
	勉强接受	31.0%		勉强接受	37.3%
	不能接受	52.6%		不能接受	35.8%
吮	可以接受	11.6%	尝	可以接受	59.7%
	勉强接受	37.9%		勉强接受	26.7%
	不能接受	50.2%		不能接受	13.6%
嘬	可以接受	15.7%			
	勉强接受	34.0%			
	不能接受	50.3%			

从上表中，我们可以发现如下现象：

1. 旧词新用前景乐观

我们把“吃”应用到问卷中，结果发现仅有“17.0%”的受调查者选择“不能接受”；而大部分人选择“可以接受”（42.4%）和“勉强接受”（40.6%）。这说明，“吃”和“酒”搭配对受众而言并不陌生。接着我们在问卷中设置了一道题目：“看到‘吃酒’一词，您首先想到什么？”因为“吃酒”这个词语，自古有之，其使用高峰期是宋代，说喝酒，几乎就是“吃酒”。这个词在当时文学作品中出现的频率也相当高，例如《水浒传》。而且，“吃酒”一词在现代文学作品中也并不少见。在北京大学语料库中发现，“吃酒”一词在现代汉语中并不少见，并且用于文章中，多表示畅饮，看例子：

（1）说：“前次经理责你‘吃酒误事’，你说：‘知了，现在你醉酒如故，经

理骂你‘知了个屁’。《读者》(合订本)

(2) 旧时代的文人墨客，聚会在一起吃酒、作诗是常事，留下了大量唱和诗、分韵诗。《读书》(合订本)

从上面的例子可知，“吃酒”多半表示喝的量比较大。例(1)中的“吃酒误事”，从句中语境我们知道，“吃酒”中喝酒的量应该比较大，才致醉酒遭经理批评。例(2)中的文人墨客聚在一起吃酒，凸显文人墨客的豪迈气概，在语境中更是离不开吟诗作对，把文人的豪迈和才华充分地凸显出来，这是“吃酒”情景的凸显作用。

鉴于“吃酒”一词多半表示喝酒的量比较大，凸显豪迈气概，于是我们安插一个选项为“想到梁山好汉大碗喝酒大块吃肉的豪气”，旨在调查消费者对“吃酒”这个词的感受。其结果如表4-5所示：

表4-5　“吃酒”的调查

		数量	百分比	有效百分比	累加百分比
选项	会想到梁山好汉大碗喝酒大块吃肉的豪气	105	46.7%	47.7%	47.7%
	可以理解，但没什么特色	61	27.1%	27.7%	75.5%
	感觉怪怪的，不太搭配	48	21.3%	21.8%	97.3%
	其他（需说明）	6	2.7%	2.7%	100.0%
	总计	220	97.8%	100.0%	
数据丢失	系统	5	2.2%		
总计		225	100.0%		

47.7%受调查者选择“会想到梁山好汉大碗喝酒大块吃肉的豪气”。从一些文学作品中我们可以了解到，“吃”在古代可以用于“吃酒”，在宋代，表达喝酒几乎是用“吃酒”。看过《水浒传》的人都知道，里面的英雄们大多酒量惊人，连花和尚鲁智深待在寺院里都觉得“嘴里淡出鸟来”，而私自下山“吃酒”吃肉。李逵跟随戴宗一起去蓟州请公孙胜出山，实在无法忍受戴宗定下的素食规矩，李逵偷吃了几斤牛肉，大饱口福之后，被戴宗奚落一番。阮小五说：“成瓮吃酒，大块吃肉，如何不快活。”“吃酒”一词在古代使用频率比较高而现代几乎不使用了，但是将“吃”运用在广告中仍别有一番滋味。从受调查者的接受情

况可见，“吃酒”一词用于酒类广告能够给人一种情感渲染作用，会让人想到“豪气”。因此，我们认为，广告创作者可以选用动性词语“吃”来凸显豪迈气概。

2. “品”类动性词语普遍接受度高

我们从调查中发现，受众对“抿”和“尝”的接受度也是比较高的。“抿”有54.0%的受调查者选择“可以接受”，34.4%选择“勉强接受”；“尝”有59.7%的受调查者选择“可以接受”，26.7%选择“勉强接受”。从结果看，“抿”和“尝”在受众心目中的可接受度比较高。

根据它们的语义特征，我们可以将其归为“品类”动性词语。它们都有数量“一点”限制，以示少量喝酒。随着生活水平的提高，人们不再只满足于“日求三餐，夜求一宿”的生活标准了，而是有更高的要求，饮食方面要求卫生健康，居住环境要求幽雅舒适。总体而言，时下人们都开始追求高品位的生活，生活方式也在悄然改变，喝酒也开始贯彻养生之道。这样，凸显数量限制、优雅动态的“品”类口部动性词语有望成为酒类广告中的宠儿，兴起一股“品酒”风尚。因此，“品”类动性词语对酒广告有一定的应用价值。

3. “吮”类动性词语接受度低，开发难度大

从表4－1中，我们看到“吮”、“吮吸”、“嘬”和“嘲”的释义中都有[＋聚拢嘴唇][＋吸饮]的语义特征。从它们的共同特征来看，我们可以把它们归为“吮”类动性词语。“吮”类动性词语主要用于表现通过聚拢嘴唇在吸管或小孔上吸取液体。

从受调查者的反应看来，“吮”类的接受度比较低，过半受调查者表示不接受：吮（50.2%）、吮吸（53.5%）、嘬（50.3%）、嘲（52.6%）。究竟是什么原因导致受众如此不接受“吮”类动性词语呢？我们在问卷中设计了一道题目：“您认为厂家会生产出有吸管的酒具吗?”结果显示如表4－6所示：

表4－6　受众对“吮”类动性词语的态度调查

		数量	百分比	有效百分比	累加百分比
选项	会	94	41.8%	42.0%	42.0%
	不会	130	57.8%	58.0%	100.0%
	总计	224	99.6%	100.0%	
数据丢失	系统	1	4%		
总计		225	100.0%		

有过半受调者（58.0%）认为不会出现有吸管的酒具，这个结果足以证明为什么大部分人不接受“吮”类动性词语。市面上也暂时没出现能“吮”的酒，这跟酒具的设计和人们的生活习惯有关。大部分人认为不可能会出现能“吮”的酒，这种观念也影响着受调查者对“吮”类动性词语的排斥。

然而，传统也有一种咂饮酒，需要大家吮吸的，这是从古代流传下来的，在我国西北和西南部某些地方流行。喝这种咂饮酒时，“每人手握一根竹管或芦管斜插入酒坛，从其中吸吮酒汁，人数可达五六人甚至七八个人，饮酒的气氛热烈。这种独特的饮酒方式，可以加强人与人之间的感情交流”①。

因此，倘若市面上流行咂饮酒，或商家生产出一种瓶口为吸管状的酒瓶的话，理论上是可以催生“吮”类口部动性词语的。但是如果消费者从一开始就不能或不愿接受这种喝酒方式的话，那么挖掘这些“吮”类口部动性词语就显得毫无意义了。

4. “呷”和“啜”各有千秋

“呷”和“啜”在酒广告中的语义特征和“喝”一样，都是“用嘴”（工具）“咽下”（动作）“酒”（关系对象）。然而，“呷”是方言词，“啜”是书面语，它们和酒搭配的流行度都不高。受调查者对这两个词语的态度大部分是“勉强接受”：“呷”（42.8%）、“啜”（37.3%）；而“不能接受”的比例分别是“呷”（23.0%）、“啜”（35.8%）。可见，“呷”和“啜”在受众心目中还是可以接受的。“呷”是一个方言词汇，它多与茶和酒搭配，一般有量词“口”限制，说明“呷”有量的限制，没有大量饮用的意义。例子如下：

(3) 立夫听罢沉默良久，接着呷一口茶，轻轻地自言自语：“虎跑的水，龙井的茶，天下第一啊!”（秦维宪、沈飞德:《陈立夫情系大陆》）

(4) 我和程默很不好意思，周副主席一再要我们喝一口，我们只好呷了一点，周副主席又将白瓷杯传给了会喝酒的别的中央同志。《1994年报刊精选》

(5) 她饮酒并不作豪饮状，只是慢慢地品呷，平静而沉着，如同在细细地品味人生。《1994年报刊精选》

从以上例子可以看出，“呷”一般是指小量喝，或许还谈不上喝，只是“沾”一点而已，饮用的量非常小。“呷”也很口语化，用于句子中显得生动活泼，如例子（4）中的周副主席要我们“喝”一口，而我们因为不好意思而只好

① 资料来源：http://baike.baidu.com/view/150386.html?fr=ala0_1_1.

“呷”了一点。这里就看出了“喝”和“呷”的区别了，“喝”所对应的量比“呷”要大。我们认为，“呷”用于酒广告中，会别有一番风味，令广告语增添少许趣味，并且有量的限制意义。

“啜”是书面语体，也多与茶和酒搭配，“啜”凸显动作的悠闲缓慢，同时又有量的限制。看北京大学语料库例子：

(6) 相要了一杯加苏打水的英格兰威士忌酒，一边慢慢地啜饮着，一边走入群客之中。《读者》(合订本)

(7) 老头却还是悠悠闲闲地坐在那里，慢慢地啜着他杯子里剩下的半杯酒。(古龙：《陆小凤传奇》)

(8)“忽然一声‘好’，真会使人矍然惊讶，他却慢慢地啜起茶来了。”台上的悲欢离合、兴衰立废的“故事”是这些观众早已熟悉的，他们谁也不会为《空城计》或《贵妃醉［酒］》的内容而触动。《读书》

从上面例子可见“啜”这个动性词语能够凸显动作的优雅以及神态的悠闲，因此，在广告创作时，可以考虑用“啜”来凸显悠闲气质。通过详细的调查，我们总结出上面四大现象。根据上面四大现象，我们预测到最具潜力的“饮食类”空位词语为：“吃”、“抿”和“尝”，没有太大挖掘价值的是“吮”类动性词语，而“呷”和“啜”用于广告中都别有一番滋味，可以尝试应用。

四、手部动性词语的分析

从我们提取出来的手部动性词语可知，酒类广告中，手部动性词语的使用比口部动性词语的使用要少得多。究其原因，是广告制作者重视酒类的口部导使作用而忽视了酒类的手部导使作用。我们发现，提取出来的手部动性词语虽然数量非常有限，但仍旧可以按其语义特征进行细化和分类。

1. 酒类广告中手部动性词语的语义特征

要探究手部动性词语的使用原因和作用，首先要弄明白这些动性词语的语义特征以及它们之间的差异。我们还是借用符淮青的释义模式，并且根据这些动性词语所在的语境，对这些手部动性词语进行释义。“拿、举杯、打开、挽手和交杯换盏”的释义如表4－7所示：

表4-7 酒广告中的手部动性词语释义

	B	d_1	D_1	E	d_2	D_2	e	E
拿	人	用手	抓住	酒瓶				
举杯	人	用手			向上	托/伸		杯子
打开	人	用手/工具	开启	瓶盖				
挽手	人	用手	勾	别人的手				
交杯换盏	人	用手	执	酒杯	轻轻地	碰撞	别人的	酒杯

从上表可知，这些手部动性词语施事者都是人，通过手来完成具体动作，手直接或间接地接触物体，而这些物体多为杯子或瓶盖。这些手部动性词语存在着一定的差异，很明显的是手部的动作方式不一样，受事也不一样。“拿”的受事比较模糊，因此，在酒类广告中，它既可以与酒瓶搭配，也可以和酒杯搭配。“举杯”是一个动宾结构词组，动词元素为“举”，受事为“杯”。“举杯”一词是具体化的动性词组，明显的搭配是“酒杯”。“打开”的受事也是比较模糊，释义上只说明是“物体”，然而，在具体的酒类广告语境中，“打开”的对象不仅局限于瓶盖，还有一些抽象的事物，比如，“新局面”、“真感受”等，“打开”和这些抽象事物搭配的时候，不算手部动作义。

2. 手部动性词语根据语义特征的分类

对于上表得出的释义结果，我们可以根据不同的语义特征对它们进行分类研究。动性词语“拿、举杯、打开、挽手、交杯换盏”虽然施事者都是人，并且以手为工具，但是每个动性词语的受事都有所不同。根据这些不同点，我们对这些手部动性词语进行分类如下：

（1）拿酒瓶类。

“拿”的明显动作便是抓住物体，此类手部动性词语多与酒瓶有关，即关系对象是酒瓶。虽说广告中没有明显地说出“酒瓶”，我们还是可以通过语境和手部性词语的释义感知出来。例子如下：

（9）想下手吗？拿惠泉来，有实力，当然有魅力（惠泉啤酒）

这则广告是指向消费者的，想下手，就“拿”一瓶惠泉啤酒。“拿”明显是行为导使词，起消费行为提示作用，唤起消费者的记忆和体验。我们把这种与酒瓶紧密相连的手部动性词语归纳为“拿酒瓶类”。在语料中，我们发现此类动性词语只有“拿”。

（2）开启瓶盖类。

这类手部动性词语对宾语的限制性比较弱，因此和它搭配的宾语形式多样，可以是具体事物，也可以是抽象事物。然而，在酒类广告中，“打开”指向的具体对象往往是“瓶盖”。“打开”并非单纯词，而是一个述补结构动性词语。在酒类广告中，“瓶盖”二字往往没有出现，但是我们可以通过语境以及动性词语“打开”的语义特征来推测出对象是“瓶盖”。看下面例子：

（10）欢乐时，请你打开山城啤酒。烦恼时，请你打开山城啤酒。奋斗时，请你打开山城啤酒。成功时，请你打开山城啤酒，山城啤酒，知心朋友。（山城啤酒）

（11）打开珠江啤酒，打开真感受！（珠江啤酒）

例（10）和例（11）都只给出啤酒品牌，没有明确说出“瓶盖”，但是我们还是可以通过语境去发掘“打开”的对象是“瓶盖”，我们就把开瓶盖这个动作类属的手部动性词语归为“开启瓶盖类”手部动性词语。这类动性词语在具体的语境中特指开启瓶盖。在语料中，我们只发现“打开”这个手部动性词语。

（3）“举杯”类。

就是举起酒杯，意欲喝酒。这类手部动性词语与酒杯等饮酒器具有关，关系对象为饮酒器具。“举杯”一词从古至今都在用，并且具有很强的动作性和目的性，从受众的日常经验出发，引发受众的情感共鸣，举杯是一种很平常的喝酒前奏动作，用于广告中就有很强的消费行为提示作用。“举杯”具有文雅的书面色彩，用于广告中显得文雅得体，提高了酒的品位，也变相提高了选择这种酒的消费者的品位。“举杯”类手部动性词语的一个主要特征是手部动作的指向对象是酒杯/碗。在现有的语料中，这类动性词语只发现“举杯”这个手部动性词语，看下面例子：

（12）葡萄美酒夜光杯，宾客尽欢举杯盛，芬芳馥郁香醇正，强身养颜玉泉美。（玉泉葡萄酒）

（13）举杯天地醉，中国贵州醇。（贵州醇）

例（12）和例（13）的手部动性词语“举杯”用于酒类广告中，有相当的动态效果，为消费者描绘出消费场景和动作，能够很好地唤起消费者的情感体验。

（4）交际类。

这类手部动性词语具有明显的交际性质，指向的是受众。这类手部动性词语与喝酒场景、交际场面有关。我们在广告中找出了“挽手”、“交杯换盏”。这些动性词语能够渲染喝酒的活动气氛，凸显出酒类的交际效果。这类词语一般具有双向性，即有对象做同样的动作，像抛球一样，相互来往。因此，这类手部动性词语的存在有助于酒类广告以情动人。看下面例子：

（14）叫一声哥哥你慢些走，喝一杯咱的兰州啤酒，人生路上手挽手，高高兴兴朝前走。好啤酒，好啤酒，兰州啤酒最风流。（兰州啤酒）

（15）豪门啤酒畅销津门，阳春三月风光好，啤酒市场火爆爆，“中原逐鹿”真热闹——酒家言称旺季！豪门来，豪门啤酒最走俏！端起豪门啤酒，交杯换盏，谈笑风生，潇潇洒洒。豪兴，豪饮，豪气，尽在豪门之中，情酒交融，令人羡慕。（豪门啤酒）

例（14）的手部动性词语“挽手”中的“手”是朋友的“手”，含有亲昵意义，交际来往比较亲密。因此，“挽手”用于广告中，具有消费场景提示、渲染气氛的作用，把兰州啤酒和亲密友情联系起来。例（15）中的手部动性短语“交杯换盏”则非常生动有效地描述了消费者的交际场景，把宾客之间“乐也融融”的情景表现出来。这是交际类手部动性词语所要达到的效果。

第二节　体育用品广告动性谱系①

一、脚部动词

《现代汉语词典》（2005 版，下文简称《现汉》）对“脚”的解释是：“人或动物的腿的下端，接触地面支持身体的部分。”我们把借助“脚”这一辅助工具活动的动词叫作脚部动作行为动词。另外，需要指出的是，在表示脚部动作行为的词中，有一些是表示“不动”的动词，如“站”、“立”等，考虑到它们也直接跟“脚”有关，在有关体育用品广告语言动性词语研究语境下，搜集出 6 个脚部动词，分别为“走、跑、跟、腾、站、来”。为了分析这类词在广告中是如何表现广告诉求信息的，首先要运用语义特征描写理论来比较这些脚部动词在语义上的细微差别，其次从语义、语用、问卷调查等角度揭示其诉求方式和内容。

① 本部分作者王新思，摘自王新思硕士学位论文（2011）《体育用品广告语言诉求谱系研究》，章节标号有改动。

语义特征

“语义特征描写理论是指在一个语义场内，一个义位以其众多的语义特征跟众多的义位形成既相关或相似（有共性义素）而又有差别的（有个性义素）对立。以这些对立为基础联系成的统一网络，便是义位系统中具有对立性的聚合语义结构系统。实际上，语言就是由差异对立构成的网络系统。任何义位都不是孤立的、无联系的。一个义位中常含有一系列语义特征，即所谓‘语义特征群’，因此就形成了语义场内对立义位系统。反之，同义义场或相关义场内的义位是靠系统内的对立才显出语义特征的。离开这个对立的聚合网络，有些义位便不能存在，不易理解。”（张志毅，张庆云，2001：165）我们根据语义特征群理论分析这6个动词的语义特征，结合语境找出其个性义素，分析其主要语义指向。

我们把已现的脚部动词的释义如下（释义来源于《现代汉语词典》第5版和《说文解字》），鉴于研究对象是和体育用品关联度大的脚部动词，因此我们在词典中只选取和体育用品关联性最大的义项，义项的单一性有助于我们研究的科学性。我们找出的词典释义如表4－8所示：

表4－8　脚部动词的词典释义

脚部动词	词典释义
走	人或鸟兽的脚交互向前移动。
跑	两只脚或两条腿迅速前进。
跟	本指脚的后部或鞋袜的后部（名），作动词时指在后面紧跟着向同一方向移动。
站	直着身体，两脚着地或踏在物体上。
腾	奔跑或跳跃，本义指马奔腾。
来	从别的地方到说话人所在的地方。

为了更好地辨别语义之间的差异，我们也借用符淮青先生的“词义成分—模式”来分析。符淮青先生最早的研究对象是动词义位，对动词释义模式研究最为深入和详尽，并且提出动词义位释义的构词模式“只适用于表动作行为的词，但一般不适用于表名物的词和表性状的词”的观点。符淮青先生不是停留在形式层面，而是深入到动词义位微观结构的内部，对其意义成分进行仔细的分析，尤其是对动词义位的限制成分进行细化，有一定的应用价值。“词义成分—模式”是建立在《现代汉语词典》的基础上的，针对性和适用性很强。在借用符淮青先生的释义模式之前，我们首先要明确的是，“用表动作行为的词的释义模式作为框架来说明表动作行为的词在句子中出现时的具体意义，它的特点是可以尽可能

具体地描写行为的特征”。因此，我们把这些体育品牌广告语言的动性词语放入广告语境中，才能比较具体地描写出它们的语义特征。符淮青先生的表动作释义模式图如图 4－1 所示：

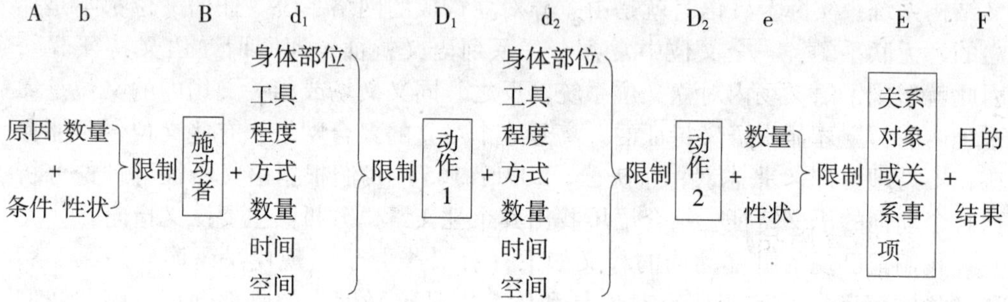

图 4－1

（注：A＝原因、条件，B＝施动者，b＝施动者的各种限制，D_1＝动作 1，d_1＝动作 1 的各种限制，D_2＝动作 2，d_2＝动作 2 的各种限制，E＝关系对象或关系事项（E 或同 D_1 或同 D_2 发生关系），e＝关系对象或关系事项的各种限制，F＝目的结果）

根据符淮青（1996）总结的表动作行为词的释义模式，我们知道，该类动词有如下基本语义特征：［原因］、［条件］、［施动者］、［身体部位］、［工具］、［程度］、［方式］、［数量］、［时间］、［空间］、［关系对象］、［关系事项］、［目的］、［结果］等，这些基本特征也是脚部动作动词义位的基本语义特征。

根据上述模式和我们对各脚部动作动词作的释义，再结合它们出现的体育用品广告语境，对汉语脚部动作基本义场义素分析如下表 4－9 所示：

表 4－9　脚部动作基本义场义素分析

A	B	d_1	D_1	d_2	d_3	d_4	E	F
走	人	脚	移动	交互离地	向前			
跑	人	脚	移动	交互离地	向前	快		
跟：在～～后	人	脚	移动	交互离地	某方向			
腾：跳着	人	脚	移动			快		
站：直着身子	人	脚	不移动		不动			
来：到说话人所在地人	脚	移动	交互离地	说话人方向				

（注：d_1＝身体部位，d_2＝动作方式，d_3＝动作方向，d_4＝动作速度）

汉语脚部动作的6个动词共涉及了8个义素，其中共性义素是［施动者］（人）、［身体部位］（脚），个性义素是［条件］、［方式］、［方向］、［速度］、［关系对象］和［动作］，各个词之间以个性义素来加以区分。“走”在语境中与其他词相区别的个性义素是［关系对象］（地面）；“跑”与其他词相区别的个性义素是［速度］（快）；“跟”与其他词相区别的个性义素是［条件］（在某人、某物后面）；“腾”与其他词相区别的个性义素［施动者］（一般指动物，这里是拟人化的物）、［方式］（跳着或奔跑着）、［方向］（向前、向上）；“站”与其他词相区别的个性义素［条件］（直着身子）、［关系对象］（地面）；“来”与其他词相区别的个性义素［条件］（到说话人所在地）。

二、体育用品广告语言趋向动词研究及相关诉求分析

1. 趋向动词

“趋向动词”的名称主要是依据［+趋向］语义来确定的，所以各家依据这条定义归纳出来的趋向动词范围也不尽相同。一般来说，现代汉语的趋向动词有两个小类：单纯趋向动词和复合趋向动词。单纯趋向动词主要是以下几个：“来”“去”以及“上、下、进、出、回、过、起、开”。复合趋向动词由“来”“去”分别与其他八个单纯趋向动词组合而成，如表4－10所示：

表4－10　单纯趋向动词与复合趋向动词

	上	下	进	出	回	过	起	开
来	上来	下来	进来	出来	回来	过来	起来	开来
去	上去	下去	进去	出去	回去	过去		开去

本节研究的趋向动词只有“来、出去、回来”这几个词，故研究重点只是通过对这几个词的认知来分析其语义特征。

2. 趋向动词的语义分析

根据《现代汉语词典》的解释，“出”是“从里面到外面”，用认知语言的学术语说就是“出”表示源点在里面、目标点在外面的位移。“回”也有确定的方向，是“从别处到原来的地方”，认知语言学上叫做源点。“回”凸显本次运动的目标正是前次运动的源点。这些词通过凸显运动的趋向来描述某一动作。

“来”和“去”是动态的空间位移过程，既然是趋向过程，必然要涉及起点

A、位移轨迹 B 和趋向箭头、终点 C。如图 4－2、图 4－3 所示：

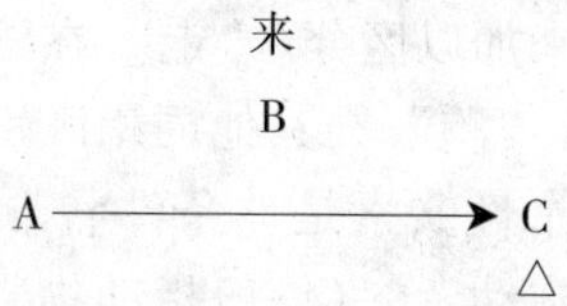

图 4－2 “来”的路径图式

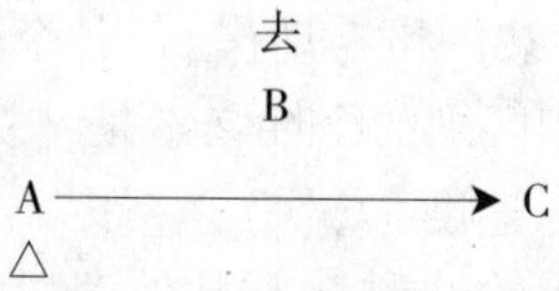

图 4－3 “去”的路径图式

“来”和“去”的位移轨迹及方向是一致的，都是从起点 A 向终点 C 移动。不同点在于，“来”的终点 C 不仅是位移的终点，也是主观参照点（用△表示），表示向 C 靠近；“去”则是以起点 A 作为主观参照点，表示离 A 远去，它们的参照点是不同的。更确切地说，“来”的起点是不定的，而它的终点是有定的、隐性的，它的方向性是明确的；相对地，“去”的起点是有定的、隐性的，而它的终点是不定的，它的方向性不明确。但它们都是由起点指向终点，“来”不仅指向终点，而且聚焦终点；“去”也是指向终点，但却是从起点开始发散。“来”和“去”的空间语义总结如表 4－11 所示：

表 4－11 “来”和“去”的空间语义

	起点 A	终点 C	方向性
来	－	＋（隐）	明确
去	＋（隐）	－	不明确

（注：基本趋向动词有这一特性，使得复合趋向动词也具有这一特性。）

“出去”的起点是有定的，由里及外地“出”，而它的终点如果在语境中没有提示则是不定的，且方向性是不明确的。“回来”由外及里地“回”，起点是不定的，而它的终点是有定的、隐性的，方向性是明确的。

通过空间语义分析，可发现基本趋向动词“来”和“去”的特性，即主观参照性，也就是说“来”、“去”所表示的是相对运动，是动作于话语平面中给出的空间主观参考点所呈现的特殊性质，而动作的实质和方向并不受主观参照点的有无或其位置不同的影响。所以，主观参照的位置以及是否引进主观参照点来评价动作，基本上取决于说话人的主观因素，体现了人的言语行为具有“以自我为中心”的特点。

3. 小结

趋向动词基本语义的共性是移动性和目标性，这也是其语义虚化的基础，在此基础上，汉语趋向动词逐渐引申出非空间位移意义，从表示领属、占有等关系转变的一般趋向意义，到表示动作结果的意义，再到空间领域引申到时间领域表示时间先后的时体意义，呈现出从实词到虚词演化的连续状态。而“来”和“去”的“主观性”主要凸显了动词结果的主观感知性，表现出了汉语动词特别是趋向动词的主观范畴。在下列例句中：

（16）我来了！（阿迪王）
（17）一起来吧，鸿星尔克。（鸿星尔克）
（18）我来，我征服。（乔丹）
（19）我来，为胜利而战。（匹克）
（20）出去购物，22 秒钟后回来（玛丽·约—锐步运动鞋）

我们可以发现广告制作者利用趋向动词基本语义的共性即移动性和目标性作为诉求方式，来准确地表达相应的诉求信息。例（16）中“我来了！”我们不知道起点是哪里，但可以确定其方向，虽然其终点是隐性的，但我们可以推测其终点是我们消费者面前。其目标也是走到我们消费者面前，暗含其产品将直观地展现在我们面前。例（17）“一起来吧”用号召的口吻，呼吁我们一起朝着终点方向成功方向努力，同时利用语境信息“一起”，表达出了其企业想和消费者们一起努力的诉求信息。例（18）利用其目标性通过其语境信息“征服”，表示出诉求信息“征服，征服一切，如困难、逆境等”，给人一种积极向上的生活态度。例（19）用法相同，只不过它的目的性是不同的，是“为胜利而战”，我们消费者目睹这一口号时，很快被其鼓动性的诉求信息感染，很容易激发我们内心对胜利的渴望。例（20）利用“出去、回来”这一去一回的方向移动语境。“购物”和“22 秒钟”，使我们很快准确搜集到广告的诉求信息“轻巧、方便”。广告中没有运用客观的理性功能描写，而是用形象的画面描写其轻巧的质量优点。

三、有关体育用品广告语言诉求谱系建构

以上几章对体育用品广告语言中的动词语义特征进行了详细的分析，依据动词的语义特征，挖掘出其潜在的诉求信息。主要侧重广告语利用动词“说什么”的问题。而本章内容主要从“怎么说”来阐释动词是如何表达广告诉求信息的，即广告怎样表现才更可能被广告受众接受。通过分析广告受众接受广告的心理动

因和动词的语义特点来说明“怎么说”的问题，并试图建构一个有关动词的广告诉求谱系结构。

1. 广告受众接受广告的心理动因

广告受众接受广告的内在动力是什么？这对于我们选择什么样的动词来表达是有参考价值的。

广告受众接受广告的最主要动力是广告满足和诱发了消费者的某些需求。我们用马斯洛的理论分析体育用品类消费者的基本需要，从而了解广告受众（即消费者）接受广告的内在动因。

体育用品的广告不只是在提供一种体育用品功能和品质方面的广告，而且在宣扬它们的精神内涵。因为现在的消费者对于体育不只限于强身健体方面，人们更多的是想通过参与体育活动得到更多的精神享受。

美国心理学家马斯洛提出需要层次理论。他认为，需要的满足是人全面发展的一个最简单的原则。他把人的基本需要分成五个层次，即生理需要、安全需要、归属与爱的需要、尊重的需要以及自我实现的需要。每种需要的表现形式是丰富多彩、千差万别的。现在的体育运动已成为大众生活的一部分，体育消费是生活富足的象征，代表着时尚、流行的生活态度。消费者关注更多的是体育用品给他们所带来的精神享受，他们的基本需要已上升至归属与爱的需要、尊重的需要、自我实现的需要。

（1）消费者归属与爱的需要。

消费者归属与爱的需要，体现在消费者希望被某一群体承认，隶属于某个群体；广告中常常激发这种对群体的认同需求，从而诱导消费者产生购买行为。人都“渴望同他人有一种充满深情的关系，渴望在他的团体和家庭中有一个位置，他将为达到这个目标而作出努力”。同时许多广告也诱发着消费者对爱的需求，这之中包括情爱，友爱，对父母、对子女的爱，对祖国、民族集体的爱等等，消费者对社会交往的需求也体现在此。在广告语中，我们可以看到很多商品或服务与广告主会迎合消费者归属和爱的需要而作的相关承诺与服务，刺激消费者对归属某一群体的渴望。如：①“我是中产。”把某一阶层的价值观和时尚观作为诉求信息刺激消费者去追求、去认可。②“只要敢秀，你就是明星（美克）。”本句广告语利用每个人渴望成功、渴望被人羡慕、渴望被人欣赏、渴望成为明星一族这一心理进行诉求。

（2）消费者想获得尊重的需要。

消费者想获得尊重的需要，表现在他们希望通过某种产品的价值或附加信息来提高自己的地位、声誉，从而受到别人的认可与尊敬；每个消费者都希望自己是独特的、与众不同的、被人注目的，他们希望通过使用某种商品来掩饰自己的缺陷与不足，突出自己的优势，使自己更自信、自尊；消费者也希望某种产品能使自己体现出具有征服与支配别人的力量等。如：①“你决定自己穿什么（耐克）。”一直以来，消费者都是被动选择自己想要的产品，耐克产品一直宣扬“顾客是上帝”的观念，尊重每位消费者的意愿，并以此使消费者感觉受到尊重，这是耐克产品成功的原因之一。现在很多广告商都以此作为诉求信息。②“由你决定（杰克琼斯）。”③“尊重每个人，喜得龙科技（喜得龙）”等广告也充分切合了消费者的这一需要，在心理方面缩短了与消费者之间的距离。

（3）消费者自我实现的需要。

自我实现的需要是人的需要层次中最高层次的需要。自我实现的需要是指实现个人理想、抱负和发挥个人聪明才智的需要。现在生活富足了，消费者不再满足于一些基本的物质需要，更多的是需要一些精神满足。这体现在消费者想通过购买某种商品，从其附加价值中体会自己的才能与创造力得到充分发挥的精神愉悦感。很多广告语中利用人们对成功、地位、理想、目标等自我价值的实现作为诉求信息。如：①“我来，我征服（乔丹）。”②“我来，为胜利而战（匹克）。”这两例广告中都诉求一种努力追求拼搏实现自我的信息。

总而言之，一则好的广告要把商品与消费者的购买需要联系起来，才更有利于消费者对它的感知、记忆和态度的改变，从而使其发生购买行为。了解了消费者的需要以后，就可以选择合适的动词来表达产品的诉求信息。

2. 动词的语义指向

根据消费者的需要，我们总结出广告语言中动词的语义指向并将其分成两类：一类是指向商品或服务与广告主，意在展现相关的承诺与服务；另一类是指向消费者，意在进行各类消费行为的描写与诱导。

根据动词在前面几章的语义分析和诉求挖掘，我们可以把广告语言中的动词分成两个大类：表白性动词和导使性动词。（屈哨兵，1997：186）

表白性动词是指广告语言中用以标明广告主或商品、服务之于消费者作出的各方面的允诺或表白的动词。我们依据分析将其分为功能表白、态度表白两个下位词种。现根据动词语义指向归类诉求信息表如下（见表4－12）：

表4－12　表白性动词语义指向归类

动词类别	诉求类别	动词归类
功能表白词	产品质量	跑、看、飞、发现、设计、从事、征服、透
	利益承诺	带给、留给、改变、中、决定、摆脱、伴、潇洒、是

(续上表)

动词类别	诉求类别	动词归类
态度表白词	商家追求	腾、飞、爱、想、要、来、去、回来、爱
	商家服务	跟、意味、做主、决定、尊重、运动、点燃、孕育、对待、拥有

广告主使用动词就商品或服务对消费者作出某些功能或利益上的承诺和表白，其所使用的动词就成了功能表白词，主要诉求一些产品质量保证和相关产品利益的承诺。如：①“凌波步伐，恒跑无限。”利用“跑”［速度］（快）义素表现出其运动鞋产品功能很好，可以无限快速跑，把其产品功能性能好的诉求表现出来了。②“会呼吸，更透气（贵人鸟）。”其关系对象为“空气”，“更”表示“透”的程度。通过“透”字的相关信息，表达出贵人鸟产品透气功能质量很好的诉求信息。③“夺宝奇兵，热中千万奖中奖（别克鞋业）。”“中”有［+瞬时］语义特征。“中奖”这个动作是突变的，指获得瞬间的利益。在广告语言中利用可能突然出现的利益吸引受众，是广告语言中常用的促销技巧。

态度表白词指广告语中标明广告主对消费者种种态度或立场的动词，包括一些商家的服务态度即人文关怀、尊重消费者、商家立场等诉求信息，也包括商家追求即商家渴望、目标等诉求信息。表达人文关怀的动词有“运动、点燃、孕育、对待”等。如：①“运动态度、对待生活（鳄鱼 lacoste）。”②“我运动，我快乐（康威）。”③“爱运动，真快乐（爱乐）。”我们常说“生命在于运动”，运动可以给我们带来无穷无尽的快乐，我们应该享受运动，热爱运动。这三例广告都以人文关怀为诉求信息。④“尊重每个人，喜得龙科技（喜得龙）”和⑤“由你决定（杰克琼斯）”这两例广告商家都从尊重消费者的角度来表达诉求信息。

再如，⑥“爱我就跟着我（卡帕）”和⑦“美津浓意味着杰出的表现（美津浓）”。例⑥以一种自信立场鼓励消费者们跟随其产品，去享受其产品带给消费者的情调。例⑦表明商家立场就是做最好的给消费者。

导使性动词是指在广告语言中对消费者某些自身行为进行提示的动词，通过这种提示达到诱导和督使购买某种商品和消费服务的目的。我们依据分析将其分为行为导使词、因果导使词两个下位词种。现根据动词语义指向归类诉求信息表如下（见表 4-13）：

表 4－13　导使性动词语义指向归类

动词类别	诉求类别	动词归类
行为导使词	性别诉求	教、穿、决定、舞
	个性、潮流	说、走、怕、是、颠覆、潮、流行
	场景暗示	挡
因果导使词	舒适	飞、是
	自我实现	①读、来、飞、成为、超越、渴望、梦想、想、求、来、选择 ②站、摔、飞、发现、设计 ③做、征服、释放、相信、有、在、想、要

我们把在广告语言中对消费者的购买行为或消费行为进行提示的动词叫做行为导使词。跟这类词相关的诉求信息有：性别诉求、个性、潮流等诉求。如：①“女人为了男人穿鞋，男人教女人走路（耐克）。”利用“教”主语地位尊敬语义特征，诉求男尊女卑的性别差异诉求信息。同时利用“穿”的目的为诉求方式，表现两性相吸的诉求内容。再如：②“谁说不可以（与狼共舞）。”利用“说”即用话表达出自己的意思来诉求一种表现自我、力求个性的思想态度。现在喜欢运动的多为年轻人，而他们都有表现个性、获得关注需要。一般诉求个性、潮流很容易导使年轻的消费者们去购买该产品。也有一些以消费场景暗示作为诉求信息，刺激消费者去发生购买行为的。如：①“追爱也是一种运动。贵人鸟，无人可挡（贵人鸟）。”本句广告语中以追爱场景作为诉求信息，魅力无法挡，导使消费者去消费。

在广告语言中用来提示消费原因或消费结果的动词叫做因果导使词。导使消费的原因很多，如：产品舒适、产品附加精神价值（自我实现、拼搏、渴望、追求等）。这类动词居多，主要是根据广告受众接受广告的心理动因来进行诉求的。这里就不一一解释了。

3. 谱系建构

根据上面对动词语义指向的分类，我们分别归类出各类动词的诉求信息，总结出了一个诉求信息谱系图，试图创设一个小范围内的动词类别索引，例如，哪些词为表白性动词，表达了哪些相关诉求信息，哪些词为导使性动词，表达了哪些相关诉求信息。见表 4－14：

表4－14　各类动词诉求信息表

动词	诉求信息
功能表白词	产品质量、功能
	利益承诺
态度表白词	商家追求、目标
	商家服务：人文关怀、尊重消费者、商家立场
行为导使词	性别诉求：男尊女卑、两性相吸
	个性、潮流
	场景暗示
因果导使词	舒适
	自我实现

第五章　两个相关的个案研究①

第一节　发用品广告谱系②

一、“发族”名词群

对头发认识、观察角度的不同，使得表达头发的名词也不同，这些不同的词语聚集起来，就结成了“发族”名词群。“发族”名词群要满足以下条件：语义上必须指向“头发”这一实体范畴，所指事物为“头发”或“头发”某一部分或头发的性质特征。我们研究的对象为头发用品广告语，因此“发族”名词是最基本的核心名词。

1. “发族”名词谱系及词群内部层级

通过在我们自己收集到的全部语料中（约1 400个广告文本，17万字）搜索关键字“发”并对结果逐一进行排查、分析和整理，确立进入“发族”名词群的名词共计43个。其中词语“发”未进入统计范围，理由是：“发”一般情况下并不作为一个独立使用的词或短语出现，而是作为独立语言单位的组成部分即构成词的语素或构成短语的词出现的。

讨论广告语作者对“发族”名词的选择规律，应该从对这个词群进行意义分析开始。“发族”词群有较为明显的上下义关系和类义关系，根据语义的细微差别进行词群内部层级划分，在“发”之下衍生出多个层级，每一个层级又因意义的不同而形成若干个子词群，纵横交错，形成丰富的表意体系。意义划分的标准主要有两方面：指代对象——该名词表示“发”的性质还是“发”的实体；指代范围——该名词偏向“发”的整体性概念还是“发”的部位性概念。词群的内部层级系统和语义特征可参看图5－1：

---

① 本研究团队有的成员研究时同时涉及名性序列、动性序列或形容性序列，不好简单归入前面的任何一章，所以在这里作为两个个案单列出来。

② 本部分作者许明鑫，摘自许明鑫硕士学位论文（2009）《发用商品广告名词形容词分析及相关组配与模式研究》，章节标号有改动。

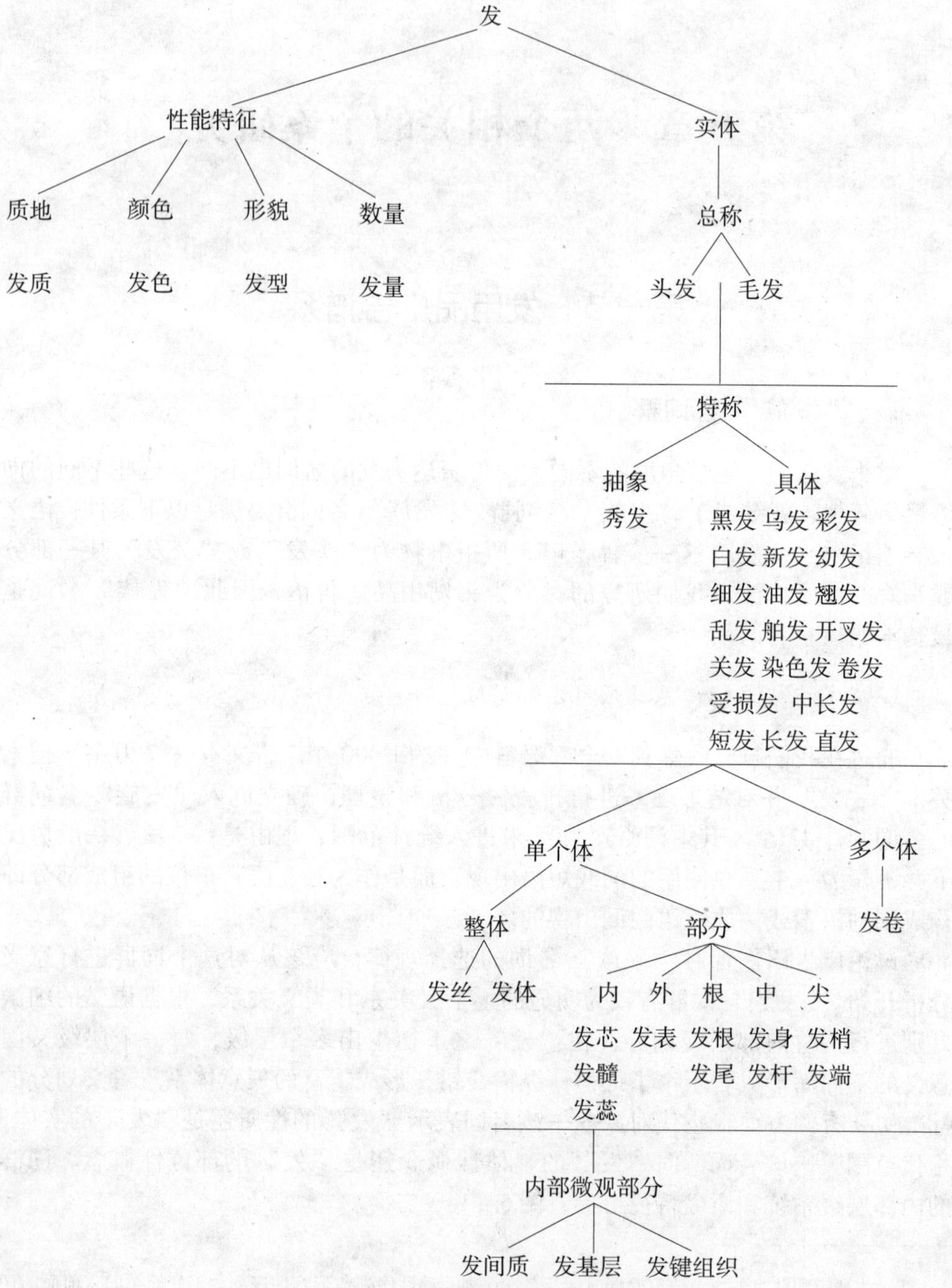

图 5－1　发族名词群谱系及内容语义层级

2. “发族”名词的使用频率

在具体统计工作中有三个概念：频次数、文本数和频率。目标词每出现一次记为1次，在语料中出现次数的总和即为频次数。同一词在同一文本中重复出现次数依次累计，出现次数越多频次数越高。将每一个广告语段作为一个文本，文本之和即文本数。该词出现的频次数除以文本数所得的结果即为该词在语料中的出现频率。频率越高，说明该词越被频繁使用。把每一个名词的出现总次数记为频次数，除以语料总文本数1 400，再乘以常数100即得到各词的出现频率。按照上文的词群内部层级将各词的使用频率统计如下（见表5－1）：

表5－1　“发族”名词词频统计表

层级	词义特征	词条	频次数	频率
第一层级	实体（总称）	头发	2 008	143.42
		毛发	122	8.71
	性能特征	发质	841	60.07
		发型	160	11.43
		发色	61	4.36
		发量	2	0.14
第二层级	特称（抽象）	秀发	1 651	117.93
	特称（具体）	直发	44	3.14
		白发	38	2.71
		卷发	27	1.93
		翘发	12	0.86
		黑发	10	0.71
		长发	9	0.64
		新发	8	0.57
		短发	6	0.43
		乌发	5	0.36
		乱发	5	0.36
		幼发	4	0.28
		油发	3	0.21

（续上表）

层级	词义特征		词条	频次数	频率
第二层级	特称（具体）		彩发	3	0.21
			细发	3	0.21
			中长发	2	0.14
			关发	1	0.07
			舶发	1	0.07
			开叉发	1	0.07
			染色发	1	0.07
			受损发	1	0.07
第三层级	单个体	整体	发丝	531	37.93
			发体	1	0.07
		内部	发芯	109	7.79
			发蕊	2	0.14
			发髓	1	0.07
		外部	发表	7	0.50
		根部	发根（发跟）	271	19.36
			发尾	20	1.43
		中部	发身	2	0.14
			发杆	3	0.21
		尖部	发梢（发稍）	98	7.00
			发端	1	0.07
	多个体		发卷	3	0.21
第四层级	内部微观		发键组织	7	0.50
			发间质	1	0.07
			发基层	1	0.07

（注：表中括号内词应为文字录入时出现的别字情况，属于该词的变形词，如“发梢”误作“发稍”。本节的统计一概将变形词归入一个统一词形中。）

通过“发族”名词词频统计表，我们对“发族”名词群各成员在语料中的出现频率有了大致的了解。同时发现，高频使用的名词集中在“头发”和“秀发”上，使其成为强势名词，多数名词则处于劣势。而诸如“发端”、“发髓”、“发茎”、“发间质”等名词在17万字的语料中仅出现了一次，频率几乎为零，是广告制作者极个别的语言行为。可见，各名词在发用商品广告语中的使用既不均衡也不统一。这种不均衡、不统一的格局主要体现在两个方面：第一，广告语诉求点的地位不均衡。比如第三层级表示头发某部分的词语，两端部位明显优于中间部位，这说明广告作者的诉求点主要指向头发的根部和尖部，中间部位尚且空缺。第四层级表微观部分的词语频率更低，这也说明对于头发微观部分的诉求点依然空缺。诉求点空缺成为语词使用频率低的一大原因。第二，同一个诉求点，同一意义集合的词语，其使用频率也不均衡。如“发丝”与“发体”属于同一个意义层级，但“发丝”的使用频率显著高于“发体”。这说明词语本身的语言因素也是造成词频高低的原因。关于这一点，我们将在下文作深入分析。

由“发族”名词词频统计表可见，词群层级越向下细分，词语形式越丰富，各词语的使用频率也越低。而在每一个层级、每一个意义集合中，总有唯一的一个词在竞争中获得胜利，其频率显著高于同一位置的其他成员。

具体来看，第一层级中“头发”处于绝对核心的地位。同处于第一层级表“质地”的词“发质”、表“形貌”的词“发型”和表数量的词“发量”使用频率比表“实体”的词语“头发”低，而且它们之下没有更细分的下位概念，也没有同一层级意义相近的可替换词。在表实体的词语中，“头发”的使用频率最高，同一意义层级的“毛发”使用率则较低。第二层级出现了多个“发族”名词或短语，词语形式最为丰富，词语使用也最集中——“秀发”一词以压倒性优势成为该类广告语的宠儿。第三层级出现了头发整体与部分的细分。“发丝”在表示“一根头发”这一整体概念的名词中处于优势地位；而在表示部位的词语中，又以表两端部位的词语“发根”、“发梢”为优势词，此外，“发芯”一词在表头发内核部位的名词中占据优势，其他部位则少有词语出现。第四层级细化到头发的微观部分，绝大部分词在语料中仅是首次出现，属于极个别的语言创造成果，在当前词语竞争中完全失利。

问题由此出现了，在相近的语义体系下，强势名词何以脱颖而出？在这种不均衡、不对等的词语使用现象背后，究竟存在着怎样的规律和原因？而那些非强势名词的存在是否也具有某种潜在的价值？接下来将对上述问题作一番讨论。

3. “发族”名词的竞争力及原因分析

前文提及“发族”名词的使用频率并不均衡，一方面是由诉求点地位不均衡造成的。一个诉求点的发达程度，决定了其相应词语的丰富程度和使用频率。

词语使用频率较低，能从侧面说明该诉求点并未得到凸显。比如表示头发微观部分的词语“发键组织”、“发基层”、“发间质”等的使用边缘化，原因之一是当前广告制作者对头发微观部分这一诉求点并不重视。再如表示头发中段的词语“发身”、“发杆”频率低于“发根”、“发尾”，也同样表明头发中段的诉求点弱于头发两端的诉求点。然而，随着广告语言的不断细化和原有诉求点的弱化，这些诉求点将会不断显示出新鲜的生命力，并可能成为广告词语新的创作源泉。如果我们将这些尚处于空缺状态或萌芽状态的诉求点称为“空位”，那么毫无疑问，这些“空位”具有了某种潜在的价值，它们能为广告语的创作提供新的参考和借鉴。关于这一问题，本章后文还将详细讨论，此不赘述。

词语本身的语言因素也是造成频率高低的原因。本节主要目标是要寻找影响词语频率高低的语言因素。为了更直观地体现出同类词语的竞争力强弱，我们将意义大致相同而频率高低相差较大的词语进行对比，并计算出一组关于“头发（强势）—毛发（弱势）”、“秀发（强势）—其他特称词如黑发、新发等（弱势）”、“发丝（强势）—发体（弱势）”、“发芯（强势）—发髓（弱势）”、“发根（强势）—发尾（弱势）”、“发梢（强势）—发端（弱势）”的百分比数据，见图5－2：

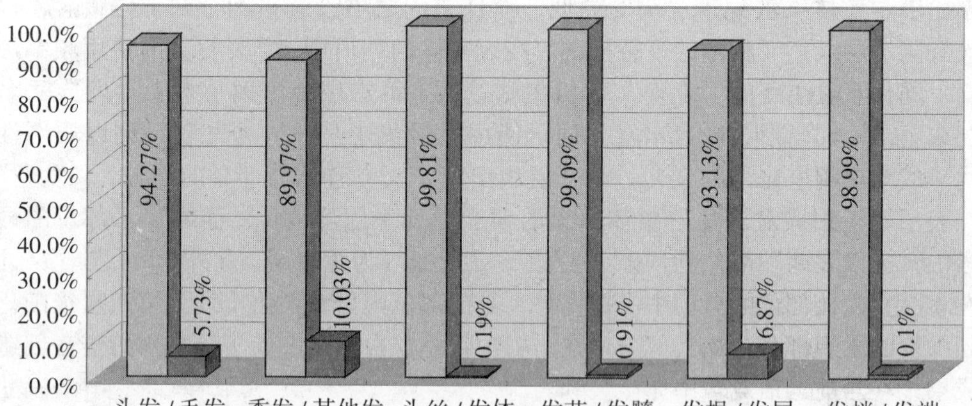

图5－2 6组“发族”名词的竞争力对比表

上图显示了6组词语各自所占的百分比。表示头发总称的两个词语“头发”和“毛发”意义大致相同，但94.27%的语料使用了“头发”，仅有5.73%的语料使用了“毛发”。其他各组比例也基本处于同一水平。

根据以上对比数据，大致可总结出一些关于强势名词和弱势名词的共同特征：抽象词语强，具象词语弱；通用词语强，专业词语弱；潜在语义与消费期盼切合度高的词语强，切合度低的词语弱。之所以形成这样的格局，主要动因在于广告语有强烈的描述性需要，也有使消费者理解信息的需要。

（1）抽象（概括性）词语强，具象（细分性）词语弱。

“发族”名词的最强势词语是“头发”和“秀发”，“头发”出现2 008次，“秀发”出现1 651次。二者都是词群中较为上位的概念，都指代头发整体。“头发”更为抽象，“秀发”的词语优美度更高。这些词较其他低频词语“细发”、“发表”、“发囊”等而言有高度的抽象性和概括性。广告语要吸引受众购买产品，其语言就要带有一种强烈的描述性，以通过对产品功能和效果做不遗余力的描述来激发消费者的购买欲望。这一特征决定了广告语将大量使用形容词。作为核心名词的“发族”名词，在发用商品中的地位不言而喻——它们几乎是所有形容词直接修饰的对象，所以“发族”名词必须具有与多种类型形容词进行搭配的能力。只有一个高度抽象的名词，它和形容词进行搭配的能力才会强，才能够与各式各样的形容词共容而不冲突。从这个意义上来说，那些非常具体的细分名词如“发囊”、“发茎”、“发根”、“发间质”、“发键组织”等与形容词进行搭配的能力较弱，人们对其所指示客体知之甚少，因而难以描述，也较少能寻找到修饰它们而又不发生语义理解障碍的形容词。比如，根据普通的语感，“发键组织”可以和“柔软、健康、强韧”等形容词搭配而组成“柔软的、健康的、强韧的发键组织”，却不能同“清爽、黑亮、幽香、亮丽”等搭配，否则会产生认知和语感上的冲突。而“头发”、“秀发”却能够和形形色色的形容词任意搭配。在这一视角上，“头发”更加抽象，比“秀发”的搭配适用面更广，这也是“头发”的出现频率比“秀发”高的一个原因。

（2）通用词语强，专业词语弱。

高频“发族”名词都是日常生活中最常见的通用词语，而诸如“发间质”、“发键组织”、“发囊”、“发基层”等专业性名词在日常生活中则闻所未闻，在广告语中也处于边缘的位置。这一方面和前面所分析的广告语描述性动因要求名词能与形容词搭配有关，另一方面反映了广告语的通俗性倾向。广告语必须通俗易懂，才能保证消费者在信息接收和理解的过程中没有障碍。专业词语一般不易理解，即便消费者能够大致理解专业名词所传递的信息，但由于较专业的词语远离了消费者的生活经验，使消费者产生认知距离，也会降低他们对产品的认同度。根据我们对“发间质”、“发基层”这两个专业词语的问卷调查，发现分别有55.67%和51.55%的受调查者认为对“发间质”和“发基层”的理解很模糊，另有21.65%和20.62%的受调查者表示这两个词“很难理解”，仅有22.68%和27.83%的人选择“能理解大致意思”。基于上述原因，那些专业性的、包含着广告人创造性的名词在词语竞争中处于劣势。不过这些专业性名词的出现有其积极意义，是广告人打破束缚的一种有意义的尝试和创新。

（3）潜在语义与消费期盼切合度高的词语强，切合度低的词语弱。

广告创作者总是偏爱那些具有美感的“发族”名词，“秀发”、“发丝”在词群中的高频出现就是证据。这是因为“秀发”、“发丝”能高度切合消费者对头发的心理期盼，从而有力地打动消费者购买产品。和“秀发”同一子群的“黑发”、“新发”、“彩发”等词虽然新颖，也具有一定的美感，但抽象程度不及“秀发”，过于具体反而难以迎合消费者心中各自不同的审美要求。在我们所做的问卷调查中，要求受调查者根据头发的理想程度对“彩发”、“黑发”、“新发”、“秀发”四个词语进行排序，最终从理想到不理想的顺序依次为：秀发、黑发、新发、彩发。72.16%的受调查者将“秀发”排在第一位，56.70%的受调查者将“黑发”排在第二位，47.42%的受调查者将“新发”排在第三位，65.98%的人将“彩发”排在最后一位。可见受调查者普遍认为能够完美描述他们心目中最理想头发的词语是“秀发”，然后才是“黑发”、“新发”、“彩发”。和“发丝”同一子群的“发体”，频率也明显低于“发丝”。“发丝”一词描绘了一种飘逸如风、柔顺如丝的头发，非常符合消费者的审美经验和消费心理预期，而“发体”较为中性，难以引起消费者对美的联想，也迎合不了消费者对产品的效果预期。从语体的角度考虑，广告语要主动推销产品，用词遣句都应选择趋美性较强的词语。发用商品广告语篇多为典雅优美的书面语体风格，选用趋美性较强的名词不仅能够描述出动人的头发从而给人一种美好的联想，在同各类褒义形容词搭配之时还能形成前后呼应的典雅风格，使语言更和谐、更优美。

二、形容词的特殊语用

形容词的特殊语用主要有两个方面：“变性”和间接语义关联。考察形容词的特殊语用功能，不仅能够展现形容词使用的特殊面，还能对目前广告语中正在悄悄发生着的某些特殊语法演变做一个基本的追踪，这对广告语言乃至我们的汉语，都有“镜子”的作用。

1. 形容词“变性”

“变性”是指形容词在具体语用中违背语法规律发生词性的改变。统计发现，形容词是广告语篇中词性活用最频繁、最典型的词类，经常发生“变性”现象。当这些特殊用法逐渐增多之后，很有可能形成一种新的语用法并由广告语言渗透至我们的日常生活语言中。在我们收集的语料中，出现了两种形容词“变性”形式：形容词变为动词和形容词变为名词。还需说明，“变性”关注的是语词使用的特殊情况，有的形容词本身是兼类词，如“滋润”具有形容词和动词两种词性，该词若用为动词并不违背语法规律，故不属于“变性”范围。

表5－2（形容词变性频率及语例示范表）分别列出了形容词在语料中的“变性”使用情况，据表可知：

“变性”主要是形容词变为动词，形容词变为名词的情况较少。根据统计结果，被用作名词的形容词只有3个，分别是“柔和”、“亮泽”和“光亮”，而被用作动词的形容词有20个，比例大大高出前者。归根结底，这首先是受到了语法相似性的影响：形容词和动词在语法上的相似性使得二者在使用过程中有较高的互通性，使用较灵活，而形容词与名词间的语法差距较大，互通性较低。“动词和形容词都是谓词，相互间有许多共同之处。比如，都能受副词的修饰，都能进入“×不×”的形式。”（邢福义，2004：82）由于动词都是作谓语的，而形容词也常常能够作谓语，这就给形容词成为动词制造了一个平台。所以在具体使用中，“变性”成为动词的形容词较多。其次，形容词动词化显示了广告语的超强描述性要求。广告语是描述性的，形容词理应成为广告语最核心的语义表达部分。广告人希望将最重要的描述性形容词放到最显眼的句法位置上，因此他们不惜打破语法规则，将形容词“变性”为动词来使用。把形容词“变性”为名词来使用亦是同样的道理，形容词一旦进入宾语位置，其显著性就会较定语、状语高得多。

形容词用作动词后，会出现语法双兼现象，同时可能引发语义双兼。例如，对于“消除多余油脂，清爽头皮”这句广告语，受众既能感受到“清爽头皮”这个动作性的意义，又能感受到“清爽的头皮”这个静态描述性的意义，前一个“清爽”是动词，而后一个“清爽”是形容词。在这个过程中，语义被丰富了。对于受众来说，这是一个语义加工补足的复杂过程，也是一个从不适应到适应的心理体验过程，由此带来的广告关注效果和广告记忆效果都是隐性而难以估量和忽略的。

表5－2　形容词变性频率及语例示范表

词条	形容词→动词		形容词→名词	
	频数（总数）频率	语例示范	频数（总数）频率	语例示范
柔顺	7（582）1.2%	柔顺你的秀发	—	—
柔软	4（117）3.42%	能深入发芯，强健、柔软头发	—	—

（续上表）

词条	形容词→动词		形容词→名词	
	频数（总数）频率	语例示范	频数（总数）频率	语例示范
柔滑	1（69）1.5%	深层滋润柔滑发丝	—	—
柔润	4（52）7.69%	可以保护、柔润发丝	—	—
柔和	2（28）7.14%	柔和了薄荷油中的冷凝因子	2（28）7.14%	使头发富有柔和与光泽
柔	4（10）40%	柔发顺发护理霜	—	—
顺滑	9（291）3.09%	天然蛋白能顺滑头发	—	—
垂顺	1（55）1.82%	植物柔顺因子 TC－90 能有效垂顺秀发	—	—
顺直	1（2）50%	顺直蓬松乱翘的头发	—	—
顺	3（24）12.5%	柔发顺发护理霜	—	—
平滑	4（4）100%	能有效平滑、修复头发结构	—	—
清爽	3（280）1.07%	消除多余油脂，清爽头皮	—	—
舒爽	3（60）5%	可舒爽头皮，平衡油脂分泌	—	—
清凉	3（35）8.57%	有效抑制头痒，清凉头皮	—	—
舒润	1（1）100%	舒润头部皮肤	—	—

（续上表）

词条	形容词→动词		形容词→名词	
	频数（总数）频率	语例示范	频数（总数）频率	语例示范
黑	24（38）63.16%	黑发养发	—	—
乌	23（24）95.83%	有固发、生发、养发、乌发之作用	—	—
亮泽	3（420）0.71%	亮泽发丝	5（420）1.19%	闪耀健康亮泽；增加亮泽
亮丽	2（177）1.13%	快速亮丽、顺滑纤维表层	—	—
亮	66（100）66%	去屑亮发；焗油亮发	—	—
光亮	—	—	1（40）2.5%	增加头发纤维弹性和光亮
强韧	15（51）29.41%	全面滋养并强韧发丝	—	—
坚固	9（17）52.94%	坚固发根，催生新发	—	—

［注：语例示范只选取每词多种“变性”用法中的一个加以示例。本表只收录日常语言中一般不用作动词或名词的形容词，具有多重典型词性的词（如“健康”既是形容词又是名词）则不进入本表统计范围。］

最后还要说明一个现象，对于在品名中出现的大部分形容词，如果前面没有受到其他词语的修饰或限制（如“丝质顺滑洗发露”中“顺滑”受到“丝质”的修饰而不能成为动词），都可以依照上面的双兼思路进行理解，比如“顺滑黑亮洗发露”，既可理解为“顺滑黑亮头发的洗发露”，也可理解为“使头发顺滑黑亮的洗发露”。这是因为品名只是一系列“卖点”的表述组合，相对于语篇来说缺乏更为具体的语境，受众在理解品名时必须要根据语感、逻辑和日常认知经验对品名进行语义的补足，也更容易出现双重语义现象。但基于正常的语法习惯，我们在统计的时候，统一将品名中的这类形容词计为形容词而不是动词。

2. 形容词的间接语义关联

间接语义关联是指形容词与所修饰或限制名词之间并无直接的语义逻辑关系，虽然组成了一个定中结构，但实际上该形容词修饰或限制的是其他名词。比如“柔顺因子”，根据认知经验和语义我们容易知道，“柔顺”和“因子”只是广告语创作者的强制组合，它们之间没有直接顺承的语义关系。“柔顺”并不是形容因子很柔顺，而应理解为“使头发柔顺的因子”或者“柔顺头发的因子”（后者显然将形容词“柔顺”动词化了）。“柔顺”与“因子”之间需要“头发”作为中介，“头发”与“因子”之间的关联是间接的。

首先，为了说明发用商品广告语形容词在组成定中短语（短句）结构时存在着间接语义关联现象，我们选择以“因子”和“精华”为中心语的两组定中结构进行分析。之所以选择这类结构，是因为“××因子”、“××精华”的用法在发用商品广告语中屡见不鲜，俨然成为这一类语言结构的典型代表。我们对语料中出现的所有“××因子”、“×× 精华”形式作了总结归纳，得出三种基本结构形式：

名词＋因子/精华：“芦荟因子”、“氨基酸因子”、“人参精华”、“珍珠精华”。

动词（动词短语）＋因子/精华①：“滋润因子”、“养发因子”、“护理因子”、“焗油精华”、“修复精华”。

形容词＋因子/精华：“黑亮因子”、“柔顺因子”、“水润精华”、“亮彩精华”。

当然，具体的语言组合形式是丰富多变的，一个“××因子/精华”结构往往不是单一的而是复合的，多数情况下是由以上三种或其中两种形式共同组合搭配而成的。例如“黑珍珠焗油亮发因子”、“护发活力因子”、“天然润泽锁色护发营养精华”、“抗氧润发精华”等，都是以上多种形式的融合。

此时我们再回到间接语义关联的定义上来。间接语义关联是针对形容词而言的，并不包括名词或动词（短语）与名词构成的那类定中结构。这是因为“名词（动词短语）＋因子/精华”构成的定中结构其语义呈现直接而明确的顺承关系，不存在我们所说间接语义关联的情况。举例说明：“草本去屑因子”就是“以草本植物为原料，能去头屑的因子”，“草本”和“去屑”直接指明“因子”的性质和作用。“深层滋润精华”即“有深层滋润作用的精华”，“深层”修饰

---

① 有的词同时具有动词和形容词两种典型词性，如“滋润因子”的“滋润”，在语境缺失难以判断其词性的情况下，一律将其看作动词。

“滋润”，“深层滋润”共同修饰“精华”。

间接语义关联主要发生在以形容词为修饰成分的定中结构中，有一定的原因可循。其一，就形容词的小类来看，发生间接语义关联的形容词主要是产品效果形容词，如“黑亮”、“柔顺”、“水润”等。在广告语中，效果形容词以其显著的描述性在语言表达中占据最核心的位置。效果的描述是一种结果，结果的承受者必然是产品的使用对象，因此按照常规的搭配方式，效果形容词应该修饰或限制产品使用对象：头发。当效果形容词和“因子”、“精华”这类非使用对象名词搭配后，不但没有损害效果词的语义，反而增添了语言的新意和美感，因而获得广告人的青睐。尽管语义关联是间接的，但在广告语强烈的语境中，受众理解这种结构并不困难。

三、参与组配的基本单位与基本形式

1. 参与组配的基本单位

发用商品品名就结构来说并不成句，属于名词短语。就整个短语的结构来看，类名部分附着在区别部分之后，处于定语中心语的位置，区别部分包括了产品的性质、特点、功能、效果等重要信息，同时在句法上充当类名的定语。但从语义上讲，类名不是广告语言要主力呈现的信息，区别部分才是重点。不考虑短语的定语中心语（类名部分），也不考虑产品的品牌名称，那么绝大多数情况下品名是由一个能表达完整意义要素的二字合成词（或二字短语）为基本单位组合而成的，这与汉语的基本词语单位吻合。比如“草本去屑洗发露”就是由“草本”、“去屑”和“洗发”三个二字单位组合成的。有时也会出现少数“三字词”，如“防漂白莹亮洗发乳”，“防漂白”是一个三字词组，“阳离子去屑洗发露”和“黑芝麻亮泽去屑洗发露”中“阳离子”、“黑芝麻”等专有名词也是三字词。

2. 组配的基本形式与足量原则、音律原则

通过对 1 390 条广告语进行统计（品牌词被排除在统计之外），我们发现了三种最基本的品名组合形式：①“2 + 2 + 2 + 2 + 类名”形式，如“橄榄染烫修护洗发露”，这种形式约占语料的 54. 14%；②“2 + 2 + 2 + 类名”形式，如“水润去屑洗发露”，这种形式约占语料的 31. 28%；③“2 + 2 + 2 + 2 + 2 + 类名”形式，如“玫瑰精华深层修护护发乳”，这种形式约占语料的 12. 57%。此外，还有“2 + 2 + 类名”形式，约占语料的 2. 23%。还需补充说明一点：事实上在统计过程中出现了一些三字词，如“栀子花”、“黑芝麻”、“水貂油”等，为了方

便统计，我们将其统一计算为一个双字单位，由于其数量有限，不会大范围影响统计的结果。这些基本形式实际上已形成了品名结构的主要模式，广告人要做的只是依照模板，从词库中选择合适的词语填入模板，形成品名。而之所以形成这样的基本组配形式，主要是受到了信息足量原则和音律原则的制约。

第二节 化妆品广告谱系①

化妆品颜色词谱系

化妆品颜色词谱系有两类：具体可感的具体颜色词和变幻抽象的抽象颜色词。具体颜色词所指的是我们直接可以从光谱上找到的，或以常见事物为色彩指称的颜色词，如“黄色、玫红、西瓜红、落日红、咖啡色”等。抽象颜色词所指的是我们不能直接从光谱中找到的，而是从心理角度与人的心理联觉或某种心理需求发生关系，表达人的某种主观色彩经验，它们虽不能在光谱上找到相应的色彩区域，却会在某些方面与颜色有着千丝万缕的联系，对颜色有内在的心理暗示作用，广告受众要通过运用意志努力去体验，去感知其蕴含的色彩信息。这类颜色词与具体物质类颜色词相比，具有更强的主观性与随意性，如“轻舞白、梦幻紫金、红唇诱、羞色、妙曼、深秋”等。

1. 具体颜色词的分类分析

颜色词的分类方法发展到现在可谓琳琅满目，对于化妆品广告语言颜色词种类的划分，我们可以借助其优秀成果，如按照前附非色彩成分的功能来分，可以从形式上看出颜色词的发展动态。但我们要反映的不仅仅是这些，还需要更深一层的挖掘，不但从形式上反映其面貌，还要在内容上反映其特质，于是我们选择在以功能分类为骨架的同时进行内容分类，形成“双管式”分类框架。

在我们所收集的化妆品广告语言颜色词当中，几乎没有单项式的颜色词，都是复合式的，构词方式分为几种：“X + 表色语素”、“XX + 表色语素”、“表色语素 + 表色语素”、“表色语素 + X + 表色语素”、“X”，还有少量的几个词结构模式为“表色语素 + X”（X 表示非色彩成分）。

在复合式当中，我们按照添加成分和表色成分之间的关系分为以下两大类：

（1）非色彩成分“X”起限定作用。

“X”在颜色词当中对颜色词的物理属性具有限定作用。如颜色词的亮度、

---

① 本部分作者谭秋菊，摘自谭秋菊硕士学位论文（2012）《化妆品广告语言颜色用词谱系分析》，章节标号有改动。

饱和度、纯度、材质工艺等。

①“X”表物理属性。

A 类

亮白　亮黄　亮银　深褐　深咖　深蓝　湛蓝　光亮红　光银蓝　亮灿金
亮橙色　亮粉红　亮粉色　亮蓝粉　亮蓝色　亮水蓝　亮铜色　亮紫色
明亮黄　闪粉色　闪金色　闪铜色　闪耀银　亮彩白金　亮杏黄色
明亮金色　闪亮宝蓝　闪亮银紫　闪烁金橘　闪光酒红色
纯白　大红　淡粉　淡黄　墨绿　浅粉　浅红　浅灰　浅绿　浅紫　浅棕
深粉
碧幽绿　纯白色　纯黑色　纯绿色　纯银色　淡粉红　淡粉色　淡古铜
淡黄色　淡灰金　淡绿色　淡裸粉　淡裸色　淡银蓝　淡紫色　浅布丁
浅粉白　浅粉色　浅肤色　浅黄色　浅灰色　浅金色　浅咖啡　浅蓝色
浅蓝银　浅绿色　浅米银　浅水绿　浅驼色　浅棕红　浅棕色　深橙色
深粉红　深褐色　深红色　深红钻　深灰蓝　深灰色　深火红　深金铜
深咖啡　深咖色　深蓝色　深玫红　深墨绿　深紫莓　深紫色　深棕色
幽靛蓝
纯净墨兰　纯玫瑰色　淡金粉色　淡藕粉色　淡胭脂红　浅粉龙晶
浅黄肤色　浅橘红色　浅栗红色　浅绿茶色　浅玫粉色　浅玫瑰色
浅嫩粉橙　浅蔷薇红　浅桃子色　浅铜棕色　浅棕红色　深赤褐色
深纯可可　深红棕色　深咖啡色　深蓝灰色　深玫瑰色　深铜红色
深棕漾紫　中暖棕色　深灰赤褐色　深卡其布色　浅咖啡果冻色
明蓝　透红色　透明红　透明色　棕红橙　晶透橘色　漆黑咖啡
透明西瓜红

B 类

荧光粉　荧光黄　荧光橘　珠光红　亮片粉　亮片红　亮片金色　亮片银色
晶彩红粉　晶彩裸咖　晶彩嫩粉　晶彩滢粉　晶润玫红　蕾丝米褐
流苏玫红　琉光缎红　琉光粉桃　琉光粉紫　琉光金褐　琉光晶粉
琉光酒红　琉光魅红　琉光珊瑚　琉光香槟　琉光银粉　琉光滢红
琉光滢紫　琉光釉玫　裸咖炫金　裸肉粉色　磨砂海蓝　磨砂深咖
漆光暗红　丝光桃红　丝莹纯黑　陶釉褐红　哑光橘色　莹彩炫金
珠光绯红　珠光粉色　珠光粉紫　珠光古铜
哑光粉红色　磨砂亚光黑　磨砂桃红色　珠光玫瑰紫

色彩学理论告诉我们，色彩具有三大客观物理属性：色度、明度和彩度。A

类分别是通过对颜色词的深浅、纯度和透明度三个方面对颜色词在程度上起限制作用而形成的颜色词。构词模式主要有两种：“表程度语素 + 表色语素”和“表程度语素 + 表物语素 + 表色语素”。这类颜色词中，特别是第一种构词模式，传统颜色词居多，新兴颜色词比较少。

色彩包含色度、明度和彩度这些色彩信息，我们把对这些内容的感知称为“色感”，还有部分颜色词包含了非颜色信息，如对事物其他属性的描绘，我们把对事物的光泽、质地、形态等非色彩信息的感知称为“其他感”（见图 5－3）。B 类颜色词可以看作是颜色词在非色彩信息方面的延伸和细化。如 A 类的“深咖啡色”，我们能通过色感辨别它的色调、明度和彩度，但对于“光泽度”我们并不能得知，“磨砂深咖”正是在“光泽度”这一非色彩感上对“深咖啡色”进行了进一步的细分。再如例举中最多的前加非色彩成分“琉光”，是对“质感”这一非色彩感进行细分。

人对事物的感知往往是由多种感官综合而获得的，对某一事物的感知也是多方面的。色彩的色感以及其他感的感知不局限于此类当中。

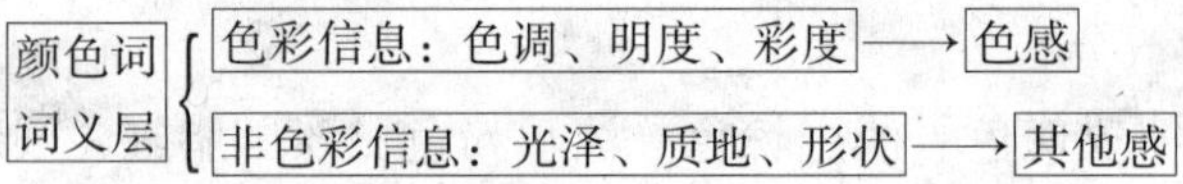

图 5－3

②“X”表色语素 + 表色语素。

粉橙　蓝靛　紫红　橙红　翠绿　粉红　粉蓝　粉紫　褐紫　黑红　黄绿
金褐　金黄　金咖　金棕　橘红　青翠　玄金　银白　银灰　银咖　银蓝
银紫　紫棕　棕红

橙粉灰　灰褐色　橙粉色　粉橙色　粉橘色　粉蓝色　粉紫色　黑灰色
红褐色　红棕浅　灰蓝色　绛紫色　金红色　金黄色　金咖啡　金绿色
金棕色　蓝灰色　蓝紫色　朱红色　紫黑色　紫红色　紫棕色　棕黑色
棕红色

金粉裸色　金红褐色　金红棕色　金酒红色

漆色紫咖　棕酒红色　灰红褐棕色　金红褐棕色　紫红褐棕色

灰红褐浅棕色　紫红褐浅棕色

“表色语素 + 表色语素”、“表色语素 + 表色语素 + 色”是由两种或多种颜色混合在一起的颜色，也正是颜色的混合使得色彩纷繁复杂，绚烂多姿。两个表色语素搭配的，往往一个为主色，另一个为辅色。如“黄绿”是绿偏黄的一种颜色，“蓝紫色”是紫中带蓝，“棕酒红色”是红酒那样的红色中带点棕色。一般而言，后面一个表色语素为主色调，前面一个表色语素对它进行辅助说明。多个表色语素组合的则很难说得清哪个是主色哪个是辅色，故看成是几种颜色的混合调配。

（2）非色彩成分“X”起描绘作用。

这类颜色词的非色彩成分“X”在性状和感觉上对颜色词进行描述。

嫩粉 暖紫 暖棕 暖棕色 柔粉 嫩红 甜紫
娇粉沙 冰紫色 冷冽灰 冷棕色 嫩粉色 嫩肤色 嫩桃粉
嫩紫粉 暖阳橙 柔粉色 热红粉色 嫩粉红色
嫩粉炫金 暖玫瑰色 柔粉紫色 柔和棕色 雪纺暖橙 水嫩肉裸色

这类颜色词是从颜色的物理——心理属性来划分的。“色彩作为客观存在的一种特殊物质形态，不仅要依附于具体的客体事物，而且要依赖于人的主观世界来感知、感受。这样，色彩的刺激反映就有了客体和主体两方面的内容。”（张旺熹，1988）色彩客体的物理属性反应于人眼，引起人的主观世界与之相关的感觉，上面这类颜色词是色彩给人直接的程度或性状感觉，是冷还是暖，是柔还是糙，是嫩还是老。

（3）非色彩成分“X”起指称作用。

①地名地理事物及气象。

A类

埃及金 冰岛银 巴黎蓝 藏蓝色 法式白 刚果绿 加州红 玛雅绿
摩卡棕 伊甸绿 印度红 中国黑 中国红 法式裸粉 加州提子红
印度橘红色 法式珍珠白 名古屋自然黑

B类

星白 冰蓝 海蓝 湖蓝 灰石 水红 水蓝 天蓝 夜黑
丛林绿 大地金 大地色 海水蓝 海天蓝 海哲蓝 海洋色 湖蓝色
湖水绿 流沙金 晴空蓝 水蓝色 水漾蓝 邃夜黑 炭灰色 天空蓝
天蓝色 土星蓝 星光白 星光灰 月光蓝 南极白 北极白 极地白
冰晶雪紫 草原漫绿 东方褐色 流光闪粉 流沙银灰 深海魅黑
水漾湖蓝 烁石流金 天际藏蓝 星空蓝黑 嫣红霞光 银灰繁星
珠光海绿

C类

电金 风银 春绿 流光橘 雾月橙 幽夜蓝 幽野绿
春天绿 春意绿 春漾绿 季红紫 落日铜棕 霞光暖棕 夏日橘红
春天酱棕色

A类词语中的地名，如“中国红”是被大家广泛接受了的，这种红色是中国国旗的颜色，是在过节、婚庆、喜宴、表彰会等值得庆祝的喜庆场合都会用到的一种红色。利用色彩的物理——心理属性，我们除了感知到色彩信息是一种怎样的“红”之外，还能感知其非色彩信息感中的“喜感”。“埃及金”是一款眼影的颜色用词，人们想到埃及就会想到沙漠中金字塔和狮身人面像的形象，整体色调就是一种金灿灿的沙子金色，所以，用“埃及金”来形容化妆品的颜色也能让消费者很直观地认识到化妆品的实际颜色。同时，埃及的这种形象弥漫着一种神秘、高雅的色彩，而这种心理感觉也可能会通过化妆品的这一颜色词投射到化妆品的品质上去。“大阪樱花”的限定词“大阪”是日本的州名，日本的樱花是举世闻名的，而大阪又盛产樱花，用“大阪樱花”来描述化妆品的颜色，能让受众在脑海中浮现大片盛开樱花的颜色，繁盛而华丽。

B 类词语中的地理事物中，“南极白”、“北极白”和“极地白”的构词方式与“埃及金”是相同的，不论是南极还是北极都终年被冰雪覆盖，白皑皑的一片，因此，用“极地”、“南极”、“北极”来描述这种像雪一样的白色，能够让消费者非常直观地认识到化妆品的实际颜色。蓝色的限定词就多了，如“水蓝、冰蓝、海蓝、天蓝、海水蓝、海天蓝、湖蓝色、月光蓝、水漾湖蓝、天际藏蓝、星空蓝黑”等，这是用“像什么就叫什么”的方式指称色彩。我们并不需要对这种色彩作过多的解释，因为这些地理事物所代表的蓝色都是具体可感的。人的认知是多向性的，对同一事物的感知也会有多向性，俗话说“一千个读者眼中有一千个哈姆雷特”，同一种色彩给不同的人带来的主体感受是不一样的，看到一种蓝色，有人想到天空，认为是“天蓝”；有人想到海，认为是“海蓝”；有人想到了湖水的颜色，认为是“湖蓝”，认知的多样性使得颜色词具有多样性。

C 类为地理气象事物，喻体为日月星辰、风霜雪电、四季景象。其构词方式和 B 类相同，不多论述。

②金属。

铁棕　铜色　白金蓝　古铜红　古铜灰　古铜金　古铜色　古铜棕
黄金棕　金灿铜　金铜色　金银粉　金属灰　金属咖　金属棕　水晶色
铜啡色　铜棕色　银白色　银光粉　银黑色　银灰色　银蓝色　原铜色
红铜棕色　金属亮桃色　金属珠光银白色

③玉石珠宝。

宝蓝　宝蓝色　宝石蓝　宝石绿　瓷白色　翡翠绿　粉珍珠　金琥珀
金沙紫
晶宝蓝　晶砂紫　晶银黑　晶钻白　晶钻紫　玛瑙黑　玛瑙绿　水晶粉
水晶亮
水晶玫　水晶色　松石蓝　松石绿　象牙白　银珠粉　珍珠白　珍珠粉

朱砂红　珠粉钻　珠光白　珠光粉　钻石蓝　钻石银

宝石炫棕　宝石釉红　冰雪银钻　翡翠绿色　瑰丽紫晶　红宝石色

红宝炫金

绿松石色　裸咖晶石　裸色琥珀　玛瑙黑色　三色彩钻　水晶冰凝

水晶樱桃　水色粉钻　银珠肉色　珍珠亮白　珍珠闪白　珍珠贝壳色

第②类虽然看起来成员不多，所选的金属种类不多，都是金、银、铜等贵金属，或“金属”这一统称，但同一词的使用频次还是挺高的，重复率高。第②和第③类颜色词是通过比喻的方式造词的。喻体为金属和珠宝玉石，作为喻体的金属或玉石珠宝一方面以自身物体的颜色引起色彩意义的联想，对颜色进行了说明；另一方面因为喻体具有贵重、华丽等品质，会在心理方面给予受众关于品质的暗示；再者，在这类词当中，被选作喻体频率最高的是钻石、水晶以及金银铜这些贵金属。它们的共同特点之一就是光泽度都比较高，对于光泽度比较高的或者带闪的化妆品，这类颜色词的选用频率较高。

④植物。

粉莓　栗色　粉荷　茄紫　桃粉　杏银　草绿　粉樱　葛绿　葛棕　果绿

红莓　兰色　栗棕　玫红　米白　米粉　蜜桃　桃红　桃嫩

橙黄色　黑樱桃　红莓色　可可金　百合金　板栗色　冰橙橘　草绿色

草莓红　草榆绿　橙橄榄　葱翠绿　丁香粉　丁香紫　番茄红　粉荷色

粉玫瑰　粉玫薇　粉桃色　枫叶红　芙蓉粉　橄榄绿　海棠粉　火焰桃

坚果绿　浆果色　浆果紫　金枣红　晶杏色　橘黄色　橘杏色　辣椒红

荔枝红　栗黑色　栗子棕

栗棕色　绿茶色　罗兰紫　芒果沙　枚红色　玫粉色　玫瑰粉　玫瑰红

玫瑰金　玫瑰蓝　玫瑰色　玫瑰紫　玫紫色　莓黑紫　莓红色　米色炫

蜜粉金　蜜橘黄　蜜糖橘　蜜桃粉　蜜桃金　蜜桃橘　蜜桃色　蜜桃紫

蜜萄粉　牡丹粉　木瓜粉　嫩芽绿　嫩枝绿　柠檬黄　柠檬色　凝脂白

葡萄红　葡萄紫　蔷薇红　蔷薇紫　蔷薇棕　山杏红　珊瑚红　石榴红

水草绿　水果绿　桃粉色　桃花粉　甜菜紫　雾荆紫　西瓜粉　西瓜红

鲜橙黄　香槟色　香芋色　杏子粉　樱草绿　樱花粉　樱花色　樱桃红

鸢尾蓝　枣红色　榛果咖　紫芋色

海棠粉色　荷尖红色　火龙果粉　金橘红色　金蜜浅栗　酒红石榴

栗果冰棕

栗子棕色　玫瑰粉金　玫瑰粉色　玫瑰金色　玫瑰金棕　玫瑰砂金

玫瑰炫金　玫瑰紫色　牡丹紫色　柠檬粉红　藕花粉色　苹果大红

菩提子褐　葡萄酒红　水蜜桃色　檀木红褐　檀木棕红　鲜红莓色

杏桃炫金　薰衣草色　薰衣草紫　樱桃俏黑　榛子栗色　臻白亮采
紫罗兰色　粉嫩西瓜红　奶白杏黄色
奶白杏仁色　柠檬水粉黄　西番莲粉色　粉红覆盆子色

从数量上，喻体为植物的颜色词占据着最主要的地位，这也是传统颜色词最常用的构词方法。因为植物具有比较稳固的经典颜色，并且比较常见，容易实现表色功能追求。这类词的构词方式主要有以下几种："表物语素＋表色语素"、"表物语素＋色"、"表物语素＋表色语素＋色"，其中最经典的是"表物语素＋表色语素"，这一类词的结构方式在语言界被称作"物色词"，前人做过比较多的研究，在此不赘述。

⑤动物。

鹅黄　贝壳色　蝴蝶蓝　孔雀蓝　珊瑚橙　珊瑚红　珊瑚色　珊瑚珠光
羊绒粉红　粉红云母色

⑥食物。

A. 饮品：

啡黑　酒红　啡黑色　咖啡金　酒红色　酒红紫　咖啡色　牛奶粉
香槟金　香槟色　醇酒紫红　美酒炫金　摩卡啡色　奶茶裸色　牛奶白色
草莓牛奶色[①]　牛奶蜜糖粉　雪花奶泡色　浓郁浅咖啡色

B. 食品：

布丁粉　豆沙红　豆沙色　果冻粉　果冻红　酱红色　酱紫色　焦糖金
蜜糖色　蜜糖砂　奶油白　糖果红　冰糖晶粉　果冻肉粉　蜜粉炫金
蜜糖粉红　巧克力色　糖果蓝色　棒棒糖粉紫　焦糖卡其色　浅咖啡果冻
糖心草莓红　西瓜糖果粉　樱桃果酱桃红色　樱花果冻粉红色

第④、⑤、⑥类颜色词也是通过比拟的手法来造词的，喻体分别为植物、动物和食物，其中食物当中很大一部分是饮品，我们单独列了出来。构词方式有三种："表物语素＋表色语素"、"表物语素＋色"和"表物语素＋表色语素＋色"。表物语素的选择多为我们熟悉的事物，表物语素和表色语素之间关联性强，这样的选择更形象、更直观地再现了化妆品的实际颜色。但现在出现那些表物语素和表色语素之间的关系较远的具体类颜色词，所选物象并不具备某一公认的经典色彩，如"棒棒糖粉紫色"、"果冻粉"等。棒棒糖的颜色与原料相联系，原料不

---

① 像这种由两个物质名词组合而成作为颜色语素的前加非彩成分的词语，我们依据词语组合后的整体意义对其进行分类。如"草莓牛奶"我们一般理解为在牛奶里面加上草莓或草莓汁之类的，那么整体就成了一种饮品。"牛奶蜜糖"按照我们的常识判断是在牛奶里面加入蜜糖，牛奶是主料，蜜糖是辅料，也是一种饮品。

同颜色不同，并不具有某一种经典色彩。所取的“棒棒糖”不是用于表达色彩信息，而是彰显可爱、童真、熟悉的一种感觉。第⑤类植物中的水果和第⑥类食品当中，部分词除了色觉的联想，还掺杂着味觉的联想，这类颜色词在唇彩广告语言当中出现较多。涂过唇彩的人都有这种体验：唇膏或唇彩上标注是某种植物或食品的颜色，一般具有那种香气和味道。用这些可食植物或食品作前加成分的词能引起关于味道的联想，而非可食性的添加成分不具有此功能。

⑦用品。

绸缎黄　丝缎白　丝绸红　塔夫绸白　雪纺蜜粉色　墨镜灰烟　钢琴黑
琴键黑　乌篷蓝

“用品”本身概念的范围十分广泛，种类繁多。归于用品类的成员范围也比较广，有的是日用品，如衣服的材质，有的是音乐器材，如钢琴。但在化妆品广告语言颜色词中，用品类其取象还是偏向于能够体现好的品质，表达特定情感诉求的用品，所以用于化妆品颜色物象的用品比实际的用品种类和范围要狭窄得多。

⑧人群。

群青蓝　海军蓝　明星酒红　朋克绿色　军绿色

这类颜色词所采用的造词方式不是比拟，而是用“像……一样的某颜色”来指称颜色。在这些词当中，“军绿色”、“海军蓝”、“学生蓝”是对颜色词使用者范围的限定，如“军绿色”是军人制服用的那种颜色，但用久了就成了一种标志性的颜色，不只局限于军人使用。而“朋克绿色”、“明星酒红”表面意义分别是“朋克一族使用的那种绿色”、“明星使用的那种像红酒的颜色”，显得抽象。朋克一族使用的绿色，前加身份对绿色并没有说明作用，像红酒一样的红色已经很具体，前加明星的身份表面上是指明使用者范围，但我们也可以理解为是暗示化妆品的使用妆效，“使用这种酒红色的化妆品会使您拥有明星般的气质。”

群青蓝大概可以理解为“青年群体用的一种蓝色”，这也是需要通过意志努力去想象的一种蓝色，但这种词的衍生方式与明星酒红和朋克绿色又有区别，不能说“使用这种蓝色的化妆品会使您拥有群青般的气质”。群青是对使用对象范围的限定。

我们对所收集的 1 541 条化妆品广告语言中的具体颜色词可以按以上这 8 个类别分类，还有少数的词语难归于上述类别，如“瓷白、砖红和镭射银”，数量很少，但却很难归于一类，如果为所有单个词都另设类别，一则成员过少不成其类，二则不能反映出化妆品这一特定领域的特色。所以我们将瓷白、砖红和镭射银归为“事物”类。

通过上述分类我们发现，具体化妆品颜色词的类别相对集中，并且倾向于选取美高雅的且带有女性色彩的词语。

2. 抽象颜色词分类分析

抽象颜色词并不像具体类颜色词那样，借助具体实物来表达色彩信息。如果我们熟悉所借用的事物，便不需要多少意志努力便可比较直观地了解实际色彩信息。抽象颜色词是将人类因联觉及知觉的选择性等心理因素而形成的色彩概念以语言的形式凝固下来的颜色词，通常的表现形式是在颜色语素前添加某种抽象意义的词语而形成抽象颜色词。这个概念作为概念来讲可能说得过去，但操作起来会有麻烦，到底语义多抽象才算是抽象颜色词呢？有具体物质名词、有抽象意义的颜色词该如何归类呢？为了更清晰地辨别，我们将归为抽象颜色词的标准作出以下限定：

其一，语素本身不披附某种色彩。具体类颜色词的前附非色彩成分“X”多为物质名词，物质总是会有各样的颜色，只是有的比较常见，具有为大家所共同接受的经典色彩，有的因为自身的多样性，不是单一的某种色彩。抽象颜色词的前附非色彩成分“X”可以是名词也可以是动词或形容词，动词和形容词不用于表现物质，不具有颜色。要辨别的是名词，将其归为抽象类，并不一定是因为名词本身表达的是抽象的意义，而是它并不披附某种颜色，用于描述颜色我们不能具体感知，而只能唤醒某心理因素或色彩经验。如“妃子粉”，妃子是皇帝的妾，并不存在抽象义，但“妃子粉”具体是什么样的粉就很抽象了。因为“妃子”本身不披附某种色彩，而只是一种称谓。

其二，“X”既有具体语素又有抽象语素，我们将其归为抽象类。如“柔美栗黑”，板栗是具体物质名词，如果是“栗黑”那该归为具体颜色词，但加上“柔美”在表色功能上便变得抽象了，我们将其归为抽象类。

抽象颜色词也划分为两个不同的成分，一部分为色彩信息，另一部分表达抽象意义的非色彩信息。其结构我们大致可以这样表示“X＋色彩信息”（X表示非色彩信息，也就是除表色语素之外的信息成分）。在收集到的词语当中我们发现，其中一部分是“X＋表色语素”，特别是二、三音节的颜色词，而大部分多音节抽象颜色词其构词模式我们可以看作是“X＋具体颜色词”，其结构层次为：“$X_2/X_1//$表色语素”（X_2为抽象意义非色彩信息，X_1表示具体意义非色彩信息。）

也就是通过在具体颜色词前面添加抽象意义的词语来对颜色词进行更深一层级的修饰和描述。这类颜色词我们也可以理解为在表色语素前添加了两个或多个前加成分，其中一部分为抽象意义的，另一部分为具体意义的，其结构还是可以描述为“X＋表色语素”（$X = X_1 + X_2$），那X会传达一些什么样的信息？我们对抽象颜色词又该如何分类？我们先来看前人的分类方法。叶军将抽象颜色词分为联觉抽象色彩词和知觉抽象色彩词，前者是很主观的色彩感受，如“暖红、娇红和惨白”；后者又分为两种：一种是情貌类，如“喜色、怒色、愧色”等，另一种是景貌类，如“春色、秋色、暮色”等，这与我们分析的颜色词范围是不一样的。河北大学硕士研究生冯彬将抽象颜色词按前加成分划分为形容词、名词和动词。借助这种划分方式能够看出化妆品抽象颜色词的词性分布情况。

具体颜色词我们选择了按功能和按内容相结合的方式来划分，抽象颜色词的取象类型与具体类不同，如果我们按照具体颜色词的类别划分方法，像“酷黑”、“雅白”、“梦幻紫金”之类的颜色词将无法归类，于是我们采取形式与内容相结合的方式对抽象颜色词进行归类。

从形式方面，我们能够看到抽象颜色词的结构模式，归纳出哪一类结构模式使用频率最高，广告受众心理潜在基础最好，受众的接受度最佳。从内容方面我们能挖掘出颜色词内部更深层的含义。

（1）抽象类化妆品颜色词形式分析。

从形式方面，我们先按词语的结构和非色彩语素“X”的词性对其进行划分：

①结构类型为“X_2＋表色语素”类。

A. 非色彩语素“X_2”为名性词语或短语：

妃红

湘妃金　爵士黑　炫舞银　妃子粉　娇娃粉　芭比粉　公主粉　宫廷红

花漾玫　精灵蓝　辣妹粉　兰姆红　萝莉粉　媚眼棕　魅影紫　女孩粉

太妃金　天使粉　甜心橙　娃娃粉　摇滚黑　印象红　心机裸　粉妆紫

魅力红　魅力金　魅力蓝　烟熏灰　烟熏蓝　烟熏色　烟熏紫　烟熏棕

魅力深红　名媛肉色　派对水粉　甜心粉色　娃娃粉红　婴儿粉色

初吻粉红　菲菲桃粉　爵士漆黑　公主肉粉　花恋桃红

甜心宝贝绿

B. 非色彩语素“X_2”为动性词语或短语：

流金　恋爱桃　心跳红　心跳粉　幻想银　诱惑紫　爱恋紫玫　复古闪棕

溢紫幽粉

C. 非色彩语素“X_2”为形容性词语或短语：

燦金　幻金　酷黑　媚紫　媚棕　迷黑　俏粉　尚橘　炫白　炫粉　炫紫

燻黑　雅白　雅蓝　幽蓝　沁玫　嫣红　炫金

金炫彩　晶漾白　炫光白　炫黑金　炫黑色　自然黑　自然色　艳丽紫

诱人橘　璀璨黑　璀璨蓝　璀璨紫　淡雅紫　典雅紫　粉漾红　红情浅

活泼红　晶璨褐　晶莹棕　晶莹粉　可爱粉　浪漫粉　浪漫绿　立体灰

亮丽黑　魅粉紫　魅惑紫　魅紫黑　梦幻粉　梦幻红　梦幻紫　迷幻蓝
迷幻紫　迷情紫　摩登灰　魔幻绿　浓情桃　弄情红　俏丽粉　俏丽紫
沁人绿　清爽白　热辣红　热辣黄　热情红　柔魅紫　柔嫣粉　闪耀银
奢华紫　深沉棕　深情蓝　深情棕　深邃绿　深邃紫　神秘灰　时髦紫
时尚粉　时尚绿　水嫩粉　甜蜜橙　甜蜜粉　完美红　温馨橘　心绒蓝
幸福粉　幻彩紫　炫彩粉　炫彩金　炫橙红　炫橙色　炫黑金　炫黑色
炫金咖　炫金棕　炫亮银　炫梅紫　炫目金　炫漆黑　炫桃红　炫耀紫
绚粉色　嫣粉紫　耀亮银　耀目金　绚丽红　乐活白

柔美栗黑　可爱粉橙　清秀翠绿　摩登橘红　恬静橘色　璀璨黑色
璀璨银色　典雅肉色　高贵纯棕　高贵裸色　幻变蓝紫　娇俏粉红
经典粉红　经典裸色

自然黑色　自然栗色　自然棕色　经典正红　晶莹纯色　靓丽灿金
绝美亮橘　可爱桃色　酷迷军绿　浪漫粉色　冷艳橙红　礼貌杏色
烈艳绯红　流金炫彩　曼妙紫红　魅彩粉紫　魅彩浆紫　魅彩蜜粉
魅彩嫩粉　魅彩珊瑚　魅惑紫钻　朦胧幽蓝　迷迭紫晶　迷离粉樱
迷人裸灰　迷人熏紫　迷人幽蓝　平静灰色　俏丽金棕　柔美粉色
柔媚珊瑚　闪亮炫紫　奢华金钻　奢华棕色　绝美橙调　绝美粉调
深邃黑色　神秘黑银　神秘闪紫　时尚裸色　甜美裸粉　甜蜜粉棕
妩媚紫红　性感烟棕　羞涩桃粉　炫彩银光　炫金亮片　炫亮黄色
炫亮蓝色　炫亮银色　炫亮紫红　绚丽紫金　烟熏黑灰　优雅橙色
优雅灰棕　幽雅裸色　自然淡粉　自然肤色　自然亮红　自然裸色
自然肉色　尊贵紫红　璀璨金棕　明亮栗色　绚丽紫红　炫彩夺目黑色

②结构类型为“X_2+X_1+表色语素”类。

A. 非色彩语素“X_2”为名性词语或短语：

气质深咖啡　精灵西瓜红　活力蜜橘色

B. 非色彩语素“X_2”为动性词语或短语：

心跳花粉　着迷水粉色　醉人枫蜜红

C. 非色彩语素“X_2”为形容性词语或短语：

华贵茶金　娇嫩玫红　经典玫红　魅彩酒红　魅彩玫红　梦幻宝蓝
梦幻玫红　千情枣红　清新海蓝　柔粉橙红　深情酒红　深邃银黑
时尚咖驼　妩媚酒红　炫亮咖啡　炫亮甜橙　优雅玫红　优雅暖棕
幽雅咖啡　醉人红葡　性感玫红

淡彩柔粉色　自然深棕色　自然香槟色　淡雅娇蓝兰　幻变紫红色
激情蔷薇色　净爽紫红色　可爱蜜橘色　流行嫩粉色　魔幻咖啡金

热情樱桃色 闪耀贝壳粉 闪耀金橙粉 闪耀金红棕 闪耀金棕粉
闪耀金棕紫 时尚金属银 性感浅紫色 炫彩豆沙红 自然果冻色
自然米橙色 自然珊瑚色 多姿桃红色 羞涩粉红色 妩媚金属光
静寂霓粉色 闪耀光泽蓝 时尚纯白色 高雅大地红 极致玫瑰红
幻彩水晶色 幽雅蜜粉色 浪漫嫩粉色 优雅蜜粉色 柔美香槟色
摩登深咖啡 魅惑焦糖棕 俏皮樱桃红 古典蔷薇色 时尚达子色
浓郁浅咖啡色 甜蜜梅心糖色 典雅太妃糖色 阳光小麦糖色
小庄重桃红色 梦幻泡糖粉色 浪漫公主粉紫 可爱水果玫红
可爱草莓粉红色 甜美果冻裸肉粉 可爱达人浅粉 幻彩水晶透明色
时尚珠光亮橙色

③结构类型为“$X_2+\cdots+X_2$ + 表色语素”。

这一类词性比较复杂，一般都是几种词性杂糅而成的。我们按第一个修饰成分的词性划分。

A. 非色彩语素“X_2”为名性词语或短语：

暗夜魅紫 乐趣甜橙 深吻魅红 气质迷幻蓝 绚彩艳丽玫红
甜美典雅裸色

B. 非色彩语素“X_2”为动性词语或短语：

闪闪公主色

C. 非色彩语素“X_2”为形容性词语或短语：

俏丽娇红 柔嫩娇粉 热辣诱惑橙 低调尊贵红 幻彩流行蜜粉
透光粉红色 透明闪耀粉 透明闪耀红 时尚魔幻烟熏色
神秘高贵纯黑色 璀璨夺目肉粉色 华丽闪耀亚麻金

④结构类型为“X_1+X_2 + 表色语素”。

A. 非色彩语素“X_2”为名性词语或短语：

银妆炫白 芭比嫩粉 莉香甜美金

B. 非色彩语素“X_2”为形容性词语或短语：

银幻灰 银柔粉 摩卡炫棕

（2）结构配值分析。

在收集到的354条抽象化妆品颜色词当中，其结构类型基本上可以归为上面所列出的类别：“X_2 + 表色语素”、“X_2+X_1 + 表色语素”、“X_2+X_2 + 表色语素”和“X_1+X_2 + 表色语素”，其中结构类型为“X_2 + 表色语素”的有245条，占抽象词总数的69.20%；结构类型为“X_2+X_1 + 表色语素”的有81条，占总数的22.88%；结构类型为“X_2+X_2 + 表色语素”的有19条，占总数的5.36%；结构类型为“X_1+X_2 + 表色语素”的有9条，占总数的2.54%。

表 5－3 化妆品抽象颜色词结构比例

结构类型	词条数量	所占比例
X_2＋表色语素	245	69.20%
X_2＋X_1＋表色语素	81	22.88%
X_2＋X_2＋表色语素	19	5.36%
X_1＋X_2＋表色语素	9	2.54%

从上表可以看到第一种结构模式是最常见的，也是能产性最强的。我们所收集到的颜色词是化妆品广告语言策划方及广告主所应用的颜色词模式，那么这种"X_2＋表色语素"模式占绝对性优势说明这是化妆品广告语言策划方及广告主的惯用的模式，还不能说明这是产品消费者或广告受众的心理普遍接受性模式。那广告语言受众心里所接受的或潜在接受的颜色词又是哪种模式呢？针对此问题，我们设计了如下问卷：

下列化妆品颜色用词，每一组词的构词方式都不一样，您比较喜欢哪几组？（可以多选）

A. 妃红　心跳红　尊贵红　诱惑红　魔幻银　绚丽紫红

B. 妩媚酒红　清新海蓝　优雅金属银　俏皮樱桃红　古典蔷薇色　浪漫嫩粉色

C. 暗夜魅紫　深吻魅红　气质迷幻蓝　俏丽娇红　柔嫩娇粉　热辣诱惑橙

D. 银幻灰　银柔粉　银妆炫白　糖果芭比粉

A、B、C、D 组的构词模式分别为"X_2＋表色语素"、"X_2＋X_1＋表色语素"、"X_2＋X_2＋表色语素"、"X_1＋X_2＋表色语素"，335 份有效问卷的结果如表 5－4 所示：

表 5－4 构词模式受欢迎度调查数据

词语	构词模式	调查结果	所占比例
A	X_2＋表色语素	203	60.59%
B	X_2＋X_1＋表色语素	214	63.88%
C	X_1＋X_2＋表色语素	31	9.25%
D	X_2＋X_2＋表色语素	115	34.33%

上面的调查数据出来后，我们发现一个奇特的现象，就是在消费者心里，第二种构词模式和第一种构词模式的接受度不相上下，甚至略微高于第一种。但在我们所收集的化妆品广告语料当中，广告方使用的颜色词构词模式是第一种明显高于第二种，占据绝对优势。我们要考虑误差，不能以一次调查结果为依据来断定第二种结构模式在广告受众心目中优于第一种，但该结果至少给我们传达了这样一个信息：第二种构词模式目前虽然不是化妆品广告语言策划方的高频使用模式，但这种模式在广告受众心里接受的潜在性很大，具有可开发的价值。

我们进一步探讨产生这种结果可能存在的原因。

我们说具体颜色词特别是有前加非色彩成分“X”的颜色词，其“X”的取象是具体的事物。这些事物本身具有某种颜色，从而唤醒我们的感知经验，获取颜色信息。抽象颜色词的前加非色彩成分“X”其取象不是具有某种色彩的具体事物，我们无法准确地获取其蕴含的色彩信息。为了能够阐释清楚这一问题，我们需要引进一个概念叫“潜像词”。李尧对“潜像词”的解释是：“词义中具有潜像信息的词语，与非潜像词相对。客观世界的物体，通过视觉刺激人们大脑皮层的特定部位，在大脑中形成临时的表象，表象消失后留下的表象底本就是潜像。潜像与静态词语一样以静态的形式存于人脑中。在具体语境中，人们接收到动态词后，首先激活静态词，接着激活潜像，从而唤醒表象，表象进而帮助人们理解与区别词义。”（李尧，2010）我们引用湖北大学丁力的一个实例来说明：我说声“苹果”，你的大脑可以马上浮现一个苹果的表象；你说声“原则”，我不管怎么努力，也无法想象出一个什么原则的表象。我们把“苹果”这样的词叫作潜像词，把“原则”这样的词叫作非潜像词。（丁力，2005）具体颜色词的取象大多为潜像词，抽象颜色词的取象大多是非潜像词。见图 5－4：

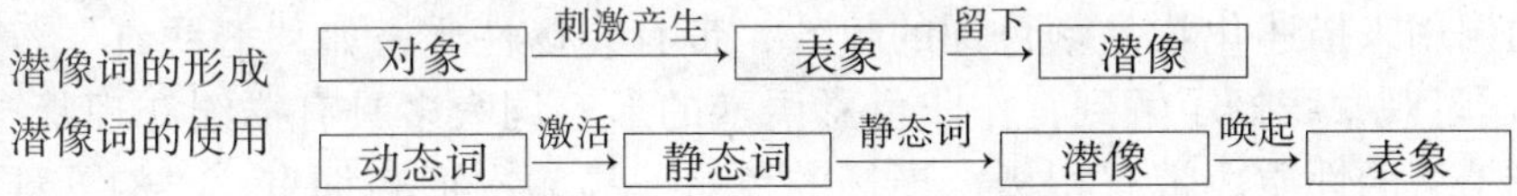

图 5－4

抽象类的颜色词其取象在静态词激活潜像的链接当中断开，不能激活头脑中的潜像，也就不能唤醒某种具体颜色信息的表象，所以，它不具有直接表色的功能。但抽象颜色词的取象能唤起人的一些色彩经验，或者是唤醒色彩给人的某种感觉记忆。如“炫彩粉色”和“柔美粉色”给我们的色彩体验是不一样的，这两个颜色词都是眼影颜色用词，当我们看到“炫彩粉色”的时候，大部分用过眼影的女性，都会想到的是那种比较闪耀、有光泽感的粉色。而“柔美粉色”

则没有闪耀的光泽感，更容易想到的是哑光的柔和粉色。所以，抽象颜色词的取象不能激起潜像、唤醒表象，但能引起人的心理联觉，唤醒某种色彩经验，并且其前加成分一般都比较新颖，具有独特的个性和创造性，在表色功能方面弱一些，却在追求个性、新颖和创意方面得到弥补。至此我们再来分析这四种构词模式，第一种主要利用的是抽象取象的新颖性、别致等效果，第二种可以说是两者皆具，它可以看作是由具体颜色词前加抽象类非色彩信息构词，一方面可以由具体物象表现色彩，另一方面又可以通过前加抽象成分进行细化的修饰形容。第四种结构模式“X_1+X_2＋表色语素”也就是“具体意义非色彩成分＋抽象意义非色彩成分＋表色语素”，这种构词模式不太符合我们日常用语习惯，所以这类构词方式是接受度较低的。第三种“X_2+X_2＋表色语素”两个前加成分都是不具有表色功能的抽象意义语素，它的接受度没有第一种构词模式高。一种原因是第一种构词方式语素较少，层次也较少，比较符合用语习惯，特别是三音节颜色词早在别的领域如手机、汽车和数码产品的颜色词中就是高频次结构模式，受众接受度比较高，更符合语言的经济性原则。前加成分太少则表意不清，但太多则容易造成赘余和理解脱节。

（3）词性分析。

在上面的分类当中，我们在每一种结构模式当中都按 X_2 的词性又进行了下位分类，我们发现 X_2 有三种词性，分别是名词、动词和形容词，其使用比例是形容词占据绝对优势，动词最少。使用频率排序为形容词（371）＞名词（40）＞动词（13）。其中名词主要是对性别、身份和地位的指称，如：“妃红、芭比粉、公主粉、辣妹粉、女孩粉、太妃金、天使粉、娃娃粉、名媛肉色、婴儿粉色、爵士漆黑、甜心宝贝绿”。单独的名词“娃娃”、“公主”、“芭比”、“女孩”等都是具体的名词，但当这些词作为构词语素与表色语素搭配时，我们并不能具体感知“娃娃粉”、“太妃金”、“女孩粉”是怎样的一种颜色，所以将它们归为抽象类。动词用来描述化妆品颜色词的妆效，带有褒扬性质，如“心跳红”、“心跳粉”。通过观察我们了解到，作非色彩语素的形容词大多具有描绘心理状态和传达积极情绪的性质，带有积极、褒扬的色彩。高频次形容词有：“幻、雅、炫、柔、梦幻、璀璨、浪漫、俏丽、魔幻、时尚、摩登、典雅、迷人、可爱、优雅、甜美、自然、奢华”等，从各个角度对化妆品的颜色或化妆品使用者进行正面修饰和形容。具体颜色词其前附非色彩成分“X”绝大多数是物质名词，而抽象颜色词确实是形容性词语占据绝对优势。这主要是因为形容词最具有修饰功能，便于表情达意，富有感情色彩。

3. 抽象类化妆品颜色词配值分析

仔细观察抽象类化妆品颜色词语会发现，前加非色彩成分虽然在形式上属于同一词性，甚至构词模式也相同，但它们的语义指向是不同的。一类颜色词的语义指向为化妆品本身或广告主，意在描写化妆品的品质。一类颜色词的语义指向为消费者，以人为主体，或暗示化妆品使用者的身份、地位，或彰显使用者的品位格调，或修饰使用化妆品后的独特效果，或突出使用者的成就等，对消费者的状态和消费感受进行描写评价。另一类是双向指称，既可以指向商品本身，又可以指向消费者。不论是哪种，其语义功能都侧重表达广告策划人着意凸显有利于广告营销的丰富联想意义，对商品本身或是消费者进行正面、积极的评价，促使消费者进行某种诉求。

（1）消费品指向。

消费品指向化妆品颜色词是指其语义指向颜色或消费品本身，说明这种颜色有什么样的特点，包括品质、项目、情貌、所属风格等。

①品质指向。

广告主或广告策划者在策划化妆品广告语言时，总倾向于在有限的广告语言资源当中挖掘尽可能多的诉求价值，在对颜色词广告语言的策划方面除了告诉受众这是怎样的一种颜色实体之外，还对化妆品的其他特征予以说明。对化妆品品质特征的指称分为两种情况：

A. 品质直指。

颜色词的前附非色彩配值成分是对化妆品品质特征直接的描述和指称，我们称之为品质直指。

“闪耀银”直接描绘突出化妆品闪耀有光泽的品质。“璨金”，《中华字典》里对“璨”的解释有两种：一是作名词，是美玉或美玉的光泽；二是作形容词，义为“明亮闪耀的”。“璨金”中的“璨”取的是第二种意义，语义指向被修饰的事物本身，突出化妆品具有像璀璨明珠一样“明亮闪耀”、光泽度很好的品质。“流金”，在大多数人的意识里，液体的东西赋有“流动”的意向，“流金”突出了化妆品“水润”的品质，流动的意向又赋予了“动感”、“不死板”、“变幻”等联想义，用“流金”来作化妆品颜色词，对化妆品“水润”、“动感”的品质进行了指称。“炫紫”的“炫”在这里作形容词，《中华字典》里对“炫”定义为“令人眼花缭乱的”。那什么样的紫色会是令人眼花缭乱的呢？“炫”是一种怎样的感觉呢？很多人认为这是一种光芒四射的、色彩多姿的、灿烂的、光华夺目的、瞬息万变的感觉。这个词在化妆品颜色用词以外的领域也绝不少见，如很多年轻人都很喜欢的一款游戏叫“QQ炫舞”，在很多彰显青春活力、个性时尚的领域，“炫”都是高频使用的词语，“炫动奇迹”、“炫斗之王”，还有音乐中的“炫音”等。用“炫”来对本身就蕴含有“神秘”、“典雅”气质的“紫色”进行前附配值，突出了化妆品闪耀多姿与典雅结合的品质。“新意绿”突出的是化妆品颜色别出心裁、与众不同、新鲜亮丽的品质。“淡雅娇兰蓝”，其前附非色彩配值成分有三个，核心语素为“蓝”，第一个前附配置成分为“兰”，因为兰花带有典型的蓝色，我们很快可以感知其色调，就是像兰花那样的蓝色；第二个前附配值成分为“娇”，对兰花进行修饰配值，这是一种娇艳兰花的蓝色；第三个前附配值成分是“淡雅”，在整体上对蓝色进行评价，宣告这种颜色非常淡雅的品质。

这种品质直指类颜色词数量较多，前附配值成分的功能是对化妆品的品质进行正面的评价，有些配值成分高频出现，如“幻、酷、媚、炫”等都是相当流行的新词语，化妆品用这些在人群当中特别是在年轻人当中很流行的词语来修饰化妆品的颜色，体现了广告策划者向广告受众授予化妆品时尚、潮流、高品质的广告诉求。

B. 品质连指。

这类颜色词的前附非色彩配值成分不是直接宣称化妆品的品质，但我们看到此类颜色词时对其进行赋值，可以与化妆品的品质产生某种关联。对于此类颜色词，本文参照屈哨兵对楼盘广告语消费者指称中“消费者连指”的概念称之为“品质连指”。“有的楼盘广语并未直接指称消费者，但是它通过某些表述，让人感受到其与消费者发生名性配值上的关联，或者说它宣示了某些关于消费者的名性配值，这种情况我们姑且称之为消费者连代。”（屈哨兵，刘惠琼，2009：149）“宫廷红”，我们对其前附的非色彩成分“宫廷”进行配值分析，这种红色是宫廷建筑所惯用的颜色，带有富贵、庄严的色彩，另外，在广告受众的意识层面，宫廷所用之物都质量上乘，做工精美，在这一层面上让人对化妆品的品质产生联觉，附于“高贵”这一品质。

②感知指向。

化妆品的颜色词其前附非色彩成分是人对化妆品颜色的主观感受及体验进行配值。这类颜色词又可以细分出几类，列举如下：

A. 媚紫　诱人橘　梦幻粉　深邃绿

这类颜色词其前附非色彩成分是颜色给消费者带来的色彩体验的一种描述，或对体验作出主体感受性的评价，语义指向不是人而是颜色或产品本身。比如“梦幻粉”是这种粉色的产品给人一种很梦幻的感觉，而不是产品使用者给人一种梦幻的感情。这样解释是为了与后文的“妆效”类加以区分。此类颜色词的前附非色彩成分主要为形容性配值成分，对其性状进行描绘和形容。

B. “轻舞白”、“摇滚黑”、“蓝调”、“爵士白”、“爵士蓝调”和“爵士漆黑”这类词借用音乐和舞蹈给人带来的微妙主体感受来形容化妆品的颜色给人带来的感受，给人留下想象的空间，只能通过欣赏音乐或舞蹈的情绪记忆来体会颜色。颜色是具体的，而感觉和情绪是抽象的，用抽象的感觉和情绪来形容具体的颜色，就会产生很强的主观性和随意性，所以，同样的配值成分“爵士”就被用来形容两者对立的颜色——黑色和白色。

③风格指向。

“动感粉橙”、“复古闪棕”、“数码灰”等则是对化妆品颜色词风格描述。这一类的词数量较少。

（2）消费者指向。

化妆品广告语言颜色词的语义指向为消费者或与消费者有关的事物。

①身份、地位。

这类词的前附非色彩成分多为名性配值成分，在名性配值成分当中，专名和特定称谓的使用频率占据绝对优势，大致又分为以下几种：

A. 芭比～ 精灵～ 天使～ ～女神 ～灰姑娘

B. 公主～ 太妃～ 王后～ 爵士～ 骑士～ ～教主

C. 婴儿～ 娃娃～ 女孩～ 女子～ ～女郎

D. 辣妹～ 萝莉～ 甜心～ 宝贝～ 淑女～ 名媛～

～佳人 ～知己 ～红颜 ～美人 ～新娘 ～女主角

A组是引用神话和童话中的角色，这些角色都是大家所喜欢和欣赏的，特别是女孩子，童年里总少不了童话故事，她们对这些角色有一种特殊的感情。这类颜色词给人的感觉比较可爱，比较符合年轻女孩子的审美趣味。B组是某种职位或地位的指称，其职位多为虚构的或已成历史的，此类配值成分利用受众对这些角色的理解，赋予颜色词在品质、适用人群等方面的隐含意义。如“公主～”一般被认为适用于年轻未婚可爱型的女孩，“王后～”适用于年龄稍大的女性。这大概跟人们脑海中公主和王后的形象有关。提到“公主”，人们脑海中想到的是年轻貌美未出阁的姑娘，提到“王后”脑海中出现的形象是带点庄严华贵的皇上的女人，那必定是出过阁的女人了。C组是对人生长的某一阶段的称谓，每一个阶段给人的感觉都不一样，“婴儿”、“娃娃”突出其粉嫩的感觉，“女孩”形容其年轻、可爱，“女郎”有女中之郎的赞美之意，形容其时尚大方。D组是对女性的特指，每一种称谓都体现不同的风格，给人不同的关于色彩与非色彩感觉的联想，“辣妹”凸显的是性感，“萝莉”凸显可爱，“名媛”凸显典雅，“佳人、知己、红颜”等凸显知性、美丽。

②人的性格气质和心境。

人的性格气质或处世态度都是隐含在内而表现在外的，用本来用语描写人的性格气质和心境的词来修饰颜色词语素，使化妆品赋予了人的灵性，有血有肉，有性格有灵魂，显得很别致。如：

A. 热情红　活泼红　深沉棕　沉稳棕
激情蔷薇色　热情樱桃色　活力蜜橘色

B. 乐活白　深情蓝　甜蜜粉　幸福粉　温馨橘

A 类是用形容人的性格或品质的词来形容化妆品的颜色词，其语义指向为化妆品的使用者，通过化妆品打造出不一样的性格和气质类型。B 类是形容人的处世态度、内心体验的类别。这是人们所向往和欣赏的一种心态或体验。

③妆效。

这类词是将消费者使用某种颜色的化妆品后将达到的某种效果直接用作颜色的修饰词，也可以看作是对妆效的一种稍带夸饰的描写，或对妆效作出某种正面的承诺。如：

心跳红　心跳花粉　着迷水粉色　可爱粉　亮丽黑　魅力金　魅紫黑　性感烟棕　摩登灰　魔幻绿　俏丽粉　热辣红　柔魅紫　奢华紫　神秘灰　时髦紫　娇媚红　清秀翠绿　羞涩粉红色……

为什么人们会觉得化妆是女人的行为，而男人很少化妆，这正如笔者在《广告语中的社会语言学分析》中提到的那样："很多女性广告都是从男性视角出发的，在广告中，女人充当了那个被看、被欣赏的角色。而女人也以成为男人关注的焦点为魅力的评判标准。"（谭秋菊，2011）女人既然将自己置于被看、被欣赏的角色，那她化妆其目的也就是追求一个特定的效果，达到一定的目的。化妆品广告语言用妆效来形容颜色词，让消费者直接了解到化妆效果，并且这些用作修饰成分的妆效都是消费者所向往、所欣赏的，这在一定程度上会使广告受众产生某种心理认同，引发购买意向。

在上面所列举的妆效类颜色词中，又有细微差别。"可爱粉"、"亮丽黑"、"性感烟棕"、"俏丽粉"、"奢华紫"这类颜色词的前附非色彩配值成分是对化妆品使用者妆后效果的描述，用此化妆品会使你看起来很可爱、很亮丽、很性感、很俏丽、很奢华……这是站在化妆品消费者的角度来描述的。另一类则不是，如奥利 ORLY 的指甲油颜色——"心跳红"，我们可以添加这样的旁白："这款红色的指甲油，使您美得让人怦然心跳。"再如 OPI 指甲油 Beyond 系列的一个颜色词——"着迷水粉色"，这款产品各个网站都有售，并且关于颜色的广告语言各不相同，但都有一句核心的广告语，"让男人着迷的水粉色"。由此我们可以看出，这一小类颜色词的前附配值成分不是形容化妆品本身，也不是化妆品的消费者，而是化妆品使用者使用化妆品后，在其欣赏者身上所产生的反应、收到的效果，如让欣赏者怦然心跳，让男人（欣赏者）着迷。

④适用场合的提示。

有些化妆品的颜色词会在化妆品的适用场合及情境气氛给予一定的暗示。如

“初吻粉红、爱恋紫玫、派对水粉、商务蓝”等。“初吻粉红”一个是在适用场合给予消费者以提示，这种粉红色用于和恋人约会非常合适，另一个是对初吻美好记忆的唤醒作用，给颜色词赋予了温馨浪漫的色彩，在情感上抓住了消费者的心。“派对水粉”一个是对适用场合的暗示，另一个是唤起人们对派对的美好记忆，给颜色词赋予了欢快动感的色彩。“商务蓝”是一款眼影的颜色用词，因为该蓝色给人冷静、理智、亲切、清爽和干净利索的感觉，故在商务活动中，工作人员的眼影常用蓝色。

参考文献

一、专著类

［1］［比利时］耶夫·维索尔伦. 语用学诠释［M］. 钱冠连，霍永寿译. 北京：清华大学出版社，2003.

［2］［德］海德格尔. 世界图像的时代［M］. 孙周兴编译. 上海：上海三联书店，1996.

［3］［德］沃夫冈·拉茨勒. 奢侈带来富足［M］. 刘风译. 北京：中信出版社，2003.

［4］［法］A. J. 格雷马斯. 结构语义学方法研究［M］. 吴泓缈译. 北京：生活·读书·新知三联书店，1999.

［5］［瑞士］费尔迪南·德·索绪尔. 普通语言学教程［M］. 高名凯译. 北京：商务印书馆，1996.

［6］［瑞士］费尔迪南·德·索绪尔. 普通语言学教程［M］. 高名凯译. 北京：商务印书馆，1985.

［7］［美］W. J. T. 米歇尔. 图像转向［M］. 范静晔译. 天津：天津社会科学院出版社，2002.

［8］［日］阿久津聪，石田茂. 文脉品牌——让你的品牌形象与众不同［M］. 韩中和译. 上海：上海人民出版社，2005.

［9］北京师范大学汉语文化学院编. 应用语言学讲座［M］. 北京：中国社会科学出版社，2008.

［10］曹炜，高军. 广告语言学教程［M］. 广州：暨南大学出版社，2007.

［11］曹炜，王军元. 商务语言研究丛书［M］. 上海：汉语大词典出版社，2008.

［12］曹志耘. 广告语言艺术［M］. 长沙：湖南师范大学出版社，1992.

［13］程士安. 广告调查与效果评估［M］. 上海：复旦大学出版社，2003.

［14］丁柏铨. 广告文案写作教程［M］. 上海：复旦大学出版社，2005.

［15］丁建新. 预制性语言在广告语域中的话语分析［M］. 上海：上海外语教育出版社，2007.

［16］丁声树. 现代汉语语法讲话［M］. 北京：商务印书馆，2004.

[17] 樊志育. 广告效果测定技术 [M]. 上海：上海人民出版社，2000.

[18] 樊志育. 广告学原理 [M]. 上海：上海人民出版社，1994.

[19] 范晓等. 汉语动词概述 [M]. 上海：上海教育出版社，1987.

[20] 冯广艺. 语境适应论 [M]. 武汉：湖北教育出版社，1999.

[21] 冯广艺. 语用原则论 [M]. 广州：暨南大学出版社，2009.

[22] 符淮青. 词义的分析和描写 [M]. 北京：外语教学与研究出版社，2006.

[23] 国际广告杂志社，北京广播学院广告学院，IAI 国际广告研究所. 中国广告猛进史 [M]. 北京：华夏出版社，2004.

[24] 何新祥. 广告语言修辞艺术 [M]. 长沙：中南大学出版社，2001.

[25] 何自然. 语用三论：关联论·顺应论·模因论 [M]. 上海：上海教育出版社，2006.

[26] 何自然. 语用学概论 [M]. 长沙：湖南教育出版社，1988.

[27] 胡明扬. 词类问题考察/动名兼类的计量考察 [M]. 北京：北京语言学院出版社，1996.

[28] 黄伯荣，廖序东. 现代汉语（增订三版）[M]. 北京：高等教育出版社，2002.

[29] 黄国文. 语篇分析的理论与实践——广告语篇研究 [M]. 上海：上海外语教育出版社，2001.

[30] 黄合水. 品牌与广告的实证研究 [M]. 北京：北京大学出版社，2006.

[31] 李葆嘉. 语义语法学导论：基于汉语个性和语言共性的建构 [M]. 北京：中华书局，2007.

[32] 李福印. 语义学概论 [M]. 北京：北京大学出版社，2006.

[33] 李红印. 现代汉语颜色词语义分析 [M]. 北京：商务印书馆，2007.

[34] 李世丁，周运锦. 广告文案写作 [M]. 长沙：中南大学出版社，2003.

[35] 李宇明. 中国语言生活状况报告（2005）[M]. 北京：商务印书馆，2006.

[36] 李宇明. 中国语言生活状况报告（2007）[M]. 北京：商务印书馆，2008.

[37] 林乐滕. 广告语言 [M]. 济南：山东教育出版社，1992.

[38] 林溪声. 广告语创作与评析 [M]. 长沙：中南大学出版社，2007.

[39] 刘宇红. 认知语言学——理论及应用 [M]. 北京：中国社会科学出版社，2006.

[40] 陆俭明，沈阳. 汉语和汉语研究十五讲 [M]. 北京：北京大学出版

社，2004.

［41］陆佩鹤．广告技巧·创意·纠纷［M］．广州：中山大学出版社，1997.

［42］吕叔湘．汉语语法分析问题［M］．北京：商务印书馆，1979.

［43］吕叔湘．语法研究入门［M］．北京：商务印书馆，1999.

［44］马庆株．汉语动词和动词性结构（一编）［M］．北京：北京大学出版社，2005.

［45］苗杰．现代广告学［M］．北京：中国人民大学出版社，1994.

［46］聂仁忠．广告语言艺术［M］．东营：石油大学出版社，1989.

［47］齐沪扬．传播语言学［M］．郑州：河南人民出版社，2000.

［48］屈承熹，纪宗仁．汉语之功能语法［M］．哈尔滨：黑龙江人民出版社，2005.

［49］屈哨兵，刘惠琼．广告语言跟踪研究［M］．广州：暨南大学出版社，2009.

［50］屈哨兵．广告语言方略［M］．北京：科学普及出版社，1997.

［51］邵敬敏．广告实用写作［M］．上海：华东师范大学出版社，1991.

［52］邵敬敏．广告语创作透视［M］．北京：北京语言学院出版社，1991.

［53］苏新春．汉语释义元语言研究［M］．上海：上海教育出版社，2005.

［54］王菲，倪宁等．日本企业在华广告 20 年［M］．北京：中国轻工业出版社，2004.

［55］王军元．广告语言［M］．上海：汉语大词典出版社，2005.

［56］王彦．商品买卖互动话语的谈判策略研究——基于语料库的工作场所话语分析模式［M］．北京：外语教学与研究出版社，2007.

［57］王寅．认知语法概论［M］．上海：上海教育出版社，2006.

［58］伍谦光．语义学导论［M］．长沙：湖南教育出版社，1995.

［59］邢福义．汉语语法三百问［M］．北京：商务印书馆，2002.

［60］邢福义．现代汉语［M］．北京：高等教育出版社，1991.

［61］邢福义．形容词短语［M］．北京：人民教育出版社，1990.

［62］徐烈炯．生成语法理论［M］．上海：上海外语教育出版社，1988.

［63］於春．处处放光彩——成功广告语访谈录［M］．北京：中国经济出版社，2003.

［64］于根元．广告语言规范［M］．北京：语文出版社，1995.

［65］于根元．应用语言学概论［M］．北京：商务印书馆，2003.

［66］于根元．语言能力及其分化——第二轮语言哲学对话［M］．北京：北京广播学院出版社，2002.

[67] 俞士汶. 计算语言学概论 [M]. 北京：商务印书馆，2003.
[68] 张崇婉. 广告创意与语言艺术 [M]. 北京：光明日报出版社，1997.
[69] 张大旗. 玩语言——张大旗商业策划创意的表现 [M]. 广州：广东经济出版社，2006.
[70] 张国宪. 现代汉语形容词功能与认知研究 [M]. 北京：商务印书馆，2006.
[71] 张惠民. 语言逻辑辞典 [M]. 西安：世界图书出版公司，1995.
[72] 张静. 汉语语法问题 [M]. 北京：中国社会科学出版社，1987.
[73] 张黎. 商业汉语口语研究——现场促销语言调查与分析 [M]. 北京：中国传媒大学出版社，2007.
[74] 张秀贤，马军. 广告语创作技巧与金句 15 000 条 [M]. 北京：中国国际广播出版社，2002.
[75] 张英岚. 广告语言修辞原理与赏析 [M]. 上海：上海外语教育出版社，2007.
[76] 张志毅，张庆云. 词汇语义学 [M]. 北京：商务印书馆，2005.
[77] 赵艳芳. 认知语言学概论 [M]. 上海：上海外语教育出版社，2001.
[78] 中国社会科学院语言研究所词典编辑室编. 现代汉语词典（增补本）[M]. 北京：商务印书馆，2002.
[79] 朱德熙. 语法讲义 [M]. 北京：商务印书馆，1982.

二、期刊类

[1] 曹德和. 广告标题语法特点初探 [J]. 语言文字应用，1995（1）.
[2] 陈新仁. 论广告用语中的语用预设 [J]. 外国语（上海外国语大学学报），1998（5）.
[3] 丁力. 义素分析为什么不能贯彻始终？——浅谈潜像词及其义素分析问题 [J]. 湖北大学学报，2005（1）.
[4] 符淮青."词义成分模式"分析（表动作行为的词）[J]. 汉语学习，1996（5）.
[5] 何自然. Grice 语用学说与关联理论 [J]. 外语教学与研究，1995（4）.
[6] 胡建刚. 述语为"有"、"是"、"在"的存在句的语义、句法分析 [J]. 暨南大学华文学院学报，2001（2）.
[7] 胡裕树，范晓. 有关语法研究三个平面的几个问题 [J]. 中国语文，1992（4）.

［8］胡竹安．动词后的“给”的词性和双宾语问题［J］．中国语文，1960（5）．

［9］黎泽潮．广告语言中超常组句的语义分析［J］．修辞学习，2000（5，6）．

［10］李胜梅．广播广告的话语结构成分及其组合模式［J］．南昌大学学报（人文社会科学版），2002（4）．

［11］李索．广告语中对古语词的误用［J］．修辞学习，1996（5）．

［12］李尧．论色彩词的取象［J］．西南民族大学学报，2010（11）．

［13］李宇明．当今三大语言话题［J］．在2008年度语言文字工作会议上的专题报告，2008．

［14］廖桂荣．我国近三十年广告语言研究述评［J］．江苏广播电视大学学报，2008（2）．

［15］刘惠琼，屈哨兵．称名词与表征词——广告语言名性词种研究［J］．华南农业大学学报（社会科学版），2003（1）．

［16］刘惠琼．广告语言品条研究［J］．华南农业大学学报（社会科学版），2005（2）．

［17］刘悦明，曹迎春．服装广告语中的隐喻和认知机制［J］．沈阳大学学报，2009（3）．

［18］陆俭明．语义特征分析在汉语语法研究中的运用［J］．汉语学习，1991（1）．

［19］马玉汴．趋向动词的认知分析［J］．汉语学习，2005（12）．

［20］齐蔚霞．Web2.0时代新媒体广告价值及在图书宣传领域的应用分析——以豆瓣网为例［J］．出版发行研究，2011（9）．

［21］邱莉芹．现代汉语新兴颜色词探析［J］．连云港师范高等专科学校学报，2008（2）．

［22］屈哨兵．关于中国语言生活状况报告中语言服务问题的观察与思考［J］．云南师范大学学报（哲学社会科学版），2010（5）．

［23］屈哨兵．广告语接受的条次研究［J］．修辞学习，2007（6）．

［24］屈哨兵．广告语言谱系研究的基本思路及个案推演［J］．语言文字应用，2010（5）．

［25］屈哨兵．广告语言再生状态探论——以品牌显隐与行为变及现象跟踪为例的一个调查［J］．广州大学学报（社会科学版），2008（7）．

［26］屈哨兵．音色、音量、语速——对110条电视广告的语音评析［J］．语言文字应用，1996（3）．

[27] 屈哨兵. 语言服务角度下汉语国际推广的几点思考 [J]. 广州大学学报（社会科学版），2010（7）.

[28] 屈哨兵. 语言服务现状的个案分析及相关建议与思考——以产品说明书语言服务状况为例 [J]. 广州大学学报（社会科学版），2010（7）.

[29] 屈哨兵. 语言服务研究论纲 [J]. 江汉大学学报（人文科学版），2007（12）.

[30] 屈哨兵. 语言图像还是语言游戏——从因果观念的汉语表现看维特根斯坦的语言哲学观 [J]. 广州大学学报（社会科学版），2002（11）.

[31] 冉育鹏. 语境对广告语言变异搭配的解释力 [J]. 常州工学院学报（社会科学版），2008（4）.

[32] 邵敬敏，周芍. 语义特征的界定与提取方法 [J]. 外语教学与研究，2005（1）.

[33] 邵敬敏. "语义语法"说略 [J]. 暨南学报（人文科学与社会科学版），2004（1）.

[34] 邵敬敏. 广告语研究的现状与我们的对策 [J]. 汉语学习，1995（3）.

[35] 申智奇. 得体性：商业命名的语用理据 [J]. 华南师范大学学报，2007（3）.

[36] 沈家煊. 英汉对比语法三题 [J]. 外语教学与研究，1996（4）.

[37] 孙晓明. 广告语的词语修辞手段的运用 [J]. 辽宁师范大学学报（社会科学版），1997（6）.

[38] 唐蓓芳，吴辉. 改革开放以来我国服装广告的诉求变化研究 [J]. 山东纺织经济，2010（10）.

[39] 王铁琨. 标准、平台统一与资源整合——多语言知识库建设的思考和建议 [J]. 云南师范大学学报，2008（6）.

[40] 王希杰. 论潜词和潜义 [J]. 河南大学学报，1990（1）.

[41] 王晓华. 广告诉求与广告效果 [J]. 深圳大学学报，2001（7）.

[42] 王莹. 现代汉语言语动词研究 [J]. 南开语言学刊，2005（1）.

[43] 魏在江. 广告语言变异及语用目的分析 [J]. 西南政法大学学报，2002（12）.

[44] 吴建新. 论语言预测 [J]. 上海师范大学学报，1987（4）.

[45] 颜红菊. 认知视角下的语义成分分析法 [J]. 湖南大学学报（社会科学版），2009（3）.

[46] 于根元. 新词新语和语言规范 [J]. 语文建设，1995（9）.

［47］张国宪．单双音节形容词的选择性差异［J］．汉语学习，1996（3）．

［48］张国宪．现代汉语形容词的典型特征［J］．中国语文，2000（5）．

［49］张国宪．状态形容词的界定和语法特征的描述［J］．语言科学，2007（1）．

［50］朱彦．核心成分、别义成分与动作语素义分析——以“收”为例［J］．中国语文，2006（4）．

［51］宗廷虎．试论广告语体的风格特征［J］．西安外国语学院学报，1994（1）．

［52］左岩．广告语域的语旨三要素及其在广告语篇中的实现［J］．外国语（上海外国语大学学报），1996（2）．

三、学位论文

［1］曾超文．汽车广告语中形容义词语义谱系［D］．广州大学硕士学位论文，2011．

［2］董丽杰．语言学视域下商标命名研究［D］．吉林大学硕士学位论文，2008．

［3］［越南］杜诚忠．现代汉语饮食类动词研究——以“吃、喝、含、吞、咬、喂”为例［D］．南京师范大学硕士学位论文，2006．

［4］付丽．关联理论与广告语中的语境暗示［D］．东北财经大学硕士学位论文，2004．

［5］胡涛晖．广告中画喻的关联性分析［D］．湖南大学硕士学位论文，2003．

［6］黄云．二十世纪八十年代国外广告心理学研究［D］．厦门大学硕士学位论文，2006．

［7］黄忠胜．广告语言生存状况跟踪［D］．广州大学硕士学位论文，2008．

［8］康薇．多重视角下的品牌命名研究［D］．华中师范大学硕士学位论文，2009．

［9］赖静．酒广告商品品名谱系研究［D］．广州大学硕士学位论文，2011．

［10］李桂群．广告语言的变异使用及其规范研究［D］．湖南师范大学硕士学位论文，2006．

［11］李金兰．现代汉语身体动词的认知研究［D］．华东师范大学博士学位论文，2006．

［12］刘相臣．现代汉语名词和定名短语的功能差异略论［D］．南京师范大

学硕士学位论文，2005.

［13］吕艳辉．基于语料库的现代汉语手部动词研究［D］．山东大学博士学位论文，2008.

［14］马赟．现代汉语感受动词研究［D］．南京师范大学硕士学位论文，2007.

［15］彭靖．酒类商标名称的语言文化考察［D］．华中师范大学硕士学位论文，2008.

［16］孙东梅．手部动词“打”的语义语法学研究［D］．南京师范大学硕士学位论文，2008.

［17］孙洁．隐喻性广告修辞之认知修辞学分析［D］．华中科技大学硕士学位论文，2005.

［18］田原．现代汉语动词分类与词汇体貌研究［D］．北京语言大学硕士学位论文，2009.

［19］田源．汉语“说”类动词研究［D］．华中师范大学硕士学位论文，2007.

［20］王琼．汉语广告语言的得体性原则研究［D］．湖南师范大学硕士学位论文，2006.

［21］王永华．关联—顺应模式对中文房地产广告语篇的阐释力［D］．西南交通大学硕士学位论文，2003.

［22］王玉珊．从新词语谈当今社会文化［D］．延边大学硕士学位论文，2003.

［23］王展．汉语交际框架下的言说类动词研究——汉语言说类动词的语义结构分析和层级分类［D］．北京大学硕士学位论文，2008.

［24］温小勤．酒类广告中的口部和手部动性词研究［D］．广州大学硕士学位论文，2010.

［25］吴学辉．广告语言变异研究［D］．南昌大学硕士学位论文，2007.

［26］吴遥遥．名词语义和语法的多重性［D］．华东师范大学硕士学位论文，2007.

［27］许明鑫．发用商品名词形容词分析及相关组配模式研究［D］．广州大学硕士学位论文，2009.

［28］薛剑．酒广告谱系中的人名地名现象研究［D］．广州大学硕士学位论文，2010.

［29］闫冰．形容词性成语语法结构及功能研究［D］．吉林大学硕士学位论文，2004.

[30] 颜晓英. 现代广告语言研究 [D]. 曲阜师范大学硕士学位论文, 2005.

[31] 杨慧. 论广告的情感诉求 [D]. 苏州大学硕士学位论文, 2005.

[32] 杨希. 汽车广告的人际意义研究 [D]. 湖南师范大学硕士学位论文, 2007.

[33] 尹玫淑. 论广告语言的文学化 [D]. 北京语言大学硕士学位论文, 2000.

[34] 张敏. "高""强""好""棒"的综合考察及认知解释 [D]. 郑州大学硕士学位论文, 2007.

[35] 张清.《现代汉语词典》"形容"义类研究 [D]. 厦门大学硕士学位论文, 2006.

[36] 张少英. 动词释义元语言研究初探 [D]. 北京语言大学硕士学位论文, 2006.

[37] 赵家新. 现代汉语心理形容词语义网络研究 [D]. 南京师范大学博士学位论文, 2006.

[38] 郑洙妍. 现代汉语形容词量的认知模式考察 [D]. 复旦大学博士学位论文, 2006.

[39] 钟艳. 从关联理论的角度分析广告语言的说服性 [D]. 四川大学硕士学位论文, 2006.

四、论文集、会议录

[1] 吕叔湘. 句型和动词学术讨论会开幕词 [A]. 句型和动词 [C]. 北京: 语文出版社, 1987.

[2] 马庆株. "V来/去"与现代汉语动词的主观范畴 [A]. 第五届国际汉语教学讨论会论文选 [C]. 北京: 北京大学出版社, 1997.

[3] 屈哨兵. 论语言资源视角和语言服务立场中的广告语言的研究与建设 [J]. 第三届语言与国家高层论坛暨第二届全国应用语言学系主任(所长)论坛论文(2009-05-15: 徐州师范大学), 2009.

[4] 袁乐清, 吴国坤. 广告潮(第三辑)[C]. 广州: 岭南美术出版社, 1997.

[5] 尚晓明. 广告语言的语义语用分析 [A]. 外语语言教学研究——黑龙江省外国语学会第十次学术年会论文集 [C]. 哈尔滨: 黑龙江人民出版社, 1997.

五、其他

[1] 百度百科. 广告诉求点. http：//baike. baidu. com/view/974473. html.
[2] 百度百科. 汇源. http：//www. huiyuan. com. cn/aboutus_ culture.
[3] 百度百科. 浆. http：//baike. baidu. com/view/285466. html.
[4] 百度百科. 水域山. http：//www. shuiyushan. com/index. php？ cnum = 1.